Lieber Eric!

Wir wünschen Dir,
daß Du Deine Konfirmation bewußt
und nicht nur als Formsache erlebst.
Vielleicht kannst Du in dem Buch
Dich selbst mit Deinen Fragen an das Leben
wiederfinden und darin eine Perspektive
für Dein eigenes Christsein entdecken.
In diesem Sinne alles Gute für
Deinen weiteren Lebensweg!

Volker und Christiane Heine

Gilzum, 10. Mai 1987

Wolfgang Klein

Der Frieden in deiner Hand

Für
Rosemarie
Stefanie
Oliver –
und alle,
mit denen wir
in Frieden
leben möchten.

Herausgegeben
von
Wolfgang Klein

Der Frieden in deiner Hand

Christsein heute

mit Bildern von Ernst Alt

SIGNAL-VERLAG · BADEN-BADEN

Titelbild: Franziskus – „Spielmann Gottes“
Gesamtausstattung: Ernst Alt, Saarbrücken

CIP-Kurztitelaufnahme der Deutschen Bibliothek

Der Frieden in deiner Hand : Christsein heute / hrsg. von Wolfgang Klein.
Mit Bildern von Ernst Alt.
— Baden-Baden : Signal-Verlag, 1987.
ISBN 3-7971-0258-5

NE: Klein, Wolfgang [Hrsg.]

Printed in Germany.

Satz und Druck: Mittelbadischer Zeitungsverlag, 7580 Bühl
Buchbinderarbeiten: Großbuchbinderei J. Spinner, Ottersweier

Inhaltsverzeichnis

Kapitel III:
„Zwei sind besser dran als einer" – auf dem Wege zum Du

Kapitel IV:
„Was würde Jesus dazu sagen . . . ?"

Kapitel V:
„Seht den Menschen!" – oder: Für wen haltet Ihr mich?

Kapitel VI:
„Ich möcht', daß einer mit mir geht . . ."

Kapitel VII:
Die Taubenbotschaft: „Glauben heißt auch kämpfen"

Kapitel VIII:
„Das Fest der Narren" – Glauben heute leben

Wolf Biermann

Zur Ermutigung

Du, laß dich nicht verhärten
in dieser harten Zeit.
Die allzu hart sind, brechen,
die allzu spitz sind, stechen
und brechen ab sogleich.

Du, laß dich nicht verbittern
in dieser bittern Zeit.
Die Herrschenden erzittern
– sitzt du erst hinter Gittern –
doch nicht vor deinem Leid.

Du, laß dich nicht erschrecken
in dieser Schreckenszeit.
Das woll'n sie doch bezwecken,
daß wir die Waffen strecken
schon vor dem großen Streit.

Du, laß dich nicht verbrauchen,
gebrauche deine Zeit.
Du kannst nicht untertauchen,
du brauchst uns, und wir brauchen
grad deine Heiterkeit.

Wir woll'n es nicht verschweigen
in dieser Schweigezeit.
Das Grün bricht aus den Zweigen,
wir woll'n das allen zeigen,
dann wissen sie Bescheid.

Statt eines Vorwortes:

„Der Spielmann Gottes" – oder: Lobgesang in der Nacht

Eine Meditation von Wolfgang Klein zu dem Titelbild von Ernst Alt

Gebet des heiligen Franz von Assisi

> *Herr, mach mich zu einem Werkzeug deines Friedens: daß ich liebe, wo man sich haßt, daß ich verzeihe, wo man sich beleidigt, daß ich verbinde, da wo Streit ist, daß ich die Wahrheit sage, wo der Irrtum herrscht, daß ich den Glauben bringe, wo der Zweifel drückt, daß ich die Hoffnung wecke, wo Verzweiflung quält, daß ich dein Licht anzünde, wo die Finsternis regiert, daß ich Freude bringe, wo der Kummer wohnt.*

Ein bißchen heruntergekommen sieht er schon aus, so wie er uns hier entgegentritt, dieser Francesco Bernardone, Sohn eines reichen Tuchhändlers aus Assisi, besitzlos, unbehaust, barfuß, in einem abgerissenen Gewand, das wohl in der Darstellung des Künstlers Ernst Alt an die Kleidung Johannes des Täufers erinnern soll (seine offiziellen „Nachfolger" aus dem Franziskaner-Orden werden ihn wohl anders sehen!).
Ist der arme Heilige des Mittelalters (1181 – 1226) wegen dieses Bildes, das wir uns von ihm machen, so etwas wie der Schutzpatron heutiger „Aussteiger", der Vater der Ökobewegung, geworden? Das wäre zu einfach. Wir müssen schon etwas an der Oberfläche dieses Bildes kratzen, um in seine tiefere Schichten vorzudringen und diese kindhaft-fröhliche franziskanische Frömmigkeit verstehen zu lernen. Die meisten Leute wissen von ihm nicht mehr, als daß er den „Sonnengesang" gedichtet hat, mit den Tieren sprechen konnte und in freiwilliger Armut lebte, nachdem er eine Zeitlang den „wilden Mann" gespielt hatte – ein „Feuergeist".
Es wäre nun vielleicht reizvoll zu fragen, was der heilige Franziskus, der „poverello", heute wäre, im 20. Jahrhundert, um zu erfahren, daß und warum er gerade für uns Heutige so interessant ist. Aber ich halte dies für den falschen Zugang zur wahren Bedeutung dieses Mannes. Ich möchte ihn aus *seiner* Zeit heraus verstehen lernen, aus seinem Christsein heraus, und danach fragen, welche Probleme uns mit dem Mann aus dem Assisi-Untergrund verbinden. Auch damals gab es innerhalb der Kirche viel Unruhe, war sie vielen Christen zu reich und zu mächtig, mischte sie sich für deren Geschmack zu sehr in die

Tagespolitik ein, vor allem in die Finanz- und Wirtschaftspolitik des beginnenden Privatkapitalismus. Franz von Assisi hat diese Kirche nicht verlassen – er hat sie kritisiert, um sie zu verändern! Er wollte nicht Ketzer und Rebell sein, nicht Feind der Kirche und der staatlichen Ordnung. Aber er stellte beide in Frage, indem er ein neues „Modell" echten Christseins schuf, in einer verrotteten Zeit ohne religiöse und politische Maßstäbe.
Sein Modell und dieser franziskanische Maßstab sind für mich heute wieder aktuell: Die Kirche, wie er sie gekannt hat und wie sie uns auch heute weithin begegnet, ist eine Kirche, die in ihren Worten und Taten von oben her bestimmt und gestaltet wurde und wird. Franziskus hat diese Kirche nicht verlassen, aber er hat in ihr und in der Gesellschaft ein anderes, radikal freies Leben mit seiner „Kommune" geführt, in der alle alles miteinander teilten: ihren Glauben, ihre Liebe, ihre Tränen und ihr Lachen, ihre Hoffnungen und ihren Zorn auf das Bestehende. Und er hat damit seinen Zeitgenossen einen Spiegel vorgehalten, in dem sie sich als unfrei und lieblos erkannten!
Besitzlosigkeit, Gewaltlosigkeit, Hilfsbereitschaft und Liebe – zu Gott, den Mitmenschen, Tieren und Pflanzen, zu allem, was in dieser Schöpfung Gottes ist und lebt, das waren die „Ordensregeln" des franziskanischen Geistes. Aber dieser Franz wollte keinen Orden gründen, sondern vielmehr eine religiöse „Bewegung" in Gang setzen, indem er ein neues Christsein vorlebte. Und deshalb ist auch heute überall da, wo Menschen gewaltlos, solidarisch und „arm" leben, sein Geist unter uns lebendig.
Dieser „Spielmann Gottes", wollte nichts anderes, als „nackt dem nackten Christus am Kreuz nachfolgen" (R. von Arbrissel), um so die ganze Schöpfung sein eigen nennen zu können. Er kommt uns in seiner armseligen „Kutte" mit der Wahrheit entgegen, daß aller Reichtum Verkleidung ist: Wir kleiden uns mit allen möglichen Äußerlichkeiten materiellen wie ideellen Besitzes, um so die Nacktheit unserer Seele, unseres Menschseins zu verbergen. Die Falschheit unseres Reichtums besteht nämlich darin, daß wir das, was wir *haben*, verwechseln mit dem, was wir *sind*!
Niemand kann zwei Herren dienen, sagte Jesus, Gott und dem Mammon – und er benutzte zur Bezeichnung unserer Vergötzung des Geldes den Namen des Gottes der wohlhabenden Einwohner der Stadt Sidon. Deshalb ist das erste der Zehn Gebote auch kein überholtes Gebot für die Vielgötterei primitiver Völker und Kulturen, weil die Anbetung unseres modernen Wohlstandes und des Geldes der gleiche Götzendienst ist; darum verbot der hl. Franz übrigens seinen Brüdern, Geld auch nur anzufassen! Unsere Gesellschaft ist voll von Göttern: den Göttern der Popszene und der Werbung, der politischen Propaganda und der Ideologien; voll von den lächelnden Göttinnen der Hygiene und der Sexualität, mit denen für Zahnpasta, Biermarken oder Cornflakes geworben wird – aber auch voll von den dunklen Göttern des Terrors und des Krieges, der Gewalt und des Todes.

Nicht zu Disco oder Tanztee spielt uns deshalb Franziskus auf, sondern er läßt auf seiner „Viola d'amore" eine Melodie erklingen, die uns zur Umkehr zu einem *Leben*, das diesen Namen wirklich verdient, einlädt. Für unsere bürgerlichen Verhältnisse kommt er wirklich als „wilder Mann" daher, aber seine Lebensmelodie ist so sanft und hingebungsvoll, daß das Grün aus den verdorrten Zweigen bricht, wie Wolf Biermann uns zur Ermutigung singt „in dieser harten Zeit". So kann der „Spielmann Gottes" seinen „Sonnengesang" mitten in der Nacht unserer Schmerzen und Tränen, unseres menschlichen Elends anstimmen, kann er den Schöpfer des Lebens sogar „durch unsere Schwester, den leiblichen Tod" besingen, weil er sich solidarisch weiß mit der *ganzen* Schöpfung, weil er als Liebhaber des Lebens genau weiß, daß der zweite Tod uns nichts anhaben kann, wenn wir den ersten menschlicher Beziehungslosigkeit und Entfremdung hinter uns gelassen haben.
Wer so sprechen, wer so singen kann, sagt das größte Ja zur Schöpfung, das wir uns vorstellen können. Denn in ihm ist auch der Tod ein *Teil* des Lebens geworden ist, und ich empfinde mich dann als Mensch endlich auch als ein Teil dieser Erde, auf der alle geschaffenen Dinge und Lebewesen miteinander in Verbindung stehen, und als Teil des Seins, in das wir einmal zurückkehren werden: als Schwester zur „Schwester Tod", als Bruder zum „Bruder Sonne" und als Kind zur „Mutter Erde".
Damit kommt der Mann aus Assisi unserem Lebensgefühl immer näher, das auf der Erfahrung einer bedrohten Zukunft beruht. Und nicht erst seit *Tschernobyl*, unserem Menetekel an der Wand, aber seitdem auch für uns hautnah erlebbar, hat die dunkle Seite, die Nachtseite unseres sogenannten technischen „Fortschritts" zur Folge, daß vor allem Jugendlichen unsere Gesellschaft zunehmend *gleichgültig* wird. Ich erlebe, daß sie nicht mehr gegen sie protestieren oder revoltieren, sie wollen sie auch nicht mehr verändern – sie lassen sie einfach da stehen, wo sie ist, beachten sie nicht länger, grenzen sich aus ihr aus und bauen eigene Alltagskulturen und Lebenswelten auf. Es ist der Versuch, *anders* zu leben, auch anders christlich zu leben, weil man anders *ist* oder *sein* will! Auch Erwachsene schließen sich da an.
Im Vordergrund stehen nicht mehr, wie bei meiner Generation, die harten, kritischen Proteste gegen „oben", sondern die weichen, tastenden Schritte von „unten" hin zu einer alternativen Lebenskultur neben der Gesellschaft. So ist auch der „Feuergeist" Franziskus immer wieder überraschend jung, wenn Jungsein heißt, sich den großen Schwung der Hoffnung und Liebe zu bewahren – Franziskus ist der Heilige der Jungen und *auch* der Alten, solange sie noch oder immer wieder sich verändernde und verwandelnde Menschen sind!
So zeigt auch der franziskanische Geist die Krise unserer Kirchen und unseres Christseins schonungslos auf: eine müde Kirche, ein sattes Christentum und

einen unverbindlichen persönlichen Glauben. Die Beiträge in diesem Buch schließen sich da an – sie legen den Finger in die offene Wunde und wollen zugleich über die Kritik hinausführen auf den Weg zu einer neuen Kirche und einer neuen Gesellschaft. Denn das Wichtigste, was wir von Francesco lernen können, ist: daß wir auch *tun*, was wir als frohe Botschaft, als Evangelium für den Menschen und unsere Erde *gehört* haben!

Als Protestanten halten wir uns etwas zugute auf unsere Reformation der Kirche. Das war eine Reformation des Glaubens. Was uns aber heute noch fehlt, ist eine zweite Reformation, nämlich die der Liebe, die uns wieder Hoffnung für die Zukunft schenkt. Die europäische Kirchengeschichte ist ein tragisches Beispiel von Christen, die recht haben wollten, anstatt zu lieben, wie Jesus es gesagt und vorgelebt hat. Was uns fehlt, sind Menschen, die das heilige Nein zum Tod und das liebevolle Ja zum Leben zu sprechen gelernt haben.

Dieses Buch erlaubt Widerspruch und Provokation, erteilt Querdenkern und Träumern das Wort, will „Christsein heute" vorstellen – trotz alledem! Verletzbar, lächerlich, gekreuzigt und unbesiegbar wie die Liebe ruft uns Jesus zu – wie dem Teufel in der Versuchungsgeschichte –, daß der Mensch nicht vom Brot allein lebt und daß unser Wohlstand uns noch nicht zum aufrechten Gang verhilft. Das wird in diesem Buch mühsam neu durchbuchstabiert, das alles müssen wir in Kirche und Gesellschaft erst einmal wieder neu sehen und entdecken lernen, in Umwelt- und Friedensbewegung. Es ist ja auch tatsächlich schwer, wie wir tagtäglich erfahren, ein wahrhaft menschliches Leben zu führen, in dem wir nicht für Geld, Macht oder Erfolg leben – sondern für die Wahrheit, die uns frei macht von alledem. Seitdem der Mensch das Paradies verloren hat, versucht er es wiederzufinden. Aber das Paradies liegt nicht in Florida oder auf den Bahamas, sondern auf Golgatha: „Noch heute wirst du mit mir im Paradiese sein!" sagt Christus zu dem Mann am Kreuz neben ihm. Das Paradies ist der Einzug in das friedfertige Königreich Christi, ist die Versöhnung mit Gott, die unsere Erde wieder in einen Garten Eden verwandeln kann und wird, auf den alle Kreatur mit uns Menschen gemeinsam sehnsüchtig wartet und hofft.

Schon Israel stellte sich unter dem Königreich Gottes ein *irdisches* Reich vor – und hatte recht damit! Darum bitten wir im Vaterunser Gott, daß es endlich zu uns kommen und Wirklichkeit werden möge. Und Jesaja hat uns dieses Reich als eine neue soziale Lebensordnung angekündigt:

> „Der Wolf ist beim Lamm zu Gast, der Panther lagert bei dem Böcklein, und Kalb und Löwe fressen miteinander.
> Ein kleiner Knabe treibt sie aus, und Kuh und Bär befreunden sich und werfen beieinander ihre Jungen, und Stroh frißt gleich dem Rind der Löwe."
> *(Jesaja 11, 6 – 8)*

Im kleinen wurde diese Gesellschaftsordnung der Zukunft auch im „Assisi-Untergrund“ schon vorweggenommen, und wir warten hier, noch in der Dunkelheit, auf den Anbruch dieses Reiches – aber wir sehen schon ein Licht in der Ferne und hören den Lobgesang in der Nacht: So komm, heiliger Franziskus. „Dein Lied ist Fluß und Regen, Sonne und Wind, und wie ein Vogel, der eine Friedensbotschaft singt.“ *(Victor Jara)*

Kapitel I

„So stell' ich mir die Christen vor…"

Wolfgang Klein

Leben im Zeichen des Jona – oder: Christsein heute

Solange Kinder zur Taufe gebracht werden wie zur „Schluckimpfung", sagte der *Spiegel*-Herausgeber Rudolf Augstein 1965 in seinem berühmten Vortrag „So stell' ich mir die Christen vor", sieht die Statistik der Kirchen im „christlichen" Staat Bundesrepublik befriedigend aus. Nach seinen Worten ist dies ein Staat, der durch Konformitätsdruck und Anpassung vom Kindergarten über die Schule bis hin zur Bahre Christen produziert.

Vielleicht ist die Kirche tatsächlich seither in eine gefährliche Hoffnungskrise geraten, weil ihr der Glaube weniger gilt als die Statistik. Und heute, über zwanzig Jahre später, wenden sich vor allem immer mehr junge Menschen von der Kirche ab, weil sie sie im wahrsten Sinne des Wortes nicht mehr „anspricht"! Viele Äußerungen Jugendlicher in diesem Kapitel bestätigen Erfahrungen, die ich selbst in Religionsunterricht und Jugendarbeit machte: Junge Menschen gehen zunehmend auf Distanz zur Kirche ihrer Mütter und Väter. Kirche? „Nein Danke!" Und warum?

Da ist zu viel bürokratische Verwaltung und kirchliche Hierarchie, da ist zu wenig Verständnis und Offenheit. Den einen ist die Kirche zu sehr an Macht und Kapital gebunden. Sie lehnen eine kirchliche Politik ab, die sich ihnen wie folgt darstellt: „Gibt der Staat mir, was ich verlange: Kirchensteuern, Religionsunterricht, Zuschüsse für soziale Einrichtungen, Mitspracherecht nicht nur beim ‚Wort zum Sonntag', sondern an den Schalthebeln des öffentlichen Lebens und der Politik, so werde ich dem Staat den Gütestempel ‚christlich' schon nicht verweigern." Bei anderen Jugendlichen ist festzustellen, daß ihre Glaubensauffassung viel weiter ist als die der kirchlichen Dogmatiker oder der Politiker, auch wenn es ihnen schwerer fällt, die religiöse Symbolik in ihr persönliches Leben zu integrieren.

Manche verzweifeln angesichts der Weltlage an einem Gott, der ihnen als nicht sichtbar und erfahrbar nahegebracht wurde, sie als Helfer, Tröster oder Schlüssel zur Welterklärung im Stich gelassen hat. Auch führen vielfach Enttäuschungen über das unglaubwürdige Verhalten von Christen zum Verlust des traditionellen Glaubens. Wenn schon Religion, sagen sie, dann aber bitte als Alternative! Sie suchen mehr als nur einen Verein zur gegenseitigen Förderung der Geselligkeit und der religiösen Erbauung, sie sind getrieben von einem geradezu prophetischen Verlangen nach Frieden und Gerechtigkeit. Wie Abraham sind sie bereit, sich auf den Weg zu machen in ein neues Land. Aber wo liegt es?

Vielleicht liegt es an unserer Orientierungslosigkeit, daß heute das Bedürfnis nach dem *Mythos* in einer auffallenden Weise wieder zunimmt. Mythen aller Art beherrschen unseren Alltag: vom Fernsehmythos „Dallas", dem amerikanischen Mythos vom Land der unbegrenzten Möglichkeiten bis hin zum Mythos vom „Volkskanzler" Kohl. Ob in Politik, Werbung, Sport oder Film, in allen Bereichen unseres Daseins werden ständig neue Mythen geschaffen. Jede Person, jedes Ereignis kann da auf einmal zu einem Mythos werden. Anders gesagt: Niemand weiß da noch, wovon eigentlich die Rede ist.
Ihrer ursprünglichen Bedeutung nach sollen Mythen mit ihren komplexen, vieldeutigen Symbolen Sinn stiften; sie sollen das Wesen des Menschen und seiner Beziehung zur Welt aufdecken, die Frage nach unserem Sein selbst aufwerfen: „Ich will, daß das, was ich mache, im Grunde die ganze Welt umfaßt und den Menschen ganz enthält." Läßt man diese Worte Peter Handkes als vorläufige Beschreibung gelten, ist es vielleicht nicht ganz falsch, einen Zusammenhang zwischen dem Bedeutungsverlust unserer herkömmlichen religiösen Symbole und ihrer scheinbaren Wiederkehr im „Mythos des Alltags" zu vermuten. In gleichsam verkrüppelter Gestalt befriedigen diese profanen Mythen ein Bedürfnis nach Sinn, wie er unserer alltäglichen Wirklichkeit ansonsten nicht mehr abgewonnen werden kann.
Wir begegnen Symbolen nicht nur in der religiösen Sprache, sondern auch in der Dichtung und in der bildenden Kunst, in der Geschichte wie im Alltagsleben menschlicher Gemeinschaft. Sie entstehen nicht willkürlich durch bloße Erfindung. Damit Symbole von einer Gemeinschaft *akzeptiert* werden, müssen sie an der Wirklichkeit dessen, worauf sie hinweisen, selbst teilhaben. So hat es der Theologe Paul Tillich einmal ausgedrückt. Das bedeutet, daß im Laufe der Geschichte, in der die Wirklichkeitserfahrungen der Menschen einem steten Wandel unterzogen sind, Symbole auch neu geboren werden und auch sterben können. Wenn z. B. die Symbole der Religion ihre Macht und Überzeugungskraft verloren haben, sagt Tillich, dann stirbt auch die Religion ab. Solange aber die Symbole lebendig sind, ist auch ihr Mißbrauch als „Idole", als Bilder einer politischen „Ideologie" etwa, unvermeidlich.
Wir dürfen deshalb die Macht von Symbolen nicht unterschätzen. Die Geschichte zeigt uns eine Fülle von Beispielen für die innerlich erhellende, beruhigende, aufklärende, ja sogar heilende Kraft religiöser Symbole. Andererseits können Symbole eine zerstörerische Kraft ausüben, können Depressionen oder Aggressionen im Einzelnen wie in der Gesellschaft erzeugen. Ein Beispiel bietet da die jüngste deutsche Vergangenheit, die Zeit, in der politische Symbole wie die des „Führers" und seines Hakenkreuzes (als Mißbrauch des christlichen Kreuzes und seiner Symbolik) für Menschenverachtung und die massenhafte Hinopferung von Menschen stehen.
Auch das Fundament unserer heutigen Mythen scheinen Angst und Depression zu sein: „Wenn die atomare Gefahr uns an die Grenze der Vernichtung

gebracht hat, so sollte sie uns doch auch an die Grenze des Schweigens, des Duldens, an die Grenze der Zurückhaltung unserer Angst und unserer wahren Meinungen gebracht haben", schreibt Christa Wolf zu ihrem Buch „Kassandra", in dem der griechische Mythos von der Prophetin des Untergangs für unsere Gegenwart neu erzählt wird. Ist denen, die heute gegen eine sogenannte „Aufrüstung zum Frieden" protestieren, ein anderes Schicksal beschieden als der Tochter des Königs Priamos von Troja, die für wahnsinnig erklärt wurde, weil niemand ihren Unheilsrufen glauben wollte?

Und ihr alttestamentlicher Schicksalsgenosse *Jona* hatte es auch nicht leichter als Unheilsprophet in Ninive. Die Macher und Schlächter damals wie heute hören zunächst lieber den Freudenboten zu, „die da Frieden verkündigen (und) Gutes predigen", wie es bei Jesaja heißt. Wer will es da dem Jona verdenken, daß er vor einer solchen Aufgabe flieht und dabei dennoch fast umkommt?

Es ist für mich immer wieder faszinierend zu sehen, wie Ernst Alt im Titelbild und in den anderen Bildern dieses Buches – in Fisch, Lamm und Nachtigall, in Phoenix-Vogel und Taube – die religiöse Symbolik künstlerisch erfaßt und sie in einer für uns zeitgemäßen Weise lebendig werden läßt. Zu seiner Arbeit sagt Ernst Alt selbst:

> „Kunst ist Schlüsselsuche nach verlorenem oder noch nicht gefundenem Paradies – ist . . . ars moriendi (Kunst des Sterbens) und Lebenspreisung zugleich. Für mich ist heute Kunstmachen rettende Arche bauen für kommende Flut, das bedrohte Gedächtnis des Menschen, seine Geschichte, vor dem ertränkenden Vergessen zu retten. Bilder sind Scraffiti – Widerstandslosungen – gegen Wahn und Unsinn an den Wänden unseres Weltirrenhauses, aber auch Aufdeckung des Krankheitsbildes oder gar Todesanzeige und Nachruf für Hoffnung.
>
> Kunst ist . . . Krug, der Fülle aus dem dunklen Brunnenschacht der Träume, Mythen und Märchen schöpft und hebt: Da sind die fressenden und rettenden Tiere, die Höhlen, Abgründe und Irrgärten, die Mütter, Bräute und Huren, die blinden Seher, die helfenden Knaben, die leidenden, geopferten und erweckten Helden.
>
> Kunst ist Exorzismus, indem sie den Teufel an die Wand malt. Kunst ist Heilung, indem sie Tränen trocknet. Kunst trägt aus zerstörter, verlorener Heimat Menschen- und Gottesbild in Neuland (!), um dort Herd und Tempel aufzubauen. Das ist für mich zeitgemäßes Tun."

Und dies ist für mich ein äußerst zeitgemäßes Bild: Ob uns – wie Jona – noch ein Gottesfisch durch den atomaren Untergang trägt, ob wir wie die Stadt Ninive letztlich doch noch gerettet werden, weil wir der Botschaft des Unheilspropheten, der uns zur Umkehr, zur Buße, ruft, Glauben schenken und uns von unserem bisherigen bösen Treiben abkehren, oder ob wir in all unserem Wohlstand „strahlend“ untergehen werden wie einst Sodom, das den Aufbruch in Neuland verweigerte – das steht noch dahin. Aber dieses Bild hat mir dennoch wieder Vertrauen zum Leben geschenkt und mich, seit ich es zum ersten Mal mit offenen Augen und offenem Herzen betrachtet habe, nicht mehr losgelassen.

In dreifacher Symbolik wird die Einheit von Mensch und Schöpfung zusammengeschaut, wie sie uns schon im Paradiesmythos entgegentritt: Hier der verschlingende Fisch aus dunkler Meerestiefe, die Taube als Zeichen des Friedens und des geistbegabten Menschen, die sich in die hellen Lüfte erhebt, und der bei aller Bedrohung geborgene Mensch, der den Blick nach oben richtet. Aber diese Geschichte von Jona, dem gestrandeten Propheten aus dem Bauch des Fisches, ist älter noch als die Bibel, ist einer der großen Mythen der Menschheit, der in seiner ursprünglichen Gestalt noch mehr, noch etwas anderes bedeutet: Es ist die Geschichte von der Sonne, die am Abend im Westen im Meer versinkt, von einem großen Fisch verschlungen wird und in der Nacht in seinem Bauch im Wasser der großen Tiefe wieder nach Osten gebracht wird, um dort am Morgen neu als „Licht vom Osten“ aus dem Meer aufzusteigen – Verheißung des neuen Tages, des Wiederbeginns des Lebens!

Nun nimmt dieses Bild die biblische Deutung des Ursprungsmythos vom Leben wieder auf und stellt die Geschichte des von Gott erwählten Menschen dar, der seinen Mitmenschen das Licht bringen soll, nämlich die Erkenntnis und Ein-Sicht in den wahren, den bösen Zustand der Welt und ihres Tuns. Er schrickt davor verständlicherweise zurück, möchte vor dieser Aufgabe fliehen und kann seinem Schicksal doch nicht entrinnen, so daß ihn die finstere Welt doch noch verschlingt und in ihre Tiefen zieht. Aber die Friedensbotschaft Gottes an den Mann mit dem schönen hebräischen Namen *Jona* (= zu deutsch: *Taube!*) lautet: Wer glaubt, flieht nicht! Er vertraut auf Gott, und dieser bewahrt ihn vor dem Untergang und schickt ihn von neuem zu den Menschen in der Finsternis, für die er nun selbst mit einem Mal glaub-würdig geworden ist.

Meinem Patensohn, der sich dieses Bild als Tischkarte zur Konfirmation ausgesucht hatte, habe ich gesagt: „Sieh dir einmal genau die Farben an, und du wirst erkennen, daß das Weiß der Taube, die in ein fast explodierendes Blau des Himmels hineinfliegt, als Hoffnungsschimmer um das Gesicht des Jonas herum wieder aufgenommen wird. Dort, wo sonst eigentlich das Auge des Fisches ist, erscheint nun Jona als Seher, der erwartungsvoll und wie gebannt auf die Taube blickt, die Rettung und Frieden symbolisiert. Dagegen steht die Todesnacht im Fischleib, aber zugleich ist da auch noch das Grün des neuen Lebens, Hoffnung auf Neuschöpfung. So wird der Fischleib nicht zum endgültigen Grab, sondern zur Gebärmutter, zum Mutterleib, aus dem Jona als der neue Mensch heraustritt, ‚wiedergeboren‘ wird, wie die Bibel sagt, aus der Todesnacht geborgen und in den neuen Tag hinein entlassen wird.“

In diesen Symbolen ist unser ganzes menschliches Leben enthalten, als ein Spiegel der Gottes- und Selbsterkenntnis zugleich: Der Mensch flieht vor Gott, der aber läßt die Flucht barmherzigerweise nicht zu, weil er in seiner Liebe uns Menschen und seine Schöpfung umfängt und bewahren will. Das ist nicht mehr der allmächtige und allgegenwärtige Gott, der oft genug als Schreckgespenst oder Buhmann für Kinder und Jugendliche herhalten muß, nach dem Motto: „Der liebe Gott sieht alles." Nein, dieser Gott ist anders, er ist wie ein guter Freund, mit dem man reden, auf den man sich in der Not verlassen kann. So kann ich mir vorstellen, daß ein Jona nach seiner Rettung zu Gott sagen konnte: Ich bin befreit! Die Ausweglosigkeit meines Lebens und Deines Auftrags drohten mich zu verschlingen, aber jetzt bin ich der Gefahr entronnen, wenn ich auch immer noch außer Atem bin und erschöpft. Ich will jetzt standhalten, weil ich zu mir selbst und zu Dir, mein Gott, zurückgefunden habe. Wie gut das tut! Ich will Dir, den Menschen und mir selbst wieder vertrauen – Schritt für Schritt, in Deinem Licht.

Was Wunder, daß dann im Neuen Testament (vgl. Lukas 11, 29 – 32!) Jesus Christus selbst als das „Zeichen des Jona" verstanden wird, und zwar in doppelter Hinsicht: als der, den Gott vom Tode errettet hat, damit er zum „Licht der Welt" wird, und zugleich als der, der denen das Gericht bringt, die nicht an ihn glauben. Ja, sagt Lukas, er ist „mehr als Jona", und so überschreitet er in seiner Person die Grenzen der Symbole: Er ist Fisch und Taube in einem, Leben und Frieden der Menschen. Es ist von daher zu verstehen, daß die frühen Christen das griechische Wort für Fisch – *ICHTHYS* – als die Anfangsbuchstaben der griechischen Worte für „*J*esus *C*hristus, *G*ottes *S*ohn, *R*etter" gedeutet haben.

Und wie leben wir Christen heute im Zeichen des Jona? Das, was uns von anderen unterscheidet, ist *nicht* unser Handeln, sondern dieser Christus Jesus selbst und unser Glaube an ihn als die Verkörperung des Evangeliums. Aber glauben kann man nicht allein. Ist der Fisch der Leib Christi, so wollen wir an ihm teilhaben, mit ihm zusammen leben. Deshalb bedeutet Christ *sein* für mich: in der Nachfolge Jesu in der Welt von heute menschlich leben und sterben, d. h. aufbrechen aus der Gleichgültigkeit, der Angst und Selbstbezogenheit, aufbrechen aus dem Bannkreis des Todes, den Jesus gesprengt hat und aus dem er uns vorangeht „bis an das Ende der Erde" über die Grenzen der Länder, der Weltanschauungen und Glaubensbekenntnisse hinweg, in unbedingter Parteinahme für das Leben.

Was das bedeutet, hat für mich kaum ein anderer so präzise formuliert – und gelebt (!) – wie der Pfarrer und „Urwalddoktor " von Lambarene, Albert Schweitzer, der in einer Predigt aus dem Jahre 1905 sagte:

> „Wenn mich jemand fragte, warum ich das Christentum für die höchste und einzige Religion halte, würde ich alles, was man so gelernt hat . . . getrost hinter den Ofen werfen und nur das eine sagen: weil in dem

ersten Befehl, den der Herr auf Erden gegeben hat, nur das eine Wort „Mensch" vorkommt.
Er redet nicht von der Religion, vom Glauben, von der Seele oder sonst etwas, sondern einzig vom Menschen. *Ich will Euch zu Menschenfischern machen.* Da ist's, als sagte er es allen kommenden Jahrhunderten: aufs erste gebt mir acht, daß mir der Mensch nicht zugrunde geht. Geht ihm nach, wie ich ihm nachgegangen bin, und findet ihn da, wo die anderen ihn nicht mehr finden, im Schmutz, in der Vertiertheit, in der Verachtung, und tut Euch zu ihm und helft ihm, bis er wieder ein Mensch ist."

Dieser Christus also stellt uns vor die Entscheidung, ob wir auf das Leben setzen oder auf den Tod, ob wir uns miteinander auf den Weg machen wollen zu einer Welt, die nicht mehr von Ausbeutung, Hunger und Profitgier zerrissen, von Rüstung und Krieg verseucht und verwüstet ist. Was wir bei unserem Aufbruch als „Wegzehrung" dabeihaben, ist nur die Erinnerung daran, daß am Anfang dieses Weges Kranke gesund, Hungernde satt und Tote wieder lebendig wurden, und daß das dunkle Grab diesen Jesus von Nazareth, der ganz für andere lebte, nicht behalten konnte; es ist ferner der Glaube und die Hoffnung, daß am Ende dieses Weges ein Land sein wird, wo Milch und Honig fließen, wo Gott alle Tränen von unseren Augen wischen wird und dem Tod kein Reich mehr bleibt.
Und manchmal spricht sich das sogar in der Kirche herum: Es war am 1. Mai 1971 in Santiago de Chile, bei der ersten Maikundgebung unter der Präsidentschaft Allendes. Er sprach vor einer dichtgedrängten Menschenmenge der Armen und der Arbeiter. Unter den Anwesenden befand sich aber auch der Kardinal Silva Henriquez. Ein Journalist fragte ihn, ob er als Vertreter der katholischen Kirchenführung da sei. „Nein", entgegnete der Kardinal, „ich bin nur hier als der Vertreter des Sohnes des Zimmermanns . . ."

„Ich bin kein Christ, ich bin Mensch!“

Meinungen Jugendlicher

Ich glaube nicht an die Kirche, den Papst, die Priester und nicht an ihren Gott. Ich glaube an irgend etwas, was uns vielleicht lenkt, an Liebe, aber nicht an den satten Gott der Christenheit. Ich bin kein Christ! Ich bin Mensch!

Stefan, 17 Jahre

Was heißt für mich Christsein – Glaube?
Es heißt für mich an etwas glauben. Bitten, danken und um Vergebung bitten. Denn wenn ich krank bin, hilft es mir oft, wenn ich Bittgebete spreche. Oder wenn ich etwas sehr Mieses getan habe, wenn ich ein Begnadigungsgebet spreche. Und wenn es mir danach wieder besser geht, hilft es, dann Gott zu danken. Mir geht es auf jeden Fall so, ich weiß nicht, ob es anderen genauso geht, aber ich denke schon. Vor ein, zwei Jahren bin ich noch in die Kirche gegangen, heute nicht mehr.

Peter

Christsein heißt für mich, daß man alle Menschen akzeptiert und lernt, mit sich selbst umzugehen. Es bedeutet für mich ebenfalls, im Einklang der Dinge zu leben und sowohl ein inneres Gleichgewicht zu wahren als auch das Gleichgewicht der Erde und des Universums nicht zu stören. Christsein heißt für mich, frei ohne Grenzen mit Menschen, Tieren und Pflanzen zusammenzuleben, ohne jemanden dabei zu verletzen. Christsein heißt für mich auch, das Böse zu sehen und zu verstehen. Es heißt für mich, nur so viel zu essen, wie nötig ist, und viel zu lachen und zu weinen. Christsein heißt für mich, ein Mensch zu sein und nicht das primitive Tier, als das wir uns abgestempelt haben. Christsein heißt für mich, zu leben mit allem Sein, das in mir existiert, es heißt für mich zu leben, zu leben, zu leben.

Andreas Wilhelm

Sören Kierkegaard

Was man so einen Christen nennt

Da ist ein junger Mann – so stellen wir es uns vor; die Wirklichkeit liefert zahlreiche Beispiele –, da ist ein junger Mann, sogar mit mehr als gewöhnlichen Gaben und Kenntnissen, drinstehend in den Begebenheiten des öffentlichen Lebens, Politiker, und selbst als solcher tätig.

Was die Religion betrifft, so ist seine Religion die, daß er gar keine hat. An Gott zu denken, fällt ihm nie ein, in die Kirche zu gehen ebensowenig; und es hat gewiß keinen religiösen Grund, daß er das unterläßt; zu Hause Gottes Wort zu lesen, damit würde er fast fürchten, sich lächerlich zu machen. Da es sich einmal so fügt, daß er sich in einem Fall, wo das mit einer gewissen Gefahr verbunden war, über die Religion zu äußern hat, wählt er den Ausweg, der Wahrheit gemäß zu sagen: Ich habe gar keine Meinung über die Religion. Derartiges hat mich nie beschäftigt.

Derselbe junge Mann, der keinen Drang zur Religion fühlt, fühlt dagegen den Drang – Vater zu werden. Er verheiratet sich; nun hat er ein Kind; er ist – Kindsvater: und was geschieht?

Ja, unser junger Mann ist, wie man sagt, in der Patsche mit dem Kind; er wird genötigt, als – Kindsvater eine Religion zu haben. Und es ergibt sich, daß er die evangelisch-lutherische Religion hat.

Wie kläglich, auf diese Weise Religion zu haben! Als Mann hat man keine Religion; wo es mit Gefahr verbunden sein könnte, auch nur eine Meinung über die Religion zu haben, hat man keine Religion: aber in der Eigenschaft als – Kindsvater hat man (risum teneatis!) die christliche Religion, die just den ledigen Stand empfiehlt.

So wird Botschaft zum Pfarrer gesandt; die Hebamme kommt mit dem Kinde an; eine junge Dame hält kokett das Häubchen; einige junge Männer, die auch keine Religion haben, erweisen dem Kindsvater den Dienst, als Gevattern die evangelisch-christliche Religion zu haben und die Verpflichtung für die christliche Erziehung des Kindes zu übernehmen; ein Geistlicher in Seide sprengt mit Grazie dreimal Wasser über das süße kleine Kind, trocknet sich graziös mit einem Handtuch die Hände ab – und das wagt man Gott zu bieten unter dem Namen: christliche Taufe. Die Taufe – durch diese heilige Handlung wurde der Heiland der Welt zu seinem Lebenswerk geweiht, und nach ihm die Jünger, Männer, die längst die Unterscheidungsjahre erreicht hatten und in gutem Alter waren, und die nun, für dieses Leben abgestorben (daher tauchten sie dreimal unter, zum Zeichen dafür, daß sie zur Gemein-

schaft des Todes Christi getauft waren), gelobten, als Geopferte in dieser Welt der Lügen und der Bosheit leben zu wollen.
Doch die Pfarrer, diese heiligen Männer, verstehen ihr Geschäft nur zu gut, und ebenfalls, daß, wenn es sein sollte, wie das Christentum und jeder vernünftige Mensch unbedingt fordern muß, daß einer erst, wenn er in das Alter der Unterscheidungsjahre gekommen ist, das Recht hat, zu bestimmen, welche Religion er haben will – die Pfarrer verstehen sehr gut, daß es so mit ihrem Erwerb nichts Rechtes würde. Und deshalb dringen diese heiligen Wahrheitszeugen in die Wochenstuben ein und benützen den zarten Augenblick, wo die Mutter nach überstandenem Leiden schwach ist und der Vater – in der Patsche. Und so wagt man unter dem Namen der christlichen Taufe Gott eine Handlung wie die beschriebene zu bieten, in die doch ein klein bißchen Wahrheit hineingebracht werden könnte, wenn die junge Dame, statt sentimental das Häubchen über das Kind zu halten, satirisch eine Nachtmütze über den Kindsvater hielte. Denn auf diese Weise Religion zu haben, ist geistlich betrachtet eine komische Jämmerlichkeit. Man hat keine Religion; aber auf Grund der Umstände: weil zuerst die Mutter in Umstände kam, und so, als Folge davon, der Vater wieder in Umstände kam, hat man auf Grund der Umstände mit dem kleinen süßen Herzchen, auf Grund dessen hat man: die evangelisch-lutherische Religion.

Großer Fisch mit Jona-Taube ▷

Ich will als Christ leben

bei den Menschen, die ich brauche
und die mich brauchen.
Ich möchte
die Tage nicht ungenutzt lassen,
den Stunden einen Sinn geben,
meine Augen nicht verschließen
vor den Ängsten und Sorgen der anderen,
mich freuen an den Blumen,
an den Wolken,
an der Sonne,
an den Sternen in der Nacht.
Ich möchte
lachen, weinen, lieben, hoffen
und beten – als Christ.

Christine, 15 Jahre

Wolfgang Klein

Ein Psalm der Hoffnung

Ich wünsche mir eine Kirche, die überhaupt Profil hat,
dazu braucht es allererst ein Gesicht:

Ein altes Gesicht wünsche ich mir, in dessen Zügen
sichtbar sind die Schläge der Jahrhunderte,
die Narben der Vergangenheit nicht übertüncht.

Ein einfaches, faltiges Gesicht also,
das Glaubwürdigkeit ausstrahlt und Herzlichkeit,
Geduld und Güte.

Ein junges Gesicht mit freundlichen Augen, mit Lachfältchen
und einem ironischen Lächeln um den Mund –
ein Gesicht mit eigenem Profil eben.

Und wer profiliert mir das?

Ja, ich träume von einer Kirche,
die nicht aus Steinen gebaut ist, sondern aus lebendigen Menschen.

Ich träume von einer Kirche, die immer ärmer wird –
an Verwaltungsvorschriften und Gesetzen, an Hektik und Erfolgszwang, an windelweich-ausgewogenen Erklärungen und Verlautbarungen, an Angst um ihr öffentliches Ansehen und ihren gesellschaftlichen Bestand.

Ich träume von einer Kirche, die immer reicher wird –
an Spielräumen und Begegnungsmöglichkeiten,
an Geistesgegenwart und Spontaneität,
an Standhaftigkeit und Gelassenheit,
an Freiheit des Wortes und der Tat,
an Gottvertrauen und Phantasie
für den Frieden auf Erden.

Ein bißchen groß – solche Träume,
gemessen an der Wirklichkeit,
sagt Ihr mir.

Ein bißchen stark – solche Worte,
verglichen mit der Realität,
sage ich mir.

Aber die Kirche – das sind wir.

Christa Peikert-Flaspöhler

Stellenangebot

Gesucht:
Menschen

Belanglos:
Alter
Herkunft
Zeugnisse

Geboten:
Betätigungsfelder
für jede Begabung
gemäß Mt 25, 35 – 36
sowie 1 Kor 12, 4 – 6

Arbeitszeit:
nicht fest geregelt

Vergütung
Mt 25, 34 und
Mt 25, 40

Fähigkeiten:
offene Herzen
sehende Augen
hörende Ohren
helfende Hände
wacher Geist
Sachverstand

Fortbildung:
laufend möglich

Bewerbungen:
Kennwort
„Christ sein“

Meine Erfahrungen als Schülerin...

Wäre Kirche immer so jugendgerecht und fortschrittlich, wie sie sich auf Kirchentagen zeigt, würde ich ganz sicher öfter in die Kirche gehen.
Die Kirche bietet für mich als Teenager echt wenig. Es ist für mich Sonntag für Sonntag die gleichklingende Predigt, der gleiche langweilige Ablauf des Gottesdienstes. Ich beobachte oftmals die fast ausschließlich älteren Leute im Gottesdienst. Sie lassen alles unbeteiligt über sich ergehen. Ein Friedensgottesdienst, ein Gottesdienst mit Musik und Liedern wie auf dem Kirchentag oder eine ähnliche kirchliche „Sonderveranstaltung“ wird höchstens einmal jährlich abgehalten. Solche tollen Gottesdienste werden von Jugendlichen stark besucht. Nach meiner eigenen Erfahrung lehnen die Älteren so etwas oftmals ab.
Ich habe manchmal das Gefühl, daß bei der evangelischen Kirche kaum Interesse besteht, sich für die jüngere Generation zu öffnen. Ich vermisse eine attraktive und abwechslungsreiche Jugendarbeit. Das Engagement für die Jugend besteht darin, die Jungen und Mädchen auf ihre Konfirmation vorzubereiten.
Das finde ich sehr schade, denn der Kirchentag beweist doch alle zwei Jahre genau das Gegenteil. Da ist bei Kirche plötzlich eine Menge los, da ist sie echt fetzig. Sonst würden bestimmt nicht so viele junge evangelische Christen auch noch zum Katholikentag fahren. Warum werden bloß auf Kirchentagen so „lockere“ Abendmahlsgottesdienste und so packende Meditationen abgehalten? Die Andacht leidet darunter ganz bestimmt nicht, glaube ich. Wenn gerade die älteren Gemeindemitglieder und manche Gemeindepfarrer ab und zu einmal über ihren Schatten springen und auch an die Jüngeren denken würden, könnten die Kirchen sonntags beim Gottesdienst mit Sicherheit voller sein. Dann würden auch Jugendliche gern hingehen.
Wie einfallsreich sich die Kirche und ihre Einrichtungen darstellen können, habe ich schon bei meinem ersten Kirchentag in Hannover und jetzt wieder beim „Markt der Möglichkeiten“ in Düsseldorf festgestellt. Unangenehm aufgefallen ist mir allerdings, daß man im Bereich der Kirche regelrecht gegeneinander arbeitet. Beim „Abend der Begegnung“ haben viele Gemeindegruppen Alkohol verkauft – auch an Jugendliche. Und am nächsten Tag warnte die Diakonie auf dem „Markt“ vor den Gefahren von Drogen und Alkohol und berichtete von den Schwierigkeiten, Menschen von dieser Abhängigkeit zu befreien. Diese „Logik“ muß mir erst einmal jemand erklären.

Carola Schmitz-Holz, Schülerin, 16 Jahre

Zukunft der Kirche – Kirche der Zukunft

Aus einer Schülerumfrage

1. Was hat nach Ihrer Meinung in der Vergangenheit dazu geführt, daß die Kirche immer weniger Menschen erreicht?

Ich glaube, daß die Kirche keine große Schuld daran trägt, sondern daß wegen des Wohlstandes immer mehr Menschen nicht mehr in die Kirche gehen. In den ärmeren Regionen der Erde ist die Frömmigkeit viel größer als bei uns. Uns geht es so gut, daß wir keinen kirchlichen Beistand mehr brauchen.

Jörg Weyland, 16 Jahre

Sie hat nicht Schritt gehalten mit der Gesellschaftsentwicklung. Sie versucht oft Probleme zu verdrängen, sie vor sich herzuschieben oder ihnen nur mit äußerstem Zartgefühl zu begegnen. Sie versucht nicht, den Leuten zu helfen und auf die Probleme dieser einzugehen, sondern mit frommen Bibelsprüchen werden diese Probleme einfach unterjocht. Die Kirche wird durch die Unterhaltungsindustrie oft ins Lächerliche gezogen. Der Mensch ist auch „reifer" geworden, und er benötigt die Kirche daher nicht, weil er sich vieles durch die Wissenschaft erklärt. Die Politik hat der Kirche auch viele Anhänger abgenommen. Oft resignieren die Menschen auch vor der nicht gerade hellen Zukunftsaussicht. Sie sehen auch, daß die Kirche ihnen nicht eine goldene Zukunft präsentieren kann.

Pit Lippka

Die Menschen haben sich geändert. Der Glaube an Gott ist weitgehend verlorengegangen, sie sind Materialisten geworden. Der wahre Gott ist für viele Menschen das Geld. Sie glauben an das, was sie sehen, Gott kann man nicht sehen.

Lydia Stark

2. Brauchen Sie persönlich in der Zukunft eine Kirche?

Ich persönlich brauche die Kirche eigentlich weniger. Außerdem finde ich es idiotisch, wenn der Pfarrer sagt, lasset uns singen und fröhlich sein, und die Leute hocken da mit miesen Gesichtern und brummeln so vor sich hin. Das ist keine Wahrheit. Die Bibel ist für viele unverständlich, weil sie in einer anderen Zeit geschrieben wurde. Wenn der Pfarrer Texte daraus vorliest, dann kapieren es die meisten nicht. Ich persönlich mache mir gern Gedanken über etwas. Mich würde es freuen, wenn der Gottesdienst mal Probleme der Zeit ansprechen würde, und die Leute in der Kirche sollten mal mitreden. Für mich ist der Glaube an Gott wichtiger. Beten kann ich auch zu Hause. Ich habe ein Kreuz an der Wand hängen, mit dem rede ich sogar, wenn ich allein bin. Gott ist in meinem Herzen, wo er hin gehört.

Horst

Ja, für mein Begräbnis. Ansonsten brauche ich keine Kirche. Mein Glaube und mein Verhältnis zu Gott ist meine persönliche Sache. Ich versuche ein guter Christ zu werden!

Reiner

Ich bin bei den evangelischen Pfadfindern, und als Pfadfinder gehört man zur Kirche und sollte sie auch vertreten. Für einen Pfadfinder ist die Kirche schon etwas Wichtiges, das man nicht umgehen kann. Die Kirche gehört zum Leben von der Geburt bis zum Tode. In Notsituationen ist die Kirche immer bereit zu helfen.

Erik

Eigentlich „brauche" ich die Kirche direkt nicht. Ich gehe sonntags nicht in die Kirche, weiß zwar nicht warum, aber ich gehe eben nicht. Später möchte ich allerdings mal kirchlich heiraten, und wenn ich mal Kinder bekommen sollte, möchte ich, daß sie auch getauft werden. Außerdem finde ich, wenn man nicht in die Kirche geht, bedeutet das nicht gleichzeitig, daß man nicht an Gott glaubt.

Julia

3. Worum sollte sich die Kirche heute vor allen Dingen kümmern?

Die Kirche sollte sich heute vor allem um die Ausländer und die Dritte Welt kümmern. Liest man z. B. Günther Wallraffs Buch „Ganz unten", so muß man es doch als beschämend bezeichnen, was die Kirche sich leistet. Und da predigt dann jemand etwas von Nächstenliebe und verlangt: „Hilf Deinem Mitmenschen!" Wenn die Kirche dazu schon nicht fähig ist, was soll sie dann noch? Lesen und schreiben kann heute doch fast jeder. Also warum soll er dann, wenn's ihn interessiert, die Bibel nicht zu Hause lesen?

Stephan Wilhelm

Meiner Meinung nach sollte sich die Kirche erstens dem Religiösen und den Glaubenssachen zuwenden, also den konservativen Sachen. Sie sollte nicht versuchen, sich in andere Dinge einzumischen, wovon sie keine Ahnung hat, aber meint, daß dies unter die Kirche fällt, z. B. Politik, Medizin (Abtreibung).

Birgit

Um Hilfe überhaupt, egal welcher Art, noch mehr und intensiver. Und sie sollte vielleicht die Musik unterstützen (Beispiel: Live Aid), denn es ist leider so, daß mehr Menschen auf Rockkonzerte gehen als in Kirchen. Und wenn sich die beiden zusammentun und helfen, tut es der Kirche und den Notleidenden in der Welt gut (Gruppe „United against Apartheid").

Adriane

Nicht nur um Gottesdienste, sondern auch um soziale Belange. Auch in der Jugendarbeit sollte sich mehr darum gekümmert werden, was gemacht wird und wie es gemacht wird. Ich persönlich habe schlechte Erfahrungen mit der Jugendarbeit gemacht.

Ralf

Darüber mache ich mir keine Gedanken. Damit sollten sich Leute beschäftigen, die zu dieser Sache stehen und wollen, daß sie erhalten bleibt.

Rüdiger

4. Wie stellen Sie sich die Kirche im Jahre 2000 vor?

Ich glaube nicht daran, daß sich die Kirche sehr viel verändert. Vielleicht ändern sich nur die Umgebung und die Menschen. Aber daran denken, daß vielleicht mal ein Roboter auf der Kanzel steht, ist nicht auszudenken.

Werner

Ich glaube, im Jahr 2000 wird es nicht mehr viele Gläubige geben, weil die Menschen immer mehr an sich selbst glauben.

Hertha

Schlimm. Ich glaube, daß es bis dahin kaum noch Kirchen gibt, da „Gott" immer mehr an Macht verliert. Der Mensch will sich mit „Gott" gleichstellen und entfernt sich doch immer mehr von ihm.

Brigitte

Als Betonbunker. Die Kirche wird weiterhin von der Umwelt abhängig bleiben.

Gerd

Die Kirche wird, wenn sie sich nicht ändert, in Zukunft in den Industrieländern wohl nur noch als Sozialstation fungieren.

Walter

Kapitel II

Einsicht in den „Garten des Lebens“: „Du selber mußt dich suchen!“

Wolfgang Klein

An Dir selbst führt Dein Weg vorbei!

Unsere Kinder haben von ihrer Mutter ein altes, zerfetztes Liederbuch mit wunderschönen nostalgischen Bildern übernommen, das sie über alles lieben. Ein Bild zeigt einen jungen Burschen mit Mütze und Reisetasche, der an einem sonnigen Sommernachmittag an den Gartenzaun eines Hauses tritt. Ein junges Mädchen – seine Schwester – schaut ihn fragend-erschreckt an, sie erkennt ihn nicht, aber die alte Frau mit dem Häubchen, dem langen Rock und der Gartenschürze, sie hat ihre Gießkanne abgestellt, ist dem Jungen mit offenen Armen ans Gartentor entgegengelaufen, sie lächeln einander an und umarmen sich. Eine Heimkehr!

Das Lied zu diesem Bild kennen wir wahrscheinlich alle: „Hänschen klein ging allein in die weite Welt hinein. Stock und Hut stehn ihm gut, ist ganz wohlgemut . . .“. So lautet der Anfang dieser Geschichte von Abschied und Wiederkehr, einer Geschichte, wie wir alle sie in unserem Leben oftmals erfahren haben und noch erleben werden: entweder als Hans, als Kind oder Jugendliche(r), oder als Erwachsene, als Mutter oder Vater. Ich denke, wir können uns ganz gut in diese Situation hineinversetzen. Und wie ist es der Mutter in dem Lied zumute? „Aber Mutter weinet sehr, hat ja nun kein Hänschen mehr. Wünsch dir Glück, sagt ihr Blick, kehr nur bald zurück!“

Wohl dem Kind, das eine solche Mutter hat wie Hans in diesem Kinderlied. Ihm winkt nämlich eine Mutter nach, die beim Abschied weinen und ihm *dennoch* Glück wünschen kann; das heißt doch, daß sie ihn zwar gerne bei sich behalten möchte, aber auch stolz ist auf seine Selbständigkeit. Deshalb wünscht sie ihm Glück und bestärkt ihn dadurch in dem, was er tut. Weder macht sie ihm das Herz schwer, noch pflanzt sie ihm ein schlechtes Gewissen ein. Sie gibt ihn frei und läßt ihn dabei zugleich auch schon so etwas wie Vorfreude auf seine spätere Rückkehr spüren.

Was wir hier vor uns haben, ist nicht mehr und nicht weniger als das altbekannte und einleuchtende Bild vom *Lebens-Weg*, mit dem wir die Zeit des Menschen zwischen Geburt und Tod so treffend umschreiben: „Über 7 Brücken mußt du gehn . . .“, heißt es in einem bekannten Schlager. Es ist der Weg zur Selbständigkeit, zu Selbstfindung und Selbstbewahrung, der in unseren Jugendjahren vor uns liegt und manchmal so steil und steinig ist. Es ist der Weg zum reifen Menschen, wie ihn unser Kinderlied in der zweiten Strophe wiederum ganz realistisch beschreibt:

„Sieben Jahr, trüb und klar,
Hänschen in der Fremde war.
Da besinnt sich das Kind,
eilet heim geschwind.
Doch nun ist's kein Hänschen mehr,
Nein, ein großer Hans ist er.
Stirn und Hand, braun gebrannt,
Wird er wohl erkannt?"

Das ist die bang-erwartungsvolle Frage, die der Heimkehrer Hans sich stellt, der sich auf seinem Lebensweg mittlerweile so verändert hat. Gute und schlechte Tage, „trüb und klar", sind es gewesen, die ihn in diesen Jahren geprägt haben. Ganz auf sich gestellt, ohne Beistand der Eltern ist er dabei gewesen. Das war eine wichtige und lehrreiche Zeit. Und er hat es gut, der Hans im Lied: Als er nach Hause zurückkehrt, da erkennt zwar die Schwester den eigenen Bruder nicht mehr, aber dann heißt es:

„Kommt daher die Mutter sein,
schaut ihm kaum ins Aug' hinein,
Ruft sie schon:
‚Hans mein Sohn!'
Grüß dich Gott, mein Sohn!"

Keine Vorhaltungen, keine überflüssigen Worte, keine Fremdheit, sondern frohe Begrüßung, Angebot des Elternhauses als Zufluchtsort, wo er wieder Mut und Kraft für neue Anforderungen auf neuen Wegen sammeln kann.
Die beiden sind sich *innerlich* nahe geblieben! Gerade heranwachsende, junge Menschen, zwischen 14 und 21 Jahren etwa, fühlen oft schmerzlich die Notwendigkeit der stufenweisen Trennung des eigenen Lebens von dem der Eltern und Geschwister, um ihr Ich entwickeln zu können. Sie beginnen zu ahnen, daß es einen tieferen Sinn geben muß für ihr Dasein auf dieser Welt. Sie fragen nach der Richtung, in die zu gehen sich lohnt, nach Zielen, die erreichbar sind, nach klar ausgeschilderten Wegen. Sie fragen: Wohin sollen wir gehen? Und wer bin ich eigentlich?
Diese Frage stellte sich auch der 1945 von den Nazis ermordete Pfarrer Dietrich Bonhoeffer, als er im Gefängnis dichtete:

„Wer bin ich? Sie sagen mir auch, ich trüge die Tage des Unglücks
gleichmütig, lächelnd und stolz, wie einer, der Siegen gewohnt ist.
Bin ich das wirklich, was andere von mir sagen?
Oder bin ich nur das, was ich selbst von mir weiß?
Wer bin ich? Der oder Jener?
Bin ich denn heute dieser und morgen ein anderer?
Bin ich beides zugleich?"

Ja, würde ich antworten, ich und jeder von uns ist beides *zugleich*, ist der *und* jener, ist heute dieser und *morgen* ein anderer. Jeder von uns trägt zugleich seine Vergangenheit und seine Zukunft in sich, ist Kind und zugleich Frau oder Mann, ist das, was er von sich selbst meint und was andere von ihm halten. Jeder setzt seine verschiedenen Masken zur Tarnung auf, spielt seine Rollen in unserer Gesellschaft als Christ und Deutscher, als Schüler und Lehrling, als Freund und/oder Freundin. Jeder von uns erfährt in seinem Leben einerseits Freude, Liebe, Glück, Schönheit, Erfüllung; doch er erfährt auch: Mitten im Leben kann ich plötzlich sehr hilflos oder einsam sein, voller Angst und Zweifel. Es gibt auch das Leid in der Welt, Krankheit und Schmerz und Tod. All das gehört zum Leben, all das muß auf jeder Altersstufe unseres Lebens neu erlernt und immer wieder erprobt werden: die Bewältigung der äußeren Wirklichkeit um uns herum, die innere Entwicklung unseres Selbst hin zu der Feststellung: Ich bin ich! Jeder von uns ist eine einmalige, unverwechselbare Person, die zudem noch die Fähigkeit entwickeln muß, die äußeren und inneren Lebensbedingungen aufeinander abstimmen zu können in der jeweiligen Situation.
Auf all das verweist das Symbol des Januskopfes. Benannt nach dem römischen Gott des Tor-Durchgangs, ist es Zeichen der Wandlung und der Beständigkeit, des Ein- und Ausgangs, des Anfangs und Endes, der Jugend wie des Alters in einem! Aber wie finde ich meinen eigenen Lebensrhythmus, um zu mir selbst zu kommen („Am siebten Tage sollst Du ruhen!") und auf andere zugehen und für sie dasein zu können („Jakob diente sieben Jahre um Lea und noch einmal sieben um Rahel.")? Anders gefragt: Wie kann ich die Balance zwischen meiner persönlichen und meiner sozialen Identität herstellen? Wer gibt uns den Mut, Nähe und Distanz zu unseren Mitmenschen zu bewahren? Woher nehmen wir die Ich-Stärke, ja oder nein zu sagen, abzuwägen, zu urteilen, zu entscheiden? Woher haben wir die Kraft, Erfolg und Scheitern auszuhalten? Wie kann ich die lateinische Inschrift dieses Bildes verwirklichen: „Tritt als Guter ein, geh' als Besserer!"?
Leben lernen ist eine schwere Kunst, und zur Selbst-Erziehung gehört es, den eigenen Takt, den richtigen Zeit-Takt zu finden von Ausfahrt und Heimkehr, Gewinnen und Verlieren, Arbeiten und Feiern, Lieben und Leiden. Wer nur gewinnen will, wird alles verlieren, auch sich selbst. Wer keine Fragen stellt, kann sich auch selbst nicht in Frage stellen. Wer immer nur ausfährt, kommt nirgends wieder nach Hause; wer nicht ruhen kann, bringt auch keine gute Arbeit zustande. Wer nicht wirklich lieben kann, lebt auch nicht richtig, und wer nicht leben kann, kann auch nicht getrost sterben, nämlich „lebenssatt"! Wer zu sich selbst ein gebrochenes Verhältnis hat, kann auch zu anderen Menschen keine tragfähige Beziehung aufbauen. Wer sich selbst verachtet, kann auch andere Menschen nicht achten um ihrer selbst willen.

Ich schreibe dies in bewußtem Gegensatz zur Meinung vieler Jugendlicher oder Erwachsener, die da sagen: „Ich bekomme das alles nicht mehr zusammen“, oder: „Ich bin total überfordert, ich komme nicht mehr zur Ruhe und zu mir selbst.“ Denn ich will mir und anderen Mut zum Leben machen, weil ich als Christ die Erfahrung Bonhoeffers teile:

> „Wer bin ich? Einsames Fragen treibt mit mir Spott.
> Wer ich auch bin, Du kennst mich, Dein bin ich, o Gott!“

Ich weiß also, zu wem ich gehöre – zu diesem Gott, der mir eine neue Identität als sein Kind verlieh, wenn er mir liebevoll sagte:

> „Fürchte Dich nicht, ich habe Dich erlöst, ich habe Dich bei Deinem Namen gerufen, Du bist mein!“ (Jesaja 43, 1 ff)

Ich muß mir also nicht erst einen Namen *machen* (vgl. 1. Mose 11!), mein Leben mit einem Sinn erfüllen, vielmehr gründet mein Menschsein in dieser Zusage Gottes. So laß mich auch Deinen Weg wissen, sprach Mose zu Gott, bevor das Volk in die Freiheit zog, zum gelobten Land aufbrach, das niemand kannte, niemand je gesehen hatte. Wer läßt uns Gottes Wege wissen? Er hat uns in Jesus die Antwort gegeben: „Ich bin der Weg, die Wahrheit und das Leben“ (Johannes 14, 6). Ich kenne kaum jemanden, der häufiger „*Ich*“ gesagt hat als Jesus, und es ist seltsam, daß der zweite Teil jenes bekannten Gebotes in der Christenheit so oft überhört oder verschluckt worden ist, den Jesus wie das Alte Testament immer betont haben: „Liebe Deinen Nächsten wie *Dich* selbst!“ In diesem einen Satz liegt das ganze Geheimnis dieser Balance unseres Lebens, unseres Lebenstaktes. An Dir selbst führt Dein Weg vorbei zum Mitmenschen! Und dabei wissen wir uns von Gott begleitet.
In Jugendgruppen und in Schulklassen, in denen ich arbeite, übe ich nach einer bekannten Gesprächsmethode oft den Grundsatz ein: Statt „man“ oder „wir“ zu sagen, sprich doch von Dir! Es heißt dann nicht: „Man müßte etwas tun“, wenn sich etwas ändern soll, es heißt dann: „Ich müßte etwas tun.“ Das klingt ganz anders, denn wir müssen uns nun auch *persönlich* stellen, wir sind selbst gefragt nach *unserem* Engagement. Aber wie können wir dabei mit *Gott* Schritt halten?
Da sehe ich nun den *Phoenix* vor mir, der blutrot gleichsam auf dem Januskopf thront. Er ist der Feuervogel der alten Sage, der aus Arabien kam und in Ägypten, sprichwörtlich „wie der Phoenix aus der Asche“, vom Tode aufersteht. Er ist das Sinnbild der Sonne, des neugewonnenen Lebens, und er wird zum „Dornenvogel“, zum altchristlichen Bild für den Gekreuzigten und Auferstandenen. Er sitzt wie dessen Dornenkrone auf dem Haupt des Janus: „Fürchte Dich nicht vor dem, was Du leiden wirst . . . Sei getreu bis in den Tod, so will ich Dir die Krone des Lebens geben.“ (Offenbarung 2, 10) So ist

die paradoxe Wiedergeburt des Phoenix im Feuertod auch mit den Scheiterhaufen der christlichen Märtyrer in Beziehung gesetzt worden.
Was bedeutet also dieser Glaube im Zusammenhang mit unserer Frage nach der eigenen Identität? Es gibt keine Garantie für sie, sondern nur die tiefinnere Gewißheit und das glaubende Vertrauen, vor Gott und den Menschen als „Ich" etwas „wert" zu sein, und zwar so viel wert, daß meinetwegen 99 Schafe im Stich gelassen werden, meinetwegen keine Sintflut mehr kommen soll und meinetwegen Mose Israel und uns alle mit den Zehn Geboten aus unserer Sklaverei herausgeholt hat.
Aber der neue Weg zum Menschsein, zu neuem Selbstbewußtsein und Selbstvertrauen, ist durchaus kein leichter, wir müssen durch das Feuer hindurch zum Leben geläutert werden wie der Phoenix. Daran erinnert auch Jesus mit seiner Geschichte von dem reichen jungen Mann, der eines Tages zu ihm kam und ihn fragte, was er tun solle, um das „ewige Leben" zu erlangen (vgl. Markus 10, 17 – 22). Jesu Antwort bestand darin, ihn aufzufordern, alles, was er hatte, zu verkaufen und sich ganz einfach mit ihm auf den Weg zu machen. Zweierlei steckt in dieser Antwort: einmal die Aufforderung, die Vergangenheit unwiderruflich hinter sich zu lassen, eine Art „Tod" des bisherigen Lebens zu akzeptieren, und zum anderen die Einladung, mit ihm zusammen getrost in die Zukunft zu gehen. Aber der junge Mann wählte lieber das bisherige Leben der „Normalität". Gibt es Hoffnung, diese schreckliche Geschichte zu widerlegen?
Ja, Du mußt Deine Vergangenheit bewältigen, wenn Du Zukunft gewinnen willst, denn das Doppelgesicht des weisen Türwächter-Gottes ist alt und jung zugleich. Er überschaut das Vergangene, ihm offenbart sich die Zukunft. Niemand kann auf dieser Seite der Brücke bleiben, wenn drüben, am anderen Ufer, eine neue Spur zu erkennen ist. Jesus hat sich für die Vergangenheit der Menschen, die ihm begegnet sind, so gut wie nie interessiert. Darin liegt unsere Chance des Neuanfangs, daß wir uns von dem, was war, auch von unseren Fehlern und unserer Schuld, um Gottes Willen nicht fesseln lassen, daß wir nicht zu lebendigen Mumien werden, gefangen in unseren alten Vorurteilen und Dogmen, daß wir uns immer wieder offen halten für neue Begegnungen und neue Wegweiser: „Wer seine Hand an den Pflug legt und sieht zurück, der ist ungeeignet für das Gottesreich", sagt er deshalb einmal (Lukas 9, 62).
Das ist unsere einzige Möglichkeit als Christen, frei für das Leben zu werden, die Vergangenheit weder zu verdrängen noch in nostalgische Schlupfwinkel zu fliehen oder aus Angst vor der Zukunft wegzulaufen, zu flüchten in den Rausch und in Illusionen. So ist für mich schließlich das christliche Gegenstück zu der Mutter von „Hänschen klein" der Vater des „verlorenen Sohnes". In diesem Gleichnis (vgl. Lukas 15, 11 – 32) wird uns von Jesus erzählt, wovon unser Glaube lebt, nämlich, daß da einer seinen Vater wiederfindet, gleich wie

weit und wie lange er von zu Hause fort gewesen ist. Als er zu ihm zurückkehrt, sagt der Vater nur: „Laßt uns essen und fröhlich sein, denn dieser mein Sohn war tot und ist wieder lebendig geworden; er war verloren und ist gefunden worden." Und dann nimmt er ihn in die Arme.
Es wäre eine Verharmlosung, wollte ich den Schluß dieser Geschichte als Lösung sehen – ob das Verhältnis der beiden zueinander in Zukunft besser als früher sein wird, wird nicht gesagt. Und es gibt auch in unserem Leben keine endgültigen Lösungen.

Josef Dirnbeck / Martin Gutl

Ich habe dich bei deinem Namen gerufen

Ich habe dich bei deinem Namen gerufen
und dich nicht beschimpft oder angebrüllt.

Ich habe dich bei deinem Namen gerufen
und dich nicht Lausbub oder Nichtsnutz genannt.

Ich habe dich bei deinem Namen gerufen
und nicht Idiot, Schwein und Gauner zu dir gesagt.

Ich habe dich bei deinem Namen gerufen
und dich nicht als Ausländer, Klienten,
Kunden, Patienten, Hofrat und Doktor,
Sozialfall oder Pfarrkind betrachtet.

Bettina Wegner

Kinder

Sind so kleine Hände, winzge Finger dran.
Darf man nie drauf schlagen, die zerbrechen dann.

Sind so kleine Füße, mit so kleinen Zehn.
Darf man nie drauftreten, könn sie sonst nicht gehn.

Sind so kleine Ohren, scharf, und ihr erlaubt.
Darf man nie zerbrüllen, werden davon taub.

Sind so schöne Münder, sprechen alles aus.
Darf man nie verbieten, kommt sonst nichts mehr raus.

Sind so klare Augen, die noch alles sehn.
Darf man nie verbinden, könn sie nichts verstehn.

Sind so kleine Seelen, offen und ganz frei.
Darf man niemals quälen, gehn kaputt dabei.

Ist son kleines Rückgrat, sieht man fast noch nicht.
Darf man niemals beugen, weil es sonst zerbricht.

Grade, klare Menschen wärn ein schönes Ziel.
Leute ohne Rückgrat habn wir schon zuviel.

Christine Stützle

„Keiner da, keiner da!“

Langsam schlurfte er die enge, dunkle Gasse entlang. Es stank nach Müll. Seine Schultasche in der Hand, ging er auf das alte, halb verrottete Haus zu; seine Gedanken drehten sich wie wild im Kreis, aber der Kreis hatte einen Mittelpunkt: Ich hau ab. Wenn wieder keiner da ist, dann hau ich ab. Er stolperte über einen alten Schuhkarton. Noch ein paar Meter. Jetzt war er wieder „daheim“. Hier war ihm nicht nach Träumen zumute.
Zögernd stieg er die abgetretenen Steintreppen hinauf. Er kramte nach dem Schlüssel und öffnete die Tür. Sie knarrte wie immer. Er ging hinein und knallte sie wieder zu. Mit einer automatischen Bewegung flog die Schulmappe unter die Garderobe. Mit beiden Händen öffnete er gleichzeitig die Schuhe. Dann ging er zur Garderobe, schlüpfte aus den Ärmeln heraus und hängte den alten, stinkenden Parker neben die anderen Klamotten. Er ging in die Küche. Der Wasserhahn tropfte, und Tassen, Teller, Hefte und Besteck lagen herum. Auf dem Tisch fand er einen Zettel. Er nahm ihn in die Hand und las:

Hallo Rudi!
Bin bei der Arbeit.
Komme gegen 9 Uhr zurück.
Wärme bitte die Grießsuppe auf.

Er ließ den Zettel sinken, Tränen schossen ihm in die Augen. Wieder keiner da. Wie immer keiner da. Mutter beim Arbeiten, Vater in der Bar beim Saufen. Er ließ sich auf den alten wackligen Stuhl am Tisch sinken. Er begann zu schluchzen. Wieder keiner da. Wütend stand er auf. „Keiner da, keiner da!“ schrie er verzweifelt. Mit dem Handrücken wischte er sich die Tränen aus dem Gesicht. Noch ein heiseres Schluchzen, dann sagte er mutig zu sich selbst: „Ich gehe, ich werde gehen.“ Er ging zu dem alten Kleiderschrank in der Ecke, der als Vorratsschrank diente, öffnete ihn und riß eine Tasche heraus. Dann lief er in sein Zimmer und holte ein paar warme Kleider aus einer Kiste, die sein Kleiderschrank war, und stopfte sie in seine Tasche. Einen Wollpullover, die lange Unterhose, die alte Cordhose und eine Mütze. Dann ging er in die Küche zurück. Dort nahm er ein paar Äpfel und ein großes Stück Wurst aus dem Schrank und legte alles auf den Tisch. Er holte noch den halben Laib Brot heraus und schloß den Schrank. Über die Wurst stülpte er eine kleine Tüte. Er legte alles fein säuberlich in die Tasche und stellte die Tasche auf den Stuhl am Tisch. Dann lief er wieder in sein Zimmer und holte eine kleine, dünne Decke, ein Stück Papier und einen Bleistift und ging wieder zurück in die Küche. Die

Decke legte er in die Tasche über das Brot, die Wurst und die Äpfel, so daß nichts mehr zu sehen war. Dann knallte er den Zettel neben den anderen auf den Tisch und schrieb mit zitternder Hand darauf:

Aber ich bin hier, und ich bin alleine, und eure Grießsuppe könnt ihr euch selbst aufwärmen.
So bald werdet ihr mich hier nicht mehr sehen.

Rudi

Er stand auf und griff nach der Tasche. Die Haustür ging auf. „Rudi, bist du da?" „Mama? Oh, Mama!"

„Ich will sein, der ich bin"

Brief eines unbekannten Studenten

Dieser anonyme Brief ist uns von Tobias Brocher übermittelt. Er berichtet: „Während eines kurzen Gastvortrags an der Louisiana State University erschien plötzlich am Ende einer Diskussion ein blasser junger Mann, offenbar ein Student, legte scheu ein Blatt auf den Tisch, um den wir herumstanden, deutete mit einem Blick darauf, sagte: ‚Sie werden das vielleicht brauchen', und verschwand. Keiner der Umstehenden kannte ihn."

Bitte höre, was ich nicht sage!
Laß Dich nicht von mir narren. Laß Dich nicht durch das Gesicht täuschen, das ich mache. Denn ich trage tausend Masken, die ich fürchte abzulegen. Und keine davon bin ich. So tun als ob ist eine Kunst, die mir zur zweiten Natur wurde.
Aber laß Dich dadurch nicht täuschen, um Gottes willen, laß Dich nicht von mir narren.
Ich mache den Eindruck, als sei ich umgänglich, als sei alles sonnig und heiter in mir, innen und außen, als sei mein Name Vertrauen und mein Spiel Kühle, als sei ich ein stilles Wasser und als könne ich über alles bestimmen, so als brauchte ich niemanden.
Aber glaube mir nicht, bitte glaube mir nicht!
Mein Äußeres mag sicher erscheinen, aber es ist eine Maske. Darunter ist nichts Entsprechendes. Darunter bin ich, wie ich wirklich bin: verwirrt, in Furcht und alleine. Aber ich verberge das. Ich möchte nicht, daß es irgend jemand merkt. Beim bloßen Gedanken an meine Schwäche bekomme ich Panik und fürchte mich davor, mich anderen überhaupt auszusetzen. Gerade deshalb erfinde ich verzweifelt Masken, hinter denen ich mich verbergen kann: eine lässige, kluge Fassade, die mir hilft, etwas vorzutäuschen, die mich vor dem wissenden Blick schützt, der mich erkennen würde.
Dabei wäre dieser Blick gerade meine Rettung. Und ich weiß es. Wenn er verbunden wäre mit Angenommenwerden, mit Liebe. Das ist das einzige, das mir Sicherheit geben würde, die ich mir selbst nicht geben kann:

Daß ich wirklich etwas wert bin!

Aber das sage ich Dir nicht. Ich wage es nicht. Ich habe Angst davor. Ich habe Angst, daß Dein Blick nicht von Annahme und Liebe begleitet wird. Ich

fürchte, Du wirst gering von mir denken und über mich lachen – und Dein Lachen würde mich umbringen. Ich habe Angst, daß ich tief drinnen in mir selbst nichts bin, nichts wert, und daß Du das siehst und mich abweisen wirst. So spiele ich mein Spiel, mein verzweifeltes Spiel: eine sichere Fassade außen und ein zitterndes Kind innen.
Ich rede daher im gängigen Ton oberflächlichen Geschwätzes. Ich erzähle Dir alles, was wirklich nichts ist, und nichts von dem, das wirklich ist, was in mir schreit; deshalb laß Dich nicht täuschen von dem, was ich aus Gewohnheit rede.
Bitte höre sorgfältig hin und versuche zu hören, was ich nicht sage, was ich gerne sagen möchte, was ich um des Überlebens willen rede und was ich nicht sagen kann.
Ich verabscheue Versteckspiel. Ehrlich! Ich verabscheue dieses oberflächliche Spiel, das ich da aufführe. Es ist ein unechtes Spiel. Ich möchte wirklich echt und spontan sein können, einfach ich selbst, aber Du mußt mir helfen. Du mußt Deine Hand ausstrecken, selbst wenn es gerade das letzte zu sein scheint, was ich mir wünsche. Nur Du kannst diesen leeren Glanz von meinen Augen nehmen. Nur Du kannst mich zum Leben rufen. Jedesmal, wenn Du freundlich und sanft bist und mir Mut machst, jedesmal wenn Du zu verstehen suchst, weil Du Dich wirklich um mich sorgst, bekommt mein Herz Flügel – sehr kleine Flügel, sehr brüchige Schwingen, aber Flügel!
Dein Gespür, Dein Mitgefühl und die Kraft Deines Verstehens hauchen mir Leben ein. Ich möchte, daß Du das weißt.
Ich möchte, daß Du weißt, wie wichtig Du für mich bist, wie sehr Du aus mir den Menschen machen kannst, der ich wirklich bin – wenn Du willst. Bitte, ich wünschte, Du wolltest es. Du allein kannst die Wand niederreißen, hinter der ich zittere. Du allein kannst mir die Maske nehmen. Du allein kannst mich aus meiner Schattenwelt, aus Angst und Unsicherheit befreien – aus meiner Einsamkeit. Übersieh mich nicht. Bitte – bitte, übergeh mich nicht! Es wird nicht leicht für Dich sein.
Die lang andauernde Überzeugung, wertlos zu sein, schafft dicke Mauern. Je näher Du mir kommst, desto blinder schlage ich zurück. Ich wehre mich gegen das, wonach ich schreie. Aber man hat mir gesagt, daß Liebe stärker sei als jeder Schutzwall, und darin liegt meine Hoffnung.
Bitte, versuche diese Mauern einzureißen, mit sicheren Händen, aber mit zarten Händen: ein Kind ist sehr empfindsam.
Wer bin ich, magst Du fragen. Ich bin jemand, den Du sehr gut kennst. Denn ich bin jedermann, den Du triffst, jeder Mann und jede Frau, die Dir begegnen.

Herbert Vinçon

Frei sein

Seltsame Zeit, bereit, die Freiheit zu verteidigen mit Mauern, Stacheldraht und Minen, mit Panzern, mit Raketen und mit Gift.
Nicht Angst soll uns leiten, sondern unbeugsames Vertrauen in anerschaffene, unverlierbare Sehnsucht in allen Kreaturen.
Die Vögel haben's gut, sie wissen, wer sie sind. In ihnen wohnt der starke Drang zu fliegen, zu schweben in den weiten Raum des Himmels, ein Nest zu bauen und sich aufzuschwingen. „Ich will doch auch frei sein von dem, was mein wirkliches Ich hindert. Und dieses wirkliche Ich ist was? Was will ich überhaupt im Leben und was hab ich gewollt? Ich wollte mich entwickeln, d. h. mich entfalten, und zwar nicht mich, den Christenmenschen, sondern mich, die Käthe Kollwitz", so steht's im Tagebuch, im Februar 1917. Nicht das Leben sparen für irgendwelche Zwecke, Besitz, Erfolg, Verwirklichung von Plänen und Programmen, oder für die Unsterblichkeit.
Sein wirkliches Ich zu suchen, muß schon jeder sich selbst aufmachen. Nicht warten, daß die Gesellschaft kommt und sagt: „Sei uns willkommen! Dort ist dein Platz, da steht die Staffelei und Farben, Pinsel, Stein und Meißel, alles genau auf dich zugeschnitten. Der Futtertrog gefüllt, der Wassernapf, ein Käfig steht für dich bereit."
Du selber mußt dich suchen und deinen Weg und darfst nicht an den Fleischtöpfen Ägyptens bleiben, sondern mußt den Weg dir bahnen durch die Wüste, und seien's vierzig Jahre. Und fehlen wird's auch nicht an einem Mose oder Aaron und einem Mann aus Nazareth, der dich entzünden kann für deinen Weg.

Khalil Gibran

Von den Häusern

Baut aus euren Träumen ein Zelt in der Wüste, ehe ihr ein Haus baut im Herzen der Stadt.
Denn gleichwie ihr kennt die Heimkehr in der Dämmerung, so auch der Wanderer in euch, der ewig Ferne und Einsame.
Euer Haus ist euer größerer Körper.

Es wächst in der Sonne und schläft in der Stille der Nacht; und ist nicht ohne Träume. Träumt euer Haus nicht? Und verläßt träumend die Stadt, hin zu Hainen und Hügeln?

O könnte ich eure Häuser in meine Hand nehmen und einem Sämann gleich sie ausstreuen in die Wälder und auf den Wiesen.
Daß die Täler eure Wege wären und die grünen Pfade eure Straßen; daß ihr einander suchtet in den Weinbergen mit dem Geruch der Erde an euren Kleidern.
Aber es ist noch nicht Zeit für diese Dinge.
In ihrer Furcht haben euch eure Vorväter in den engen Pferch gesammelt.
Und diese Furcht wird noch ein weniges dauern.
Ein weniges noch wird es dauern, daß die Mauern eurer Städte die Herdfeuer von euren Feldern trennen.

Und sagt mir, Volk von Ophalese, was hütet ihr in diesen Häusern?
Und was bewahrt ihr hinter verschlossenen Türen?
Hütet ihr den Frieden, den ruhigen Drang, der eure Stärke enthüllt?
Hütet ihr Erinnerungen, die in leuchtenden Bögen überspannen die Höhen eures Geistes?

Hütet ihr die Schönheit, die das Herz wegwendet von den Dingen aus Holz und Stein hin zum heiligen Berge?
Sagt mir, hütet ihr all das in euren Häusern?
Oder hütet ihr darin nur das Wohlleben und den Wunsch nach Bequemlichkeit, diesen verstohlenen Drang, der als Gast das Haus betritt und dann zum Mieter wird und endlich zum Herrn?

Und er beginnt die Dressur, und mit Zuckerbrot und Peitsche macht er zu Marionetten eure besseren Bedürfnisse.

Hat er gleich seidenweiche Hände, so ist sein Herz doch aus Eisen.
Er wiegt euch in den Schlaf, um an eurem Bette zu stehen und zu höhnen die Würde des Fleisches.

Er treibt Spott mit euren gesunden Sinnen und legt sie in Daunen, gleich zerbrechlichen Gefäßen.
Wahrlich, die Begier nach Bequemlichkeit mordet die Leidenschaft der Seele und schreitet dann grinsend im Leichenzug.

Doch ihr, Kinder des Raums, ihr im Ruhen Ruhelosen, laßt euch nicht fangen noch zähmen.

Euer Haus sei nicht Anker, sondern Mast.
Kein glitzerndes Tuch sei es, das eine Wunde bedeckt, sondern Lid, das Auge zu hüten.
Ihr sollt eure Flügel nicht falten, wenn zur Tür ihr eintretet, noch den Kopf beugen, daß er an die Decke nicht stoße, und nicht Angst haben zu atmen aus Furcht, es könnten die Mauern sich spalten.
Nicht in Gräbern sollt ihr wohnen, gebaut für die Lebendigen von den Toten.
Weit angelegt und prächtig, soll euer Haus dennoch nicht euer Geheimnis bergen noch euer Streben in sich fassen.
Denn das Grenzenlose in euch wohnt im Hause des Himmels, dessen Tür ist der Morgennebel, und seine Fenster sind die Lieder und das Schweigen der Nacht.

Gudrun Pausewang

Drüben

Eigentlich hatten wir eine Klassenfahrt nach Südtirol geplant, mit einer Dolomiten-Rundfahrt, einer Tagestour nach Bozen und einem Ausflug an den Kalterer See. Aber das hätte pro Kopf fast vierhundert Mark gekostet, das Taschengeld noch nicht mit eingerechnet. Und da hätten vier aus unserer Klasse nicht mitkommen können: Bertholds und Evis Väter sind arbeitslos, Ina und ihre Mutter leben von der Sozialhilfe, und Hassan hat noch fünf jüngere Geschwister.
Ohne die vier wollten wir nicht fahren. Wir wollten aber auch die Klassenfahrt nicht aufgeben. Sollten wir in eine der Jugendherbergen in unserem Landkreis gehen? Dazu hatte niemand Lust, denn dort waren wir schon in der vierten, fünften, sechsten Klasse gewesen. Also was dann?
Shorty hatte die Idee, eine Sammlung zu veranstalten. Rund tausendsechshundert Mark hätten wir zusammenkriegen müssen, plus etwa fünfzig Mark Taschengeld pro Kopf. Fünfzig Mark, das ist das Mindeste. Dem Stempel geben seine Eltern sogar zweihundert mit.
Aber Berthold und Ina wollten das nicht. Sie seien keine Bettler und wollten nicht so „durchgezogen werden". Sie sprachen von „Klingelbeutel" und „Almosen". Wir versuchten ihnen begreiflich zu machen, daß wir das anders sähen, aber sie ließen sich nicht überzeugen. Damit war's also auch nichts.
Wir gingen zum Kalb. So heißt er wirklich, unser Klassenlehrer. Erst war er ziemlich angeschlagen, als er hörte, daß wir nicht nach Südtirol wollten. Er hatte sich das alles schon so schön ausgedacht und eine Menge Briefe geschrieben und Prospekte angefordert. Aber er sah unsere Argumente ein. Er wollte sich's überlegen.
Am nächsten Tag kam er mit einer Idee, zu der wir erst einmal Gesichter machten wie Kühe, wenn's donnert.
„Warum fahren wir nicht in die DDR?" fragte er uns. „Die liegt ganz nah, bringt keine Sprachprobleme, hat herrliche Landschaften, und es wär' mal was Neues. Na?"
„Dürfen denn überhaupt ganze Klassen hinüber?" fragte Annekatrin.
Kalb hatte sich erkundigt. „Sie dürfen."
Merkwürdig. Die DDR grenzt an unseren Kreis. Trotzdem war niemand von uns auf die Idee gekommen. Die DDR, das war drüben, jenseits, tabu. Ein weißer Fleck auf der Landkarte.
Shorty war der erste, der sich für den DDR-Plan erwärmte. Er argumentierte so: „Die anderen würden schön staunen. In den Ostblock hat sich noch keine

Klasse aus unserer Schule gewagt." Da zogen wir nach. Nur der Stempel maulte: „Dort gibt's sicher nur Fraß." Das hatte er von seinen Eltern. Wo die doch so stinkreich sind.
Unser Kalb ist wendig. Ich glaube, bald hat ihm die neue Idee mehr Spaß gemacht als die alte. Er kniete sich richtig hinein. Die Reise wurde fast um die Hälfte billiger, denn unser Standort sollte Eisenach sein. Das ist von hier aus so nah, daß man's an klaren Tagen sehen könnte, wenn keine Berge dazwischen lägen. Ina und Hassan hatten zwar immer noch ziemliche Schwierigkeiten, das Geld zusammenzubekommen, aber Ina wurde plötzlich von verschiedenen Leuten als Babysitterin geholt und gut bezahlt, und der Stempel erreichte bei seinem Vater, daß Hassan an ein paar Nachmittagen im Fabriklager gegen Stundenlohn ein- und auspacken durfte.
„Nach Eisenach wollt ihr fahren?" fragte meine Mutter. „Dort wohnt vielleicht noch Waltraud. Die war in den ersten Schuljahren meine beste Freundin. Vor dem Mauerbau, kurz bevor ich in den Westen kam, ist sie mit ihrer Familie von Berlin nach Eisenach umgezogen. Ich hab' ihr aus dem Westen geschrieben, und sie hat mir geantwortet. Aber bald ist unser Briefwechsel eingeschlafen. Schade. Ich hab' sie sehr gemocht. Es würde mich interessieren, wie es ihr geht. Ihre Eisenacher Adresse hab' ich noch irgendwo. Wenn sich's ergibt, kannst du ja mal sehen, ob sie noch dort wohnt. Es würde mich wundern. Außerdem wird sie wahrscheinlich geheiratet haben und jetzt ganz anders heißen."
Drei Monate später war es soweit: Wir fuhren ab, begleitet von ängstlichen Gedanken vieler Muttis und Omas.
„Halte dort bloß deine vorlaute Klappe!" rief mir mein Vater zu, als ich schon im Bus saß. Meine Großmutter, die auch mitgekommen war, um mich zu verabschieden, umklammerte meine Hand und schüttelte sie und jammerte: „Mein Gott, hinter den Eisernen Vorhang – dort schießen sie doch so schnell. Und wenn man euch dortbehält?" Und die Mutter bekam nasse Augen.
Aber es geschah nichts Sensationelles, als wir die Grenze passierten. Der Vopo, der am Grenzübergang in unseren Bus kam, grüßte und grinste und behauptete, das schöne Wetter extra für uns bestellt zu haben. Und auf der anderen Seite des Eisernen Vorhangs blühte der Löwenzahn genauso gelb. Ich hatte ein komisches Gefühl, als wir so durch die Ortschaften fuhren. Hier war auch Deutschland. Hier lebten auch Deutsche. Ich merkte auf einmal, daß ich kaum wußte, wie sie lebten, und daß ich mich bisher nie dafür interessiert hatte. Die Spanier, die Südamerikaner, die Chinesen hatte ich für viel interessanter gehalten. Wo doch Geographie mein Lieblingsfach ist. Aber über diese Deutschen wußte ich weniger als über die Papuas!
Unsere Unterkunft? Alles ein bißchen bescheidener als bei uns. Viele aus unserer Klasse konnten sich nicht darüber beruhigen, daß kein Flipper im Flur stand und daß es keine Kaugummi- und Coca-Cola-Automaten gab. Und

natürlich regte sich der Stempel über das Essen auf: Lammfleisch mit Möhrchen. „Dazu sind wir hergekommen!“ maulte er. Mir hat's geschmeckt. Ich gehe nämlich oft zu Hassan nach Hause. Bei ihm gibt's fast jeden Tag Lammfleisch.

In dem Haus, in dem wir wohnten, hielten sich noch zwei andere Gruppen aus Westdeutschland auf. Aber auf dem Sportplatz trainierte eine DDR-Klasse. Erst schauten wir ihnen zu, dann sprach unser Kalb den Lehrer von denen an, und dann stellten wir zwei Fußballmannschaften auf: eine aus der DDR und eine aus der BRD. Ich bin kein guter Fußballspieler, ich schaute zu. Die konnten was, wirklich! Dabei waren sie eine Klasse tiefer als wir. Der Stempel spielte auch nicht mit. Er setzte sich neben einen aus der DDR, der war genauso dick wie er. Schon nach einer Weile hatten sie sich angefreundet und unterhielten sich über Udo Lindenberg und schauten gar nicht mehr aufs Spielfeld.

Als ich am Abend eine Ansichtspostkarte für daheim schreiben wollte, fiel mir der Zettel mit Waltrauds Adresse aus meinem Füllermäppchen entgegen. Ich hatte ihn noch kurz vor der Abfahrt da hineingeknüllt und vergessen. Ich strich ihn glatt und schob ihn in die Brusttasche.

Gleich am nächsten Morgen besichtigten wir die Wartburg. Jede Menge Luther. Na ja, natürlich imposant, das Ganze – und „so gepflegt“, wie meine Großmutter sich ausdrückt. Vor ihren Augen hätte die Wartburg sicher Gnade gefunden. Aber mir hat der Luther bald zum Hals rausgehangen: Luther jung und Luther alt, Luther vorher und Luther nachher – da hab' ich mich lieber damit beschäftigt, den anderen Besuchern ins Gesicht zu sehen. Und da bekam ich auf einmal Lust, diese Waltraud kennenzulernen.

Als wir dann wieder zurückkamen, hab' ich dem Kalb von ihr erzählt und hab' ihn gefragt, ob ich fort darf. Es war schon spät am Nachmittag. Er gab mir die Erlaubnis und notierte sich die Adresse. Ich fand die Straße und die Hausnummer und tappte durch das halbdunkle Treppenhaus in den zweiten Stock. *Messner* stand auf dem Namensschild. Ja, so hieß die Waltraud. Aber eine alte Frau öffnete die Tür, und ein alter Mann schaute ihr über die Schulter. Von den beiden erfuhr ich, daß ihre Tochter Waltraud längst verheiratet war und jetzt Homann hieß und am anderen Ende der Stadt wohnte. Aber um dort hinzugehen, war es inzwischen zu spät geworden. Ich sollte zum Abendessen zurück sein.

Gleich am nächsten Morgen zog ich wieder los. Es war ein Sonntag. Ich begegnete Kirchgängern und einer Gruppe uniformierter Mädchen und spielenden Kindern und Familien, die mit Rucksäcken aus der Stadt radelten. Nur so viele Wagen wie bei uns waren nicht zu sehen. Als ich bei den Homanns schellte, machte mir ein Junge auf, der einen halben Kopf größer war als ich. Das machte die Sache leichter. Denn wenn da nur eine fremde Frau im Alter meiner Mutter gewesen wäre – was hätte ich mit ihr sprechen sollen?

Sie frühstückten gerade, und ich mußte mich dazusetzen und mitessen. Waltraud war ganz außer sich vor Freude und fragte immer wieder nach meiner Mutter. Ich begriff, daß sie geschieden war und mit ihrem Sohn allein lebte. Sven hieß er. Als seine Mutter nach unserem Leben im Westen fragte, stützte er den Kopf in die Hände und hörte zu.
Dann mußte sie gehen. Sie leitete einen kirchlichen Frauenkreis, und an diesem Vormittag sollte der für irgendeine Feier proben. Sie ging jetzt ungern fort, aber sie konnte dort nicht fehlen. „Komm wieder, bevor du heimfährst“, bat sie mich, und ich sagte, ich käme, wenn der Kalb mich gehen ließe.
Kaum war sie weg, wurde Sven gesprächig. Er zeigte mir sein Zimmer. Es war winzig, aber das fiel gar nicht so auf, weil er es geschickt eingerichtet hatte, mit Hochbett und so. An jeder Wand hing eine Landkarte. Es stellte sich heraus, daß auch er Geographie von allen Fächern am liebsten mochte. Und Münzen sammelte er auch. Wir lagen bald bäuchlings auf dem Teppich und betrachteten seine Münzen. Eine ganz winzige kolumbianische fand ich besonders schön: zweieinhalb Centavos, von 1885. Er hatte sie von seinem Großonkel aus Bonn geschickt bekommen. Aber der war vor zwei Jahren gestorben.
„Von seiner Familie schreibt uns keiner mehr“, sagte Sven. „Die haben uns vergessen. Alle anderen Verwandten, die wir haben, leben hier in der DDR.“ Und nach einer Weile fügte er, scheinbar zusammenhanglos, hinzu: „Aber geographisch kenne ich mich bei euch genau aus. Frag mich was!“ Ich fragte ihn, an welchem Fluß Hameln liegt. Er wußte es auf Anhieb. Er wußte auch den höchsten Berg der Rhön und die Namen der ostfriesischen Inseln. Ich dagegen war in der DDR-Geographie ziemlich unsicher. Da einigten wir uns auf Südamerika, und da ging's. Wir fragten hin und her und machten ein Spiel mit genauen Regeln daraus. Es ging nach Punkten. Richtig aufregend war das – ein wunderschönes Spiel!
„Komm doch wieder!“ sagte er, als ich gehen mußte. Ich mußte rennen, damit ich noch rechtzeitig zum Essen kam.
Den ganzen Sonntagnachmittag fuhren wir durch den Thüringer Wald. Ein Stück wanderten wir auch, aber da meckerten die meisten, vor allem der Stempel. Es war eine schöne Gegend, aber ich wäre lieber bei Sven geblieben. Von irgendeiner Höhe aus hatten wir eine herrliche Aussicht nach Westen, und der Shorty behauptete, er könne die Wasserkuppe erkennen. Auf der Rückfahrt saß der Kalb neben mir und fragte nach meinen Eisenacher Bekannten. Aber mir fiel nichts ein, was ich ihm hätte erzählen können.
Am nächsten Morgen fuhren wir mit dem Zug nach Gotha und kamen erst am Abend zurück. Aber am übernächsten Tag, als unsere Klasse mit der Gruppe aus Halle Fußball spielte, ging ich wieder zu Sven. Ich bin sowieso kein Fußball-As, also hatten sie keinen Nachteil dadurch, daß ich nicht da war. Sven machte gerade Aufgaben, aber er ließ alles stehen und liegen, als ich kam. „Ich hab' gestern den ganzen Nachmittag auf dich gewartet“, sagte er.

Und dann gingen wir zusammen in den Garten seiner Großeltern, der Messners. Dort kletterten wir in den alten Birnbaum. Er erzählte von der Schule und ich auch, und wir fanden sie beide Scheiße, und er hatte auch schon ein bißchen Flaum am Kinn und Mühe mit seiner Stimme, genauso wie ich.
„Schöne Schuhe hast du", sagte er. „An solche Schuhe kommen hier nur die, die Freunde im Westen haben." Er fragte mich nach den Cruise Missiles, und ich fragte ihn nach den SS 20. Er sagte, wenn ein Krieg käme, müßten wir gegeneinander kämpfen. Darüber mußte ich lachen, weil ich mir das einfach nicht vorstellen konnte. Aber er lachte nicht. Er sah mich an und fragte: „Könntest du auf mich schießen?"
Da blieb mir auch die Lache weg. Ich schüttelte den Kopf. „Ich kann auf überhaupt niemanden schießen", sagte ich. „Deshalb mach' ich Zivildienst –."
„Das geht hier nicht", seufzte er. Eine Weile blieb er stumm, dann sagte er: „Ich werd' trotzdem nicht schießen. Das hab' ich mir geschworen. Und wenn ihr bei euch vielleicht eines Tages keinen Kriegsdienst mehr verweigern dürft – versprichst du mir, daß du trotzdem nicht schießt?"
„Wenn ich schießen muß, dann ziel' ich daneben", sagte ich. „Egal, ob du's bist oder jemand anderer. Ich schieß' auf keinen Menschen."
Es war richtig feierlich. Wir sahen uns in die Augen und drückten uns die Hände, und dann ließen wir schnell los und schauten verlegen weg. Ich starrte auf seine Schuhe. Sie waren ziemlich abgelatscht.
An den zwei letzten Tagen staute sich unser Programm. Ich konnte nicht mehr fort zu Sven. Aber am Abend vor der Abfahrt wurde ich plötzlich, beim Abendessen, hinausgerufen. Da stand er, grinste mich verlegen an und streckte mir die Hand mit einem winzigen Päckchen entgegen. „Pack's noch nicht aus", sagte er. „Erst unterwegs. Als Erinnerung an das Versprechen, du weißt schon."
Ich nahm das Päckchen und dankte und überlegte fieberhaft. Ich wollte ihm auch was schenken – aber was? Ich hatte noch einen Rest von meinem Taschengeld übrig. Aber Geld? Nein. Ein Päckchen von drüben versprechen? Noch unmöglicher. Da fiel mein Blick auf seine Schuhe.
„Laß uns unsere Schuhe tauschen", sagte ich. „Schnell – bevor die anderen mit dem Essen fertig sind. Dann gehst du in meinen heim, und ich in deinen."
Sven sah mich an und nickte. „So was Ähnliches wie Blutsbrüderschaft. Das meinst du doch?"
Wir tauschten die Schuhe, gerade rechtzeitig, bevor die anderen aus dem Speisesaal stürzten. Sven mußte gehen. Er richtete noch Grüße von seiner Mutter an meine Mutter aus. Ich versprach ihm zu schreiben.
„Ja", sagte er. „Vergiß das nicht. Ich warte."
Ich begleitete ihn noch bis zur nächsten Kreuzung. „Ich wär' so gern noch mal gekommen", sagte ich. „Aber der Kalb hat's nicht mehr erlaubt." Sven nickte. „Das hab' ich mir schon gedacht", sagte er.

Am nächsten Morgen fuhren wir ab. Die Fußballmannschaft aus Halle winkte uns nach. Der Stempel winkte auch wie verrückt. Und Evi schluchzte in ihr Taschentuch. Die hatte sich in den Torwart von denen verliebt.
Svens Päckchen habe ich wirklich erst auf der Heimfahrt ausgepackt – als wir die Grenze schon hinter uns hatten. Darin war die kolumbianische Zweieinhalb-Centavo-Münze.
Seine Schuhe hängen jetzt bei mir im Zimmer, über meinem Bett. Sie sind zu schade zum Drinherumlaufen. Mein Vater hat mich zwar für verrückt erklärt, als er die abgelatschten Schuhe an der Wand sah. Und als er erfuhr, daß ich meine guten neuen Schuhe, extra für die DDR-Fahrt gekauft, drüben gelassen hatte, wurde er wütend. Aber was weiß er denn schon von Sven und mir? Man kann ihm das auch nicht erklären. Mit der Mutter ist das anders. Als ich ihr von Waltraud und Sven berichtete, hörte sie nachdenklich zu und sagte schließlich: „Man sollte öfter nach drüben fahren.“ Im nächsten Frühjahr wollen wir wirklich fahren, sie und ich. Ohne den Vater. Der will lieber einen Ski-Urlaub in den Dolomiten machen. Wir haben schon die Anträge gestellt.
Neun aus unserer Klasse haben jetzt Brieffreunde in Halle. Nach Eisenach schreibe nur ich. Und natürlich meine Mutter. Die schickt jedesmal einen langen Brief an Waltraud mit, wenn ich an Sven schreibe. Und aus Eisenach kommen dicke Briefe zurück.
Der Kalb hat seine Eisenach-Dias in allen Klassen gezeigt, in denen er unterrichtet. Und erzählt hat er von dort. Der kann erzählen! Jetzt hat die 8 b auch vor, im nächsten Jahr in die DDR zu fahren. Vielleicht sogar noch die 9 a. Die muß nur noch ihre Lehrerin dazu herumkriegen. Die hat nämlich Angst.

Wolfgang Neuss

Warum ich mich auf die Wiedervereinigung freue

Weil wir dann eine Macht sind. Eine Million Soldaten. Noch einmal so viel Polizisten. Jeder Deutsche ein Auto. Hunderttausende von Gefängnissen. Ein unübersehbares Heer von Finanzbeamten. Oderkähne. Danziger Goldwasser. Königsberger Klopse. Das Frische Haff. Schneekoppen-Abfahrtsläufe. Rübezahl in Kattowitz. Schweidnitzer Keller. Zeiss Ikon für Münemann. Die Nachkommen von Pferdemenges als Verpächter brandenburgischer Angelplätze und der vielen schönen Seen, die uns dann wieder gehören. Die Jahrhunderthalle in Breslau. Stettiner Sängerknaben. Dresdner Zwinger. Auerbachs Keller in Leipzig. Thomanerchor. Die Kirche in Wittenberg. Goethestadt Weimar. Das Westberliner Theater, das wieder nach Cottbus umzieht. Baden in der Ostsee. Rügenwalder Teewurst. Kreidefelsen. Ein 70-Millionen-Volk. Und eine hohe Mauer an der deutsch-polnischen Grenze von 1937. Mit Schießbefehl für Bundesgrenzschutz. Damit kein Pole zu uns rein kann, weil wir wieder unter uns sind. Weil wir nicht getrennt sein wollen von unserer Familie.

Und weil wir dann auch keinen Ärger mehr haben mit fremden Polizisten, die unsere Autos im eigenen Land durchschnüffeln. Weil wir dann keine Entwicklungshilfe mehr zu zahlen brauchen an fremde Völker. Weil die dann nichts mehr anerkennen brauchen. Oder können, was sie wollen. Weil wir dann nicht erpreßt werden. Weil wir dann keine Schicksalsfrage der Nation mehr haben. Nur noch Antworten. Auf demokratischer Basis. Und jeder, der kein Demokrat ist, kriegt dann eins in die Fresse. Weil wir was gelernt haben. Weil wir's diesmal besser machen. Weil wir die Franzosen nicht mehr brauchen, weil der Russe die Quittung kriegt. Und Rostock und Swinemünde und Danzig, Kriegsschiffe aus Wilhelmshaven und Kiel. Und weil die Bundesliga aufgestockt wird. Und weil der 1. FC Köln dann gegen Beuthen 09 antreten muß.

Weil wir keine KZs mehr brauchen. Weil die Juden aus Berlin, Hamburg und München dann nach Israel müssen. Und Ulbrichts Schergen ins Lager kommen. Weil das unsere Selbstbestimmung ist. Und dem Völkerrecht Genüge geschieht. Und in Werder die Baumblüte. Endlich wieder Töpfereien in Bunzlau. Peenemünde wird aufgebaut. Dann zittern aber die Chinesen.

Deshalb freue ich mich auf die Wiedervereinigung. Weil die Chinesen letzten Endes doch an der deutschen Teilung schuld sind. Was die später mal alles mit

uns machen wollen, nur weil wir sie heute hungern lassen. Deshalb müssen wir wieder ein Volk, mehrere Führer haben (das muß sein in einer Demokratie)! Und reich müssen wir auch bleiben, wegen der Anziehungskraft bis zum Ural. Ich freue mich auch darauf, weil die Intellektuellen dann nicht Recht bekommen. Die wollen verzichten. Unser Anspruch ist aber unverzichtbar. Weil wir zusammengehören. Darum freue ich mich auf die Wiedervereinigung. Weil es uns dann noch besser geht als heute. Vom Saargebiet bis nach Allenstein.
Dann sehen wir weiter.

André Malraux

Jeder junge Mensch

macht
früher oder
später
die verblüffende Entdeckung,
daß auch Eltern
gelegentlich
recht haben
können.

Mark Twain

„So können die sich ändern!“

Zu Mark Twain kam einmal ein Siebzehnjähriger und erklärte: „Ich verstehe mich mit meinem Vater nicht mehr. Jeden Tag Streit. Er ist so rückständig, hat keinen Sinn für moderne Ideen. Was soll ich machen? Ich laufe aus dem Haus!“

Mark Twain antwortete: „Junger Freund, ich kann Sie gut verstehen. Als ich 17 Jahre alt war, war mein Vater genauso ungebildet. Es war kein Aushalten. Aber haben Sie Geduld mit so alten Leuten; sie entwickeln sich langsamer. Nach zehn Jahren, als ich 27 war, hatte er so viel dazugelernt, daß man sich schon ganz vernünftig mit ihm unterhalten konnte. Und was soll ich Ihnen sagen? Heute, wo ich 37 bin – ob Sie es glauben oder nicht –, wenn ich keinen Rat weiß, dann frage ich meinen alten Vater. So können die sich ändern!“

Januskopf mit Phoenixvogel ▷

BONVS·INTRA
MELIOR·EXI

Lernen, heiraten, Kinder kriegen

Lebensvorstellungen Jugendlicher

Eigentlich möchte ich gern Lehrer werden, die haben immer so lange Ferien und kriegen auch ganz schön Geld. Jetzt habe ich aber gelesen, daß in zehn Jahren eine Lehrerschwemme herrschen soll, das ist aber nicht gerade das, was ich mir vorstelle. Dann könnte man vielleicht arbeitslos werden. Ich möchte aber wenigstens so viel Geld verdienen, daß ich mir ein Auto kaufen kann und später auch in einem eigenen Haus wohnen.

Markus Lange, 11 Jahre, Wanne-Eickel

. . . außerdem möchte ich später einen Mann haben, der meine Interessen in etwa teilt. Ich fände es auch schön, wenn ich später ein oder zwei Kinder bekommen könnte.

Claudia Maurischat, 12 Jahre, Dortmund

Ich hab zwar noch keine feste Freundin, aber trotzdem denke ich, daß ich so mit 20 heiraten werde. Meine Frau soll kinderlieb sein, gut aussehen und ein echter Kumpel sein. Ich möchte auch Kinder haben, möglichst zwei, weil ich von Einzelkindern nichts halte.

Michael Fridner, 15 Jahre, Dortmund

Ich möchte erst mal einen Beruf haben, eine Wohnung mit guter Einrichtung und eine Familie. Dann möchte ich eine schöne Reise mit meiner Familie machen.

Marion Bajdahn, 14 Jahre, Dortmund

Ich bin 15 Jahre alt und mache gerade das 10. Schuljahr an der Hauptschule. Ich hab auch schon eine Lehrstelle, die haben mir meine Eltern gesucht, weil sie einen kennen, der meinen neuen Meister kennt. Eigentlich wollte ich ja Kfz-Mechaniker werden, aber da war nichts zu kriegen, deshalb lerne ich jetzt Anstreicher.

Jürgen Koschinski, 15 Jahre, Gelsenkirchen

Walter Bauer

Postkarte an junge Menschen

Gebt nicht nach, wie wir getan haben,
folgt den Verlockungen nicht, denkt nach, verweigert,
verweigert, lehnt ab.
Denkt nach, eh ihr ja sagt,
glaubt nicht sofort, glaubt auch dem Einleuchtenden nicht,
Glauben schläfert ein; und ihr sollt wach sein.
Fangt mit einem weißen Blatt an, schreibt selber die ersten Worte,
laßt euch nichts vorschreiben.
Hört gut zu, hört lange zu, aufmerksam,
glaubt der Vernunft nicht, der wir uns unterwarfen.
Fangt mit der stummen Revolte des Nachdenkens an, prüft und verwerft.
Bildet langsam das Ja eures Lebens.
Lebt nicht wie wir.
Lebt ohne Furcht.

Kapitel III

„Zwei sind besser dran als einer“ – auf dem Wege zum Du

Wolfgang Klein

Lieben lernen – oder: „. . . stört nicht die Liebe, bis sie von selber erwacht!"

Auch noch ein Kapitel über die Liebe in diesem Buch – als ob es darüber nicht schon genug Gedrucktes gäbe: kluge wissenschaftliche Abhandlungen, weise Gedanken, unverständliche und abstrakte Moralpredigten, Provokatives zur sexuellen Revolution, Aufklärerisches zur Sexualkunde; all das steht in meinem Bücherregal einträchtig beieinander.
Und überhaupt: kann man denn die Liebe „be-schreiben", muß man sie nicht vielmehr besingen, erleben, erfahren, ihr begegnet sein? Ich möchte dennoch die Leser zu einem Gespräch einladen: „Laßt uns über die Liebe reden!" Über die „Kunst des Liebens", von der Schwierigkeit zu lieben, über Anfang und Ende der Liebe. Sicher ist Liebe zunächst nur ein Wort, ein abgenütztes und auch mißbrauchtes, für viele ein nichtssagendes, für manche auch ein vielsagendes, scheinbar altmodisches.
Wir reden viel von Liebe, aber schwierig wird's doch erst, wenn das praktisch werden soll: Lieben ist nämlich ein Tu-Wort, und deshalb muß ich das Lieben am Beginn meines Lebens (und natürlich ein Leben lang!) ebenso lernen wie das Sprechen und das Laufen. Aber ich kann das alles nicht *alleine* lernen, und deshalb gehört zum Allerersten und Grundlegenden, was die Bibel über uns Menschen sagt, der Satz in der Schöpfungsgeschichte: „Es ist nicht gut, daß der Mensch alleine sei." Gott hat den Menschen also stets und von vornherein in einem Gegenüber, in einer Beziehung zum Mitmenschen gedacht!
Der große jüdische Religionsphilosoph *Martin Buber* sagt das so: „Alles wirkliche Leben ist Begegnung. Der Mensch wird am Du zum Ich." Dazu sind wir geschaffen; das gilt für alle Stufen des Lebens:

- Es gilt für ein Kind, das der liebenden Zuwendung der Eltern, der Nähe der Geschwister und der Spielkameraden zur Entfaltung seines Lebens bedarf.
- Das gilt ebenso und besonders für den jungen Menschen, der nach dem Freund, der Freundin Ausschau hält, nach Vorbildern auch, in denen er sich selbst wiederfinden und mit denen er sich auseinandersetzen kann.
- Und es gilt schließlich für die Liebes- und Lebensgemeinschaft von Mann und Frau, für all die Formen von Partnerschaft, die Menschen miteinander eingehen, um aus der Einsamkeit zur Geborgenheit, zum Angenommen- und Verstandensein zu kommen, um Gefährten auf ihrem Lebensweg zu haben.

Aber: „Was heißt'n hier Liebe?" fragte vor einigen Jahren das Berliner Jugendtheater „Rote Grütze" in seinem umstrittenen Stück. Ja, was heißt es denn für Jugendliche? Und was verstehe ich darunter, wenn ich sage, daß ich sie zur Liebesfähigkeit erziehen möchte? Liebe ist sicherlich nicht nur Sexualität, aber auch. Ich meine damit das Recht (und die Pflicht!) eines jeden Menschen, zu lieben und geliebt zu werden, sich wohl und geborgen zu fühlen durch die Nähe eines anderen, zärtlich zu sein und Zärtlichkeiten zu bekommen, Lust haben und Lust geben zu dürfen – und das alles auch mit dem Körper, denn Sexualität ist die Körper-*Sprache* der Liebe! Sprechen lernen wir aber, wie gesagt, nur durch gegenseitiges Üben, Geben und Nehmen.
So will auch diese Körpersprache gelernt sein. Die vor allem von Erwachsenen geforderte „Reife" vor einer sexuellen Betätigung Jugendlicher kann nicht von vornherein vorausgesetzt werden. Sexuelle Entwicklung und Persönlichkeitsentwicklung eines jeden Menschen müssen von Anfang an im wahrsten Sinne des Wortes „Hand in Hand" gehen. Aber woher soll man Zärtlichkeit zum Beispiel lernen, wenn Jugendliche mir sagen: „Daheim werde ich nicht mehr gestreichelt, bin schon lange nicht mehr von Mutter oder Vater in den Arm genommen worden – aber ich brauche das doch auch!"
Vergeht einem andererseits nicht schon gleich wieder die Lust auf Liebe, wenn ich auch dabei schon wieder vom *Lernen* rede? Denkt man dabei nicht gleich wieder an Schule, Klassenarbeiten und Frust? Aber es gibt verschiedene Arten zu lernen: Ich persönlich habe über die Liebe viel von Dichtern gelernt, man muß nur den Mut haben, sich einmal auf ihre Sprache einzulassen, die sich immer wieder wandelt und die in immer neuen Bildern versucht, über die Liebe nachzudenken und zu reden, denn „jedem Anfang wohnt ein Zauber inne", heißt es in Hermann Hesses Gedicht „Stufen".
Mir ist ausgerechnet durch die Bibel deutlich geworden, daß in unserer Sexualität, in unserer geschlechtlichen Liebe mit ihrer Lust und Zärtlichkeit, mit ihrer Ekstase und Leidenschaft, ihrer Begierde und Freude, etwas von Gottes Herrlichkeit und Liebe aufleuchtet. Den Zauber des Anfangs einer wunderschönen und großen Liebe besingt „Das Hohe Lied Salomos" mit seinen großartigen und träumerischen Bildern.
In diesen Zwiegesprächen zwischen einem jungen Mann und einem Mädchen wird die Ahnung von der Größe ihrer Liebe allmählich durch ihre Nähe und Körper-Sprache zur Gewißheit. In einem der Lieder jener alttestamentlichen Sammlung von Gedichten geht es um den Traum dieses jungen Mädchens von der Liebe, um seine Sehnsucht nach Liebe, die noch schläft und doch schon die ersten Schritte zum andern wagt, schon den Weg zum *Du* sucht:

> Küsse, küsse mich, du roter Mund. Liebe berausche mich mit deinem Wein . . . So wie das Myrrhenbüschel zwischen meinen Brüsten liegt, so schmiegte sich mein Freund an meinen Busen . . . und unser Lusthaus steht im Grünen . . . Ich will zu ihm . . . will seine süße Frucht auf

meiner Zunge spüren . . . da labt er mich mit Trauben . . . denn ich bin krank vor Liebe . . . und stört nicht die Liebe – bis sie von selber erwacht!

Und der Freund preist die Freundin:

> Schön bist du, du bist schön. Wie leuchten deine Taubenaugen unter dem Schleier hervor . . . Auf, meine Freundin, komm, meine Schöne! Sieh dich nur um! Der Winter ist fort, verrauscht der Regen, die Wiese blüht, man schneidet die Reben . . . Auf, meine Freundin, komm . . . Ich weiß einen Winkel, heimlich im Fels für meine Taube! Da will ich dich schauen, da will ich dir lauschen, süße Stimme, holde Gestalt . . . Wie wohl tut mir deine Liebe, mehr als der köstlichste Wein.

Und immer wieder geschieht, wie ein Rausch, was die Liebenden besingen. Die Freundin im Weinberg:

> Mein Freund ist mein und ich bin sein. Nach mir steht sein Verlangen. Komm, mein Freund, wir wandern übers weite Feld. Nachts suchen wir ein Lager in den Dörfern. Beim Frühlicht gehen wir in den Weinberg, zu schauen, ob die Reben knospen und blühen, ob auch die Granatbäume schon Frucht ansetzen. Dann will ich dir die Liebe meines Herzens geben – aufbewahrt für dich, mein Freund.

Der Freund zur Freundin:

> Ich komme . . . in meinen Garten, pflücke Myrrhe und Balsam, esse den Honig samt den Waben, trinke den Wein und die Milch. O meine Freunde, esset und trinket, trinket euch einen Rausch an der Liebe!

Liebe macht nicht blind, sie macht vielmehr wirklich sehend: Der Liebende sieht alle Herrlichkeit dieser Welt – im anderen! Und Ernst Alts Bild spiegelt das Geheimnis dieser Liebe: In der Verträumtheit des Liebens umfangen sich die beiden, werden ein Paar mit hochzeitlichem Schleier, über dem die Flamme einer Liebe auflodert, die „stark wie der Tod ist“, die „brennt wie Feuer“ (so heißt es am Ende des Hohen Liedes). Die Liebenden umfassen und genießen zärtlich die Früchte ihrer Liebe, und der Künstler scheut sich nicht, zurecht nicht, dies mit dem männlichen Sexualsymbol des Penis deutlich zu machen.
Aber nicht nur in diesem künstlerisch so ausdrucksvollen Bild, auch und vor allem in den bildhaften Gleichnissen, in denen die Sprache der Liebe sich ausdrückt, spiegeln sich die Liebenden, sehen sie tiefer in den andern hinein als über die Begrifflichkeit wissenschaftlicher Menschenkenntnis oder psychologischer Beobachtung. Auch wenn sich die Bilder, die die Liebenden verwenden, im Laufe der Zeiten ändern: „Deine Haare wallen herab wie eine

Ziegenherde, und deine Zähne schimmern wie eine Schar silberweißer Schafe, deine Brüste sind prall wie die Trauben der Datteln." Eine solch poetische Liebeserklärung würde von der Freundin heute wohl eher belächelt! Oder gar entrüstet zurückgewiesen! Das Geheimnis der Sprache der Liebe läßt sich mit Antoine de St. Exupéry erklären: „Man sieht nur mit dem Herzen gut, das Wesentliche ist für die Augen unsichtbar. Die Menschen haben diese Wahrheit vergessen, aber du darfst sie nicht vergessen. Du bist zeitlebens für das verantwortlich, was du dir vertraut gemacht hast!"
Jedoch aller Anfang ist schwer. Denn am Anfang liebt wohl jeder im andern sein eigenes Bild wie in einem Spiegel, und der andere soll sich darüber hinaus dem Bild anpassen, das ich mir von ihm gemacht habe. Und wenn er ihm dann nicht entspricht? „Du bist nicht, wofür ich dich gehalten habe", sagt dann der oder die Enttäuschte. Deshalb heißt es schon in der Bibel von der Beziehung des Menschen zu Gott: Du sollst Dir kein Bildnis machen! Das dürfte auch von der Liebesbeziehung gelten, wenn wir das Geheimnis in jedem Menschen so zu erfassen suchen, wenn wir das erregende Rätsel, das jeder Mensch ist, nicht mehr aushalten können oder wollen.
Lieben ist eben eine Kunst, und diese Kunst zu lernen, braucht eben seine Zeit! Es ist nötig, einander Zeit zu lassen: „Schließe zu, meine Freundin", sagt der Freund im Hohen Lied, „sei mir ein verriegelter Garten, ein versiegelter Quell!" Und am Ende kann dann die Freundin ihn auffordern: „Wie ein Siegel präge mich in dein Herz, wie ein Siegel präge mich auf deinen Arm!" Da ist viel Behutsamkeit und Zartheit im Umgang miteinander, da ist keiner des anderen „Sexualobjekt", weil der geliebte Mensch nicht auswechselbar ist. Da erkennen die Liebenden sich selbst in der Liebe des anderen, und so lernen sie allmählich auch die Kunst, zu lieben und einander doch nicht zu besitzen, sich hinzugeben und doch nicht zu verschlingen, einander liebevoll festzuhalten, wie das Paar auf Ernst Alts Bild, und doch nicht fest zu binden: einander nahe zu sein, ohne dem andern die Freiheit zu nehmen.
Wir begegnen einander erst dann wirklich liebevoll, wenn wir erkennen, daß jeder sein *eigenes* Gesicht hat! Und nicht umsonst findet sich das Wort „erkennen" in der Bibel zunächst in demselben Sinn, wie wir es in unserem Sprachgebrauch verwenden, hat aber dann noch den tieferen Sinn des Eindringens in das Wesen des Erkannten durch den in einer Lebensgemeinschaft von Mann und Frau vollzogenen *Geschlechtsverkehr* (vgl. 1. Mose 4, 1). Auch dadurch wird die ganzheitliche Sicht menschlicher Liebesbeziehungen, die Leib, Seele und Geist umfaßt, deutlich. Weshalb dann bei den Propheten dies nicht selten auch als Bild oder Gleichnis für die tiefe Gemeinschaft Gottes mit seinem Volk verwandt wird (z. B. in Hosea 2, 22).
So geht auch durch die Liebeslieder Salomos eine hinreißende Leiblichkeit. Der menschliche Körper – und seine „Sprache", die Sexualität – ist hier nichts Niedriges oder gar Schmutziges, der Geist des Menschen nichts Höheres oder

Ideales. Beide, Körper und Geist, gehören ganz selbstverständlich zusammen. Und deshalb sind diese Liebeslieder für mich in der Tat Gott nicht ferner als etwa die Psalmen, in denen Gottes Herrlichkeit, Güte und Barmherzigkeit gepriesen und gelobt werden. Oder stört es uns Erwachsene, daß in diesen Liebesgedichten das Wort „Gott“ nicht vorkommt, daß hier zwei junge Menschen miteinander turteln in ihrer Verliebtheit? In meinen eigenen Liebesbriefen und Gedichten, die ich vor 20 Jahren schrieb als junger Theologiestudent, kam Gott auch nicht vor, aber dafür ein junges Mädchen, meine spätere Frau.

Und deshalb bin ich froh und staune über die Lieder Salomos, die schon ein paar hundert Jahre vor Christus in Israel gesungen wurden. Noch der fromme Rabbi Akiba († 137 n. Chr.) wetterte übrigens gegen die Leute, die sie in den Weinhäusern trällerten – ein Zeichen dafür, daß die ursprüngliche Bedeutung dieser Lieder damals noch bekannt war!

Erst danach wurde das Hohe Lied Salomos verfälscht und zum Bild des Verhältnisses von Gott und Israel, später dann von Christus und Kirche, uminterpretiert. Aber da wird nirgends der Name Jahwes genannt, da wird nicht von Hochzeit und Trauschein gesprochen. Daß dies Lieder zur Hochzeit seien, ist eine Erfindung ängstlicher und moralinsaurer jüdisch-christlicher Ausleger. Auch Ernst Alt scheint in seiner Darstellung des Liebespaares mit Brautschleier und Ehering diese Betrachtungsweise zu teilen.

Die Auswirkungen der christlichen Lust- und Leibfeindlichkeit der Vergangenheit lassen sich auch heute noch in der Sexualmoral unserer Gesellschaft aufspüren.

Da sind zwar der Körper und der Sex nicht mehr „böse“ und „unrein“, aber die sexuelle Seite der Liebe wird nun vom Menschen abgetrennt und in der Sexualisierung der Medien und der Werbung vergötzt und kommerzialisiert, mißbraucht und entfremdet zu unverbindlicher Konsumhaltung, sogar zu Leistungsdenken. So wird Sexualität heute dazu benutzt, um auch den ganz persönlichen und intimen Beziehungen der Menschen untereinander einen *Warencharakter* zu verleihen. Sie haben keineswegs das persönliche Glück oder die ganzheitliche personale Beziehung zweier Menschen zum Ziel, sondern das Profit-Interesse der Wirtschaft.

Andererseits gelten aber diese neuen Sexualvorstellungen und Normen der sogenannten „sexuellen Revolution“ seltsamerweise nicht für Jugendliche. Für sie soll Sex noch tabu sein nach der herrschenden Moral, so daß sie sich oft genug vor den Erwachsenen in die Heimlichkeit sexuellen Erlebens flüchten müssen. Diese lustfeindliche Verbotsmoral führt durch ihre Verdrängung der Sexualität bei vielen jungen Menschen zu tiefen Angst- und Schuldgefühlen und beraubt sie der Möglichkeit, in der Liebe eine besonders befreiende, beglückende und soziale Seite des menschlichen Wesens zu erfahren! Dazu kommt: „Wer den sexuellen Genuß verketzert, erzieht auch zu politischer Unmündigkeit“ (Helmut Kentler).

Aber „Angst“, so schreibt Johannes im Neuen Testament, „verträgt sich nicht mit der Liebe. Die vollkommene Liebe vertreibt die Furcht“ (1. Johannes 4, 18). Die Christenheit hätte im Verlauf ihrer langen Geschichte nicht so geschlechtsfeindlich werden müssen, wäre sie nur der Bibel gefolgt! Mit seinem ganzheitlichen Verständnis menschlicher Liebes- und Geschlechtsgemeinschaft setzte sich schon Israel von der Vergötterung wie der Verteufelung der menschlichen Liebe in den Religionen der heidnischen Umwelt ab.
Im Hohelied wird daran festgehalten, daß die Liebe eine Kraft ist, die in unser aller Leben ihren gottgewollten Platz und ihr menschliches Recht hat. Es ist ein Loblied auf die Erfüllung der Schöpfung Gottes in der zwischenmenschlichen Beziehung, zu der Gott ja sagt. Und da schließt sich der Kreis der Bilder: Unsere Menschenliebe ist Ab-Bild der Liebe Gottes, weil wir Menschen als Gottes Eben-Bilder geschaffen sind. „Gott ist die Liebe“, schreibt Johannes in demselben Kapitel seines Briefes, „und wer in der Liebe bleibt, der bleibt in Gott und Gott in ihm.“
Ist Christus als der von Gott Geliebte zugleich der Liebende, so ist er für uns Christen das Geheimnis all derer, die lieben. Ist Gottes Geist das Feuer der Liebe, wie es Ernst Alt auch in seinem Bild dargestellt hat, so ist er auch in den Liebenden: „Was bleibt, stiften die Liebenden!“ (Jörg Zink).
Ist es nun also doch notwendig, von Gott zu reden, wenn wir über die Liebe sprechen? Um seine Schöpfung voranzutreiben, ist der uns liebende Gott darauf angewiesen, daß auch wir immer mehr lieben lernen. Im Kampf gegen Ausbeutung, Krieg und Unterdrückung will Gott von unserer ganzen, ungeteilten Liebe zum Leben Gebrauch machen. Es gibt viele Arten von Liebe, und die echte erotische Liebe öffnet den Liebenden Herz und Sinne, nicht nur für sich selbst, sondern auch für den Nächsten. Die Tiefe unserer Liebe zeigt sich auch in dem, was wir im sogenannten öffentlichen Leben tun oder schweigend hinnehmen. Deshalb sagt auch die wahnsinnige tägliche Zunahme des Wettrüstens etwas über unsere menschliche Liebesfähigkeit heute aus. Die gefährlichste Waffe unserer Zeit, die Atomrakete, ist ein Penissymbol des Todes – die militärische Potenz der politischen Machthaber drückt sich darin als Todeswunsch aus! „Deshalb“, so schreibt der Schweizer Dichterpfarrer Kurt Marti, der vor zehn Jahren eine „Theologie der Zärtlichkeit“ forderte, in der ein Funke der Versöhnung zwischen Gott und Mensch, Mensch und Mitmensch, Mensch und Natur, Geist und Materie aufleuchten soll, „reden wir von Gott lieber in Begriffen und Bildern der Herrschaft und der Macht. Wir projizieren eigene Herrschaftsverhältnisse und Machtwünsche in ihn hinein, der in Wirklichkeit als Liebender, als Zärtlicher schwach ist. Aber die Schwäche Gottes ist stärker als die Menschen (1. Korinther 1. 25), das Weiche wird das Harte überwinden (Lao-Tse).“
„Liebhaber des Lebens“ ist ein alter Name für Gott.

Spruch Salomos

Zwei sind besser dran als einer,
für sie lohnt es sich, wenn sie sich
mühen,
und fällt einer hin,
hilft ihm der andere auf.
Schlimm aber ist es, allein zu sein,
wenn einer fällt, daß keiner da ist,
der hilft.
Und liegen zwei beieinander,
ist ihnen warm,
wie aber soll einer allein warm
werden?

(Der Prediger Salomo 4, 9 – 11)

Irmtraud Tzscheuchner

Die Botschaft des Rabbi

Der Rabbi fragte:	Wie verletzlich ist ein Mensch?
Ich erwiderte:	Sosehr er sich selbst liebt.
Der Rabbi fragte:	Wie verletzlich sind Liebende?
Ich erwiderte:	Sosehr sie sich selbst lieben.
Der Rabbi fragte:	Wer ist unverletzlich?
Ich schwieg.	
Der Rabbi sagte:	Wiederhole die Frage.
Ich wiederholte:	Wer ist unverletzlich?
Der Rabbi sagte:	Gottes Mensch – die revoltierende Liebe.

Arabische Legende

Nachdem sie lange durch die Nacht gewandert war, stand sie endlich vor der Hütte. Aber sie konnte keine Tür daran entdecken bis auf eine Öffnung, die war so schmal, daß nur ein körperloser Körper Eingang zu finden vermocht hätte. Und in der Stille des dämmernden Morgens hörte sie im Innern, daß eine Stimme sie beweinte, wie man die Toten beweint. Da klopfte sie an, und die Stimme fragte von drinnen:

„Wer ist dort?"

Sie antwortete:

„Ich."

In diesem Augenblick wurde ein großes Schweigen, und selbst die Blätter erstarben in ihrem Rauschen, und kein Vogel begann sein Morgenlied.

Aber von drinnen die Stimme antwortete nicht, und die Tür blieb verschlossen.

Da hüllte sich das Mädchen, ohne daß ein Wort der Klage ihren Lippen entschlüpfte, in den Schleier der Versenkung und streckte sich aus auf der bloßen Erde vor der Tür. Einen Tag lang und eine Nacht lag sie so, den Kopf im Schleier verborgen, und ließ in ihrem Herzen das Wissen reifen, daß die von der Liebe Gezeichneten sich selbst sterben müssen, ehe sie eintreten dürfen in ihr Haus.

Da stand sie auf und ging, im Strome unterzutauchen; alsdann kehrte sie mit schnellen Schritten zur Hütte zurück und klopfte ein zweites Mal an die Tür.

Und wieder fragte die Stimme von drinnen:

„Wer ist dort?"

Und das Mädchen antwortete diesmal:

„Du."

Und die Tür öffnete sich von selbst.

Was bleibt, ist das Geheimnis derer, die das Zeichen der Liebe tragen.

Sigrid Großmann

Geschlechtsverkehr mit 14?

Zwischen Askese und Sexualprotzerei

Sexualität – darüber wurde früher nicht gesprochen; sie war da und irgend etwas passierte. Aber was? Darüber erfuhren wir Kinder und Heranwachsende nichts Direktes.
Sexualität hat daher auch etwas mit Wissen zu tun, z. B. mit dem Wissen darum, wann ich geschlechtsreif bin. Geschlechtsreife zeichnet sich bei Mädchen wie Jungen dadurch ab, daß die inneren Geschlechtsorgane heranreifen (was nicht zu beobachten ist) wie auch die äußeren (was zu beobachten ist: sie werden größer, die Haut wird dunkler). Es verändert sich auch die Gestalt bei Mädchen wie Jungen. Haare wachsen an den Geschlechtsorganen und in den Achselhöhlen. Die untrüglichsten Zeichen jedoch sind beim Mädchen die Menstruation (die Monatsregel, Periode, Tage) und beim Jungen die Pollution (der nicht absichtlich herbeigeführte Samenerguß, der sich meistens nachts ereignet und mit Träumen verbunden ist) – sie sind Kennzeichen des Erwachsenseins und damit der Geschlechtsreife. Sie sind Kennzeichen des Erwachsenseins, nichts anderes! Sie sind keine Schweinerei, auch keine Krankheit; sie sind auch kein Anzeichen dafür, daß sich jemand zum „Lustmolch" entwickelt. Geschlechtsreife ist also der Ausdruck dafür, daß aus einem Mädchen eine Frau geworden ist und aus einem Jungen ein Mann. Und so wird Sexualität zu einem Bereich der Liebe; so ist Sexualität eine von vielen Möglichkeiten, Liebe zu zeigen.
Es ist wichtig, daß alle Jugendlichen über sich selbst Bescheid wissen, also wissen, was in ihrem Körper sich ereignet. Es ist aber auch nötig, daß ich über die Vorgänge im Körper des anderen Geschlechts Bescheid weiß. Warum? Weil sich so das Miteinanderumgehen weniger schwierig gestaltet. Zwei Geschichten dazu:
Da fragt er sie, ob sie miteinander zum Schwimmen gehen. Sie sagt nein. Er fragt warum. Sie sagt darum. Er bohrt weiter. Sie weicht aus. Schließlich zieht er sauer ab, sie bleibt sauer zurück. Er hält sie für zickig, sie ihn für doof. Hätte sie gesagt, daß sie „ihre Tage" hat und darum nicht schwimmen kann, so hätte er Bescheid gewußt. Vielleicht wären dann beide auf die Idee gekommen, *gemeinsam* ins Freibad zu gehen und er dann halt *allein* ins Wasser.
Die andere Geschichte: Sie liegen zusammen auf einer Decke im Freibad. Sie liegen sehr dicht beieinander, sie berühren sich, vielleicht absichtlich, vielleicht spielerisch unabsichtlich. Dann springt sie auf und will ihn mit hochzie-

hen, um ins Wasser zu gehen. Er lehnt ab, stellt sich an, reagiert schroff. Sie versteht sein Verhalten nicht und wird sauer. Der Tag endet „verknatscht“. Das wäre nicht nötig gewesen. Hätte sie gewußt, daß durch den Körperkontakt sein Glied sich versteift hat, was die anderen eben an seiner Badehose hätten ablesen können, so hätte sie sein Verhalten verstanden.

Ist die Geschlechtsreife eingetreten, so stellt sich die Frage, ob eingetretene Geschlechtsreife den Geschlechtsverkehr nötig macht.

Eine Vorbemerkung zunächst: Wir alle sollten Fehleinstellungen abbauen! Es ist keineswegs nötig, daß ein Junge „erfahren“ in die Ehe geht; es ist auch keineswegs unabdingbar, daß ein Mädchen „unberührt“ in die Ehe geht: Hinter diesen Einstellungen verbirgt sich die Vorstellung, daß Sexualtechnik das Wichtigste in einer Liebesbeziehung sei. Hinter diesen Einstellungen verbirgt sich aber auch eine doppelte Moral, die Jungen etwas zugesteht, was sie Mädchen verbietet. Und hinter dieser Einstellung verbirgt sich auch eine Abwertung der Frau. Mit wem anderen als mit einem Mädchen, das dann als unmoralisch abgestempelt wird, weil es nicht mehr „unberührt“ ist, macht ein Junge denn seine „Erfahrungen“?

Bei der Beantwortung der Frage, ob Geschlechtsreife auch Geschlechtsverkehr nötig macht, lassen sich zwei extreme Standpunkte aufzeigen: die Askese (Enthaltsamkeit) und die Sexualprotzerei. Gegen ein asketisches, enthaltsames Leben ist zunächst einmal nichts einzuwenden. Askese aber bedeutet im Raum der Sexualität, daß eine Person ohne leibliche Kommunikation auskommen will; Askese bedeutet im Raum der Geschlechtlichkeit, auf die Erfahrungen mit dem eigenen Leib ebenso zu verzichten wie auf die Kommunikation mit dem Körper einer anderen Person. Askese bedeutet Verzicht auf die Möglichkeit, mit dem Körper Liebe und Zärtlichkeit auszudrücken und zu empfangen.

Die Sexualprotzerei hingegen kennt nur Leib und sonst nichts. Ein Sexualprotz stellt nur sich und seinen Körper ins Zentrum, nimmt andere Menschen als Objekte, die seinem Vergnügen zur Verfügung stehen, kennt kein Verantwortungsgefühl für andere Menschen, mit denen er sexuell umgeht – im Grunde mißbraucht er sie.

Es gibt andere Möglichkeiten von Sexualität.

Zunächst: Es gibt keinen festgeschriebenen Zeitpunkt, an dem mit dem Geschlechtsverkehr begonnen werden muß. Einige fangen früh damit an, andere später – es gibt keinen Leistungszwang! Deshalb ist auch keine Regel aufzustellen. Dies muß immer ein persönlicher Entschluß sein im Vertrauen darauf, etwas zu tun, was man sich wünscht und wofür man die Verantwortung übernimmt.

Ich will diese Gedanken etwas vertiefen. Sexuelles Zusammensein setzt voraus, daß die andere Person respektiert wird in ihren Wünschen. Ich darf also nichts unausgesprochen voraussetzen: Wer hat eigentlich die Schlußfolge-

rung erfunden, daß ein Mädchen zum Geschlechtsverkehr bereit ist, wenn es mit ins Zimmer des Jungen geht? Das, was ich will, muß beim Namen genannt werden! Ich darf nicht auf mein Zimmer zum Schallplattenhören einladen und unausgesprochen auf Geschlechtsverkehr aus sein. Ehrlichkeit spielt im partnerschaftlichen Leben eine entscheidende Rolle. Und auch der Respekt voreinander! Lehnt ein Partner den Geschlechtsverkehr ab (aus welchen Gründen auch immer), so muß ich das respektieren, auch wenn es mir noch so schwer fällt. Falco ist mit seinem entsetzlichen, frauenverachtenden Lied kein Vorbild, wenn er den Wunsch des Mädchens „Mach mich nicht an" einfach beiseite schiebt. Die eigenen Wünsche rücksichtslos durchsetzen zu wollen – das ist weder Zuneigung noch Liebe. Liebe hat nichts mit Rücksichtslosigkeit zu tun, genausowenig wie mit der Erpressung: „Wenn du nicht mit mir schläfst, dann liebst du mich nicht!" Solche Versuche beweisen nur, daß ich mir wichtiger bin als die partnerschaftliche Person. Erfülltes sexuelles Zusammenleben aber zeigt sich darin, daß ich die andere Person nicht Enttäuschungen aussetze, die voraussehbar sind. Und die Enttäuschungen sind voraussehbar, wenn ich nur meine eigenen Wünsche durchsetzen will.
Das sexuelle Zusammenleben wäre für Jugendliche und Erwachsene viel einfacher, wenn der Koitus nicht als die Spitze allen sexuellen Zusammenlebens angesehen würde. Es bliebe uns allen viel Angst und moralische Entrüstung erspart, würden alle Formen sexueller Betätigung gleichen Rang und gleichen Wert besitzen – das Schenken einer Rose wie auch Necking und Petting sind vollwertige Zeichen von Liebe, nicht allein der Koitus. Es gibt allerdings keinen absolut einsichtigen Grund, den Koitus für Jugendliche zu verbieten; lediglich die eigene Verantwortung, kein Kind ungewollt zu zeugen, hindert uns, den Koitus zu vollziehen.
Nun gibt es ja sogenannte Verhütungsmittel, so wird eingeworfen. In der Tat gibt es Verhütungsmittel für Männer wie für Frauen. Das Prekäre ist nur: Eine nahezu absolute Sicherheit verschafft im Augenblick nur die Pille für die Frau. Darauf berufen sich heute Männer gar zu gerne und überlassen die gesamte Verantwortung für die Verhütung allein der Frau. Aber es gibt Frauen, die sich weigern, die Pille zu nehmen. Für diese Weigerung gibt es viele Gründe. Einer davon ist wichtig für das partnerschaftliche Verhalten. Viele Frauen fühlen sich mißbraucht durch den Mann, weil die Pille ja den Geschlechtsverkehr gefahrlos und problemlos mache. Sie fühlen sich mißbraucht, weil Männer nicht mehr danach fragen, ob die Frau Lust hat zum Geschlechtsverkehr, weil auf ihre Bedürfnisse und Wünsche nicht mehr eingegangen wird, weil sie nur noch „bereit" zu sein hat, oder, wie ein Mädchen einmal sagte, „grünes Licht" zu geben hat. Geschlechtsverkehr ist eben nicht nur sexuelle Befriedigung, sondern Geschlechtsverkehr sollte für Frau wie Mann ein körperliches und ein seelisches Erlebnis sein, ein Erlebnis, in dem sich gleichwertige Partnerschaft zwischen Frau und Mann ausdrückt. Ein sexuelles

Zusammensein wird für beide Partner dann glückbringend sein, wenn es von Vertrauen, Zuneigung und Zärtlichkeit geprägt ist.
Eben ist schon der Ausdruck der gleichwertigen Partnerschaft gefallen. Nicht jeder Junge muß ein Eroberer sein, er *darf* erobern, aber er *muß* nicht. Ebenso gut kann ein Mädchen erobern; es *muß* nicht passiv bleiben und darauf warten, daß es erobert wird. Auch das Mädchen *darf* aktiv sein wie auch ein Junge passiv sein darf. Niemand muß sich den Zwängen unterordnen, die irgendeine Gesellschaft oder irgendeine Moralvorstellung vorgibt. Es liegt in *unserer* Hand, ob eine Liebe partnerschaftlich und sexuell gelingt oder nicht. Und niemand darf dabei seine eigenen Verhaltensweisen als die einzig richtigen hinstellen.
Bisher war allein die Rede vom partnerschaftlichen, sexuellen Verhalten. Sexualität ist aber auch ein Phänomen, das mich allein betrifft, weil mir die Reaktionen meines eigenen Körpers vertraut werden. Eine Form sexueller Betätigung, die einen Menschen allein betrifft, ist die Selbstbefriedigung. Sie ist keineswegs ein Sexualverhalten, das sich auf das Jugendalter beschränkt. Sie wird vielmehr von vielen Frauen und Männern als besondere Form geübt, auch neben dem partnerschaftlichen Geschlechtsverkehr.
Oft wird behauptet, daß Selbstbefriedigung gesundheitsschädlich sei; diese Behauptung ist schlicht falsch. Sie erweist sich als eine Schutzbehauptung, um möglichst Selbstbefriedigung zu verhindern, und geht zurück auf den Einfluß der Kirchen, die das gegengeschlechtliche „Du“ so stark bewerten, daß die eigene Sexualität des Ich fast untergeht. Heute wird in der psychologischen Literatur die Selbstbefriedigung bei Heranwachsenden als eine selbstverständliche Erprobung des eigenen Körpers und seiner Reaktionen und Gefühle angesehen. Gefühle von Scham und Schuld oder Verderbtheit brauchen also nicht aufzukommen.
Körperliche oder gar geistige Schäden hat die Selbstbefriedigung nicht zur Folge. Die Selbstbefriedigung ist aber auch kein schuldhaftes Vergehen und hat auf jeden Fall für all jene ein Recht, wo kein partnerschaftlicher Geschlechtsverkehr möglich sein kann. Selbstbefriedigung ist auch keineswegs hinderlich auf dem Weg zur gegengeschlechtlichen Partnerschaft; ein Mensch, der sich selbst befriedigt, ist durchaus fähig zu einer Partnerschaft. So erweist sich auch die Selbstbefriedigung als eine sexuelle Möglichkeit (nicht als die ausschließliche), sich mit dem eigenen Körper und seinen Gefühlen und Reaktionen vertraut zu machen. Dieses Vertrautsein kann sich positiv für eine partnerschaftliche Beziehung auswirken.
Sexualität ist eine Dimension menschlichen Seins und menschlichen Daseins, die sich verwirklichen will. Sie sollte sich verwirklichen in den Gestaltungsformen, die durch Liebe ermöglicht werden – durch Liebe zu sich selbst und zu anderen.

Leseratschläge

Muß-Ehe muß es nicht geben, hrsg. von der Bundeszentrale für gesundheitliche Aufklärung, Postfach, 5000 Köln 100.

Klaus Verch: Lehrmappe Familie. Sexualerziehung,
hrsg. vom Deutschen Familienverband e. V., Bonn.

Martin Goldstein/Will McBride: Lexikon der Sexualaufklärung,
Fischer Taschenbuch 1221.

Samspel. Was Jugendliche über Sexualität wissen sollten.
Verlag Julius Beltz, Weinheim.

Joachim Brauer/Gerhard Kapitzke/Heinz J. P. Mehl/
Karl Horst Wrage: Junge, Mädchen, Mann und Frau, Bd. 2,
Gütersloher Verlagshaus, Gütersloh.

Das Hohe Lied Salomos ▷

Gerhard Kiefel

Liebe ist mehr als ein Wort

Liebe ist mehr als ein Wort,
das einer dem anderen sagt,
Liebe geht von uns fort,
wenn sie keiner mehr wagt.

Liebe ist mehr als ein Traum,
der die Schönheit des anderen sieht,
Liebe gibt allem Raum,
auch der Nacht, der das Glück entflieht.

Liebe ist mehr als ein Ja,
das einer dem andern verspricht,
Liebe ist einfach da,
sie schenkt sich und fordert nicht.

Liebe ist mehr als ein Spiel,
das einer, der Glück hat, gewinnt.
Liebe ist immer zuviel
für den, der zu lieben beginnt.

Liebe ist mehr als ein Lied,
das einer dem anderen singt,
Liebe bringt Schmerzen mit,
auch wenn sie heute gelingt.

Liebe läßt einsam sein,
wer liebt, der leidet mit Gott,
die Liebe schließt alles ein,
auch den Tod.

Christa Peikert-Flaspöhler

Wer bist du?

Wie kommt es nur,
daß unser Blick
so selten
ein Gesicht umfängt?
Daß wir
die meisten Menschen
unbefragt
vorübergleiten lassen
wie Schatten,
die das eigene Gestirn
verdecken?

Und jeder
wäre doch der Frage
wert:
Wer bist du?

Helmut Kuntz

Menschenleben

Es gibt viel wertvollere *Dinge* als ein menschenleben.
Was bedeutet schon ein menschenleben?
Man(n) kann es zeugen, ungefragt,
man kann es belügen und erziehen,
in Stätten der Bildung zum Staatsbürger formen,
erfassen, speichern, observieren,
analysieren, beschreiben und verwalten,
ihm mit Stempeln Unbedenklichkeit bescheinigen,
es mit Orden behängen, anspucken und benutzen,
der Arbeit vorenthalten,
hinter Gittern vor sich selbst bewahren,
kranken Gehirnen zu Diensten am Menschen überantworten,
es tiefgefrieren, um es später eisiger
Kälte auszusetzen,
mit Chemie behandeln,
mit Füßen darauf herumtrampeln,
Knüppel auf ihm zerschlagen,
es foltern, vergasen und verstrahlen,
ihm das Leben herausreißen,
ihm die Freude austreiben.
Es zu lieben, ist zu anstrengend.

Robert Walser

Phantasieren

Freundlich sind dort die Menschen. Sie haben das schöne Bedürfnis, einander zu fragen, ob sie einander unterstützen können. Sie gehen nicht gleichgültig aneinander vorbei, aber ebensowenig belästigen sie einander. Liebevoll sind sie, . . . aber sie quälen einander nicht. Wer dort unglücklich ist, ist es nicht lange, und wer sich dort wohl fühlt, ist nicht übermütig. Die Menschen, die dort wohnen, wo die Gedanken wohnen, . . . haben insofern ein Bedürfnis nach Schönheit, als sie nicht gerne ihres Mitmenschen Schaden sehen . . . Keiner lebt dort, der nur sich selber Gutes wünschte und nur seine Frau und seine Kinder wohl aufgehoben wissen will. Er will, daß auch des andern Frau und des andern Kinder sich glücklich fühlen . . . Neid und Mißgunst sind dort unbekannt, und die Rache ist ein Ding der Unmöglichkeit. Kein Mensch ist dort dem andern im Weg, es triumphiert keiner über den andern . . ., denn es nehmen alle eine schöne Rücksicht aufeinander. Der Starke und Mächtige kann dort nicht Bewunderung ernten, denn alle besitzen eine ähnliche Kraft und üben eine gleichmäßige Macht aus. Die Menschen geben und nehmen in anmutigem, Vernunft und Verstand nicht verletzendem Wechsel. Liebe ist dort das bedeutendste Gesetz; Freundschaft die vorderste Regel. Arm und reich gibt es nicht . . . Alles dient dort allem, und der Sinn der Welt geht deutlich dahin, den Schmerz zu beseitigen . . . Dort, dort ist es schön, dort möchte ich leben. Unter Menschen, die sich frei fühlen, weil sie sich beschränken, möchte ich leben. Unter Menschen, die einander achten, möchte ich leben. Unter Menschen, die keine Angst kennen, möchte ich leben. Ich sehe wohl ein, daß ich phantasiere.

Rolf Krenzer

Ein anderes Leben für Hayami

Er fiel mir in einem Seminar auf. Dort trafen sich Erzieher geistig-behinderter Kinder und Jugendlicher, um eine ganze Woche lang an sich selbst Spiele und Lieder zu erproben, die sie in ihrer täglichen Arbeit einsetzen wollten. Er fiel mir zunächst deshalb auf, weil er ein Japaner war, der als einziger Ausländer an diesem Seminar, das fast nur von Erzieherinnen besucht wurde, teilnahm. Er hatte Schwierigkeiten mit der deutschen Sprache, lehnte es aber strikt ab, auf Englisch auszuweichen, was er perfekt beherrschte. Nein, es ging ihm darum, Deutsch zu lernen und zu sprechen, selbst wenn das ihn und seine Gesprächspartner oft vor nur mit Mühe überwindbare Hindernisse brachte. Als wir alle versuchten, mit mimischen und gestischen Ausdrucksmöglichkeiten im Verlauf des Seminars Geschichten, Lieder und Erlebnisse umzusetzen, wurde er zunehmend sicherer, und es gelang ihm, das auszudrücken, was in ihm lebte, und seine Persönlichkeit, seine Behutsamkeit und Zugewandtheit anderen mitzuteilen. Er spielte nicht nur eine Schneeflocke, die sich langsam auf die Erde senkte. Er war sie selbst. Und sein Lachen steckte an, als er in einem Tanz ohne Worte seine Mitspieler dazu brachte, sich zu einer Menschenkette zu verbinden, in der auch der Schwächste zum wichtigen und wesentlichen Glied wurde und sich auch so erlebte.

Abends saßen wir zusammen bei einer Altbier-Bowle, und Hayami erzählte mir, daß er seit einem Monat in Nordkirchen, einem Heim für Geistig-Behinderte der Caritas, arbeitete.

„Bist du Student?“ fragte ich ihn. Ich konnte mir nicht vorstellen, daß er eigens aus Japan ins Münsterland gekommen war, um mit Geistig-Behinderten zu arbeiten, ohne eine weitere Absicht damit zu verbinden.

Er schüttelte den Kopf. Er habe zwar in Japan studiert, aber etwas ganz anderes. Hier wolle er nur arbeiten, wolle mit behinderten Menschen zusammen sein. Als ungelernte Hilfskraft. Mehr nicht.

Ich schob damals das, was er sagte, auf die sprachlichen Schwierigkeiten, die wir miteinander hatten. Ich meinte, nicht richtig verstanden zu haben, was er eigentlich damit sagen wollte. Was mich allerdings faszinierte, war, daß er ohne jegliche Vorkenntnisse in diesem einen Monat, den er in Deutschland war, bereits so gut sprach, daß er sich – wenn auch mit einigen Schwierigkeiten – verständlich machen konnte.

Später zeigte er mir Fotos von seiner Frau und seinen beiden Kindern. Die Kinder waren vier und sechs Jahre alt. Seine Frau arbeitete als freie Malerin. „Mit dem Geld sieht es nicht gut aus bei uns!“ sagte er und lächelte.

„Aber hier verdienst du als Hilfskraft doch so wenig, daß du nicht viel zurücklegen oder nach Hause schicken kannst."
„Ja, das ist so!" meinte er und lächelte wieder. „Aber das ist nicht so wichtig!"
Ich erfuhr dann auch, wie es dazu gekommen war, daß er jetzt in Nordkirchen arbeitete. Er hatte Kontakt mit einem Pater aus Japan und hatte sich entschlossen, die Gelegenheit, die sich durch des Paters Vermittlung in Deutschland ergab, sofort aufzugreifen. Obwohl er dem buddhistischen Glauben angehörte, machte es ihm überhaupt keine Schwierigkeiten, in einem katholisch geprägten Heim zu arbeiten.
Besonders aber interessierte er sich für die Möglichkeiten, die Musik und Spiel ihm in dieser Arbeit eröffneten.
Als wir uns am Ende des Seminars trennten, waren wir Freunde geworden. Er hatte viele Freunde in diesem Seminar gefunden.
Ein Jahr lang wollte Hayami in Nordkirchen bleiben. Danach wollte er nach Japan zurück, um dort in einem Heim für Geistig-Behinderte zu arbeiten.
Auf meine Frage, warum er nicht in Japan selbst gleich mit dieser Arbeit begonnen habe, warum er die Trennung von seiner Familie auf sich nahm, um hier in der Bundesrepublik den Zugang zu dieser Arbeit zu finden, antwortete er lediglich: „Ich muß zuerst einmal Abstand gewinnen. Abstand von allem."
In diesem Jahr traf ich hin und wieder Kollegen, die mit ihm zusammen in Nordkirchen arbeiteten. Sie richteten seine Grüße aus, erzählten aber auch, wie schwer er es sich selbst machte, daß er darauf gedrungen habe, in der Arbeit mit Schwerstbehinderten eingesetzt zu werden, und daß diese Arbeit fast über seine seelischen und körperlichen Kräfte ging. Aber er hielt durch, obwohl er sehr unter Heimweh gelitten haben muß. Er hielt durch und ließ sich das Foto von seiner Frau und seinen Kindern postergroß vergrößern und hängte es über seinem Bett auf. Da gab es nur Briefe nach Japan und zurück. Für ein Telefongespräch reichte das Geld nur zu den Geburtstagen seiner Kinder. Kurz vor seiner Heimreise besuchte er mich. Meine Frau servierte ihm frischen Fisch und bot ihm Eßstäbchen für den Reis an.
Wieder lächelte er und bemerkte nebenbei, daß er in dem ganzen Jahr nicht einmal mit Stäbchen gegessen habe. Und die deutsche Kost sei für seinen Magen manchmal nicht besonders verträglich gewesen.
Er blieb eine Woche bei uns. Am letzten Abend, Mitternacht rückte schon heran, sein Abschied am nächsten Tag stand bevor, da kam er auf eine Nachrichtensendung zu sprechen, die wir vorher zusammen im Fernsehen gesehen hatten.
Die Bilder, die verletzte Kinder und Erwachsene nach einer Straßenschlacht gezeigt hatten, ließen ihn nicht mehr los.
„Warum tun das Menschen einander an?" fragte er immer wieder. „Was können die Kinder dafür, die jetzt so leiden müssen?"

Und nach einer Weile: „Es ist gut, daß ich nicht alles lesen kann, was in euren Zeitungen steht!"
Wir schwiegen lange.
„In Japan haben viele Kinder Selbstmord verübt, weil sie mit dem Schulstreß nicht mehr fertig wurden."
„Nicht nur bei euch in Japan!" bestätigte ich.
„Für mich war es damals eine harte Zeit!" sagte er dann. „Es sind in Japan so viele, die alle studieren wollen."
„Ich glaube, ich war ein Streber", meinte er. „Und wie war ich stolz, als ich es geschafft hatte!"
„Was hast du studiert?"
„Chemie!" Und nach einer langen Pause. „Ich bekam auch wegen meiner ausgezeichneten Zensuren sofort eine Stellung. „Ja, eine gut bezahlte Stellung. Sie war sehr gut bezahlt."
„In Kioto?"
„Nein, in einem anderen Teil Japans! Aber jetzt wohne ich wieder in Kioto. Ich bin dort geboren. Meine Frau hat meine Eltern zu uns in unsere Familie genommen."
Ich knüpfte an unser allererstes Gespräch an und fragte noch einmal, warum er seinen hoch bezahlten Beruf aufgegeben hatte, um mit Behinderten zu arbeiten.
„Nicht nur arbeiten!" wandte er ein. „Mit behinderten Menschen zusammen leben."
Es war eine warme Sommernacht. Wir saßen auf dem Balkon, und ein Windlicht auf dem kleinen Tisch vor uns ließ nur andeutungsweise unsere Gesichtszüge erkennen.
„Behinderte", sagte er leise, „führen keine Kriege und bauen keine Vernichtungswaffen, eben weil sie behindert sind."
„Das bleibt denen überlassen, die andere als behindert bezeichnen, obwohl sie selbst ihre eigene Behinderung nicht erkennen", stimmte ich zu.
„Sie sind so von ihrem Wahn besessen, von ihrem Trieb, über andere zu herrschen, daß sie sich selbst dafür am Ende vernichten würden. Sich und ihre Kinder, die nichts dafür können, daß sie so sind."
Wir schwiegen lange.
„Damals habe ich in einem großen Werk gearbeitet", berichtete er stockend, und ich fühlte, wie schwer es ihm wurde, davon zu sprechen. „Weißt du, ich habe das in Deutschland noch keinem erzählt. Nur der Pater in Japan weiß es. Deshalb hat er mir auch so geholfen, Abstand von all dem zu gewinnen."
Und dann brach es aus ihm heraus.
„Weißt du, es war ein Werk, in dem neue chemische Methoden erfunden und erprobt wurden. Ich war besessen von meiner Arbeit, weil ich wußte, wie sehr wir Japaner uns anstrengen mußten, um wirtschaftlich den Anschluß an die

großen Industrieländer zu behalten, sie, wenn und wo immer es ging, noch zu übertreffen. Es war wirklich ein sehr gut bezahlter Arbeitsplatz, und ich tat mein Bestes. – Dort lernte ich auch meine Frau kennen."

„Malte sie damals noch nicht?" fragte ich.

„Es war ein Hobby. Nicht mehr als ein Hobby. Aber unsere Arbeit brachte genug Geld, um zu heiraten und eine sichere Existenz für uns und die Kinder aufzubauen."

„Und das habt ihr beide aufgegeben?" fragte ich.

Er nickte.

„Das Werk war mit allen hochmodernen Sicherheitsfaktoren ausgestattet. Es konnte einfach nichts passieren. Und wir glaubten alle daran. Wir und die Menschen, die in der Umgebung wohnten.

Es geschah dann an einem Tag, als meine Frau mit den Kindern in Kioto bei meinen Eltern zu Besuch war. Ich wollte ein paar Tage später nachkommen. Weißt du, in Japan haben wir nicht so viel Urlaub wie ihr hier in Deutschland. Höchstens mal eine Woche lang.

Plötzlich ertönten die Sirenen. Es wurde Alarm gegeben. Meine Arbeitskollegen und ich wußten nicht, was das zu bedeuten hatte. Eine Warnung, auch nur die leiseste Andeutung einer Vorwarnung hatte keiner erteilt. Wir fühlten uns ja so sicher an unserem Arbeitsplatz. Aber wir folgten doch der Aufforderung, die uns über Lautsprecher gegeben wurde, und suchten den Schutzraum auf."

Ich starrte ihn an.

„Das Ausmaß der Katastrophe habe ich erst viel später begriffen", sagte er dann. „Giftgas war ausgeströmt. Menschen waren unter den grausamsten Schmerzen umgekommen. Menschen. Alte und Junge, Erwachsene und Kinder. Und die, die überlebten, tragen ihr ganzes Leben lang daran. Vielleicht hast du etwas davon in euren Zeitungen gelesen. Vielleicht war es auch im Fernsehen. Aber wir erfahren ja nicht alles. Auch in Japan nicht."

Er nahm seine Strickjacke, die über der Stuhllehne gehangen hatte, und zog sie an. Wir fröstelten beide.

„Ich habe gesehen, was passiert war. Mit diesen Augen habe ich es gesehen. Und ich mußte immer an meine Kinder und an meine Frau denken, die jetzt in Kioto waren. Ich glaube, es waren die Kinder, die ich dort in der Nähe des Werkes tot fand. Diese Kinder waren es, die mich fast verrückt gemacht haben. Ja, wirklich verrückt.

Wir hatten uns immer weiter gesteigert, hatten neue Methoden und Sicherungen gefunden und waren am Ende nicht mehr Herr über das, was wir selbst angerichtet hatten.

In der Schule hatte ich erfahren, was die Amerikaner damals mit Nagasaki und Hiroshima gemacht haben. Später war ich dort und konnte einfach nicht begreifen, daß der Haß eines Volkes auf ein anderes so groß sein kann, daß nichts mehr bleibt als Vernichtung und Ausrottung. Ich habe die gehaßt, die

das mit meinem Volk getan haben. Mein Onkel lebte damals in Nagasaki. Er ist mit seiner Familie auch umgekommen.
Aber jetzt. Jetzt hatten Japaner ihre eigenen Landsleute vernichtet. Was sage ich, ihre eigenen Familien!
Da brach auch ein leitender Ingenieur zusammen, als er erfuhr, daß seine beiden Kinder Opfer dieser Giftausströmung geworden waren."
Er schwieg wieder.
„Zuerst habe ich dann überlegt, in einer anderen Stadt in einem anderen Werk zu arbeiten. Dorthin wollte ich nie mehr zurück, obwohl sie mir noch ein besseres Angebot machten. Aber es gab genug andere, die meinen Platz einnahmen. Wir müssen arbeiten, um leben zu können. Und die Sicherheitsmaßnahmen waren noch weiter verbessert worden. Nein, ein zweites Mal würde das nicht mehr passieren!
Aber das war es nicht!
Ich trat die neue Stelle überhaupt nicht mehr an. Immer wieder mußte ich an die vielen Unschuldigen denken, die nicht zuletzt durch meine Arbeit, durch meine Leistung umgekommen waren.
Kein Mensch hätte mich angeklagt. Ich hatte die mir aufgetragene Arbeit nach bestem Wissen und Können erledigt und hatte wie alle anderen auch auf die vielen Sicherheitsmaßnahmen vertraut. Mir war überhaupt nicht bewußt geworden, welche Auswirkungen unsere Arbeit haben konnte. Aber ich fühlte mich schuldig. Schuldig aus Unwissenheit."
Er räusperte sich.
„Ich fühle mich immer noch schuldig!" fügte er dann hinzu. „So weitermachen, als wäre nichts geschehen, das konnte ich nicht. Aber was sollte ich tun? Meine Frau kündigte ebenfalls. Eine neue Arbeit fand sie nicht. Sie hat dann ihr Hobby zu ihrem Beruf gemacht. Und was sollte ich anfangen? Wenn ich weiter in meinem Beruf als Chemiker arbeitete, blieb auch die Angst Tag für Tag. Angst, die mich krank machte.
Meine Freunde rieten mir damals weiterzumachen. Was könnte ich als einzelner Mensch schon gegen die tägliche Umweltvergiftung und gegen einen eventuellen Fehler in der Sicherungsanlage unternehmen? Ein Fehler, der nach menschlichem Ermessen niemals wieder auftreten konnte.
Damals traf ich einen Freund wieder, den ich jahrelang aus den Augen verloren hatte. Wir waren Nachbarsjungen gewesen. Hier in Kioto traf ich ihn wieder, und er arbeitete in einer Einrichtung mit geistig behinderten Kindern. Ich ließ mich von ihm überreden, ihn einmal dort zu besuchen. Ich hatte ja Zeit, denn arbeiten konnte ich nicht. Noch nicht."
„Hattest du vorher noch nie geistig Behinderte gesehen?" fragte ich.
„Sicher! Aber eigentlich nie wahrgenommen. Ich hatte geistig behinderte Kinder gesehen, hatte sie vielleicht auch angesehen, aber sie waren ohne Eindruck für mich geblieben. So wie man anderen Menschen auf der Straße

begegnet, sie irgendwie wahrnimmt, ohne nachher zu wissen, daß man ihnen überhaupt begegnet ist.

Als ich dann meinen Freund besuchte, wollte ich nicht mehr fortgehen. Ich blieb den ganzen Tag, bis die Busse kamen und die Kinder abholten. Ich ging auch am nächsten Tag wieder hin. Und am übernächsten.

Meine Frau sagt, daß ich damals wieder zu sprechen begonnen habe. Ich mußte ihr einfach abends alles erzählen, was ich an diesen Tagen erlebt hatte. Das waren junge Menschen, die von Geburt an behindert waren und mit nicht behinderten Erziehern lernten, mit ihrer Behinderung zu leben, trotz ihrer Behinderung sich zu freuen. Ich glaube, so viel Fröhlichkeit, so lautes Lachen wie dort in der Gruppe meines Freundes habe ich noch nie in einem Kindergarten erlebt, den meine eigenen Kinder besuchten. Ich diskutierte jeden Abend mit meiner Frau. War das eine Arbeit, die mich als Menschen mehr forderte als die so gut bezahlte Arbeit, für die ich jahrelang studiert hatte, für die ich zum Streber geworden war? Ich spürte plötzlich, daß ich begann, umzudenken und neue Maßstäbe an eine Arbeit, eine Aufgabe zu stellen.

Mein Freund und meine Frau verstanden mich. Aber sie befürchteten, daß ich etwas unter dem Schock der damals erlebten Situation beginnen könnte, was ich später bereuen würde.

Doch ich ließ nicht locker. So machte mich mein Freund mit dem Pater bekannt. Und der Pater meinte, daß ich Abstand von all dem brauchte. Er schlug mir schließlich vor, in einer Einrichtung in Deutschland zu arbeiten. Er hatte Freunde dort."

„So bist du nach Nordkirchen gekommen", sagte ich.

„Es hat fast noch ein Jahr gedauert", meinte er. „Da gab es so viele Formalitäten, und ich wollte auch niemandem auf der Tasche liegen. Aber arbeiten wollte ich. Ja, arbeiten und wieder leben!"

„Und du wirst in Japan mit Behinderten arbeiten?"

„Ganz bestimmt!" lachte er. „Ich habe mich neben der Arbeit hier bei euch in Musik ausbilden lassen. Das ist etwas, was für diese Arbeit wichtig ist. Sie waren hier alle so freundlich zu mir. So habe ich sogar eine Woche lang bei Gertrud Orff in München sein dürfen. Und das zählt viel bei uns in Japan!"

Begeistert griff er nach einem Formular in seiner Brieftasche, das die Zusammenarbeit mit Gertrud Orff auch schriftlich bestätigte.

„Ich will mit geistig Behinderten arbeiten, um wieder selbst als Mensch leben zu können. Ich habe es hier in Deutschland keinen Tag bereut, nicht einen einzigen Tag. Ich habe wieder lachen gelernt."

Dann erzählte er wieder von seinen Kindern und seiner Frau, seinem Vater und seiner Mutter, die mit ihnen zusammenlebten. Bald, bereits in der nächsten Woche, würde er wieder in Japan sein.

Die Briefe, die mich später erreichten, machten deutlich, daß alles doch schwieriger war, als Hayami sich vorgestellt hatte. Es ist auch ein trauriger Teil unseres Fortschritts, daß der Mensch sich einer unmenschlich gewordenen Bürokratie ausliefern muß, die allmächtig und hartleibig mit unbegreiflich viel Zeit und ebenso unnahbar und undurchdringlich Entscheidungen zu treffen hat. In einem solchen Bürokratiemechanismus erscheint es naturgemäß völlig absurd, daß ein exzellenter Chemiker das Handtuch wirft, um dort sich einzubringen, wo er sich als Mensch verwirklichen kann. Bürokratie hat wenig mit Menschenwürde zu tun.
Aber Hayami ließ sich nicht einschüchtern oder umstimmen. Und seine Frau bestärkte ihn. Sie hatten gelernt, mit wenigem auszukommen. Es würde auch weiterhin reichen.
Dann waren es schließlich doch die Scheine und auch einige Empfehlungen, die es möglich machten. In seinem letzten Brief schrieb er: „Seit einem halben Jahr arbeite ich jetzt mit geistig behinderten Kindern. Und ich freue mich auf jeden neuen Tag. Ich glaube, die Kinder freuen sich auch auf mich."
Und zum Schluß: „Es hat sich für mich gelohnt auszusteigen. Besser: umzusteigen. Was ich jetzt tue, ergibt einen Sinn. Weißt du, das Leben ist schön! Fast hätte ich es vergessen: Ich soll Euch herzlich von meinen Kindern grüßen. Ich habe ihnen so viel erzählt!"

Huub Oosterhuis

Du

Gott Abrahams, Nacht und Wüste,
Stern am Himmel, Name im Fleisch,
Same im toten Schoß seiner Frau.

Gott Jakobs, ringender Fremdling,
Faust, die ihn schlug, blutende Wunde.

Gott des Moses, brennende Stimme,
Feuer am Weg, Wort als Wolke,
Licht, das vorangeht, Wasser und Brot,
Land der Verheißung.

Gott Davids, Harfe in Händen,
Lied im Munde,
Liebe größer als Frauenliebe,
Eckstein des Hauses, Kind seines Namens,
fröstelnde Kälte in seinem Mark.

Gott in Babel, Gott unnennbar,
ausgestreut in der Fremde, Gott der Toten.

Gott Ijobs, Mann der Schmerzen,
niedergetreten, ganz gestaltlos,
Tropfen, Staubkorn
auf der Waagschale der Welt.
Gott Jesu, Schatten
über ein jüdisches Mädchen.

Gott nach Auschwitz,
du verstreute Asche der Juden,
Schmutz an den Sohlen.

Gott meiner selbst,
Zunge aus Schnee, Flamme Verzückung,
Stimme, die mitten im Wort mir stockt,
Sturm gegen mich –
zärtlicher Wind, rauhe Gefahr, –
lastet dein Leib quer über mich.

Niemandes Gott – einfach nur Menschen –,
Schritt der Jahrhunderte,
erst allmählich bekannter Fremdling,
du unfindbarer Stein der Weisen,
du kein Gott, wie wir dich denken,
Ofen der Stille,
mühsamer Freund.

Kapitel IV

„Was würde Jesus dazu sagen…?“

Wolfgang Klein

Der Kuß – oder: gute Botschaft für Judas I.

Jesus und Judas – eine besondere, eine sonderbare Beziehung, im Leben wie im Sterben: Judas klammert sich fast verzweifelt und doch hingebungsvoll zugleich an seinen Herrn und Meister. Jesus läßt es geschehen, mit einem wissenden und auch traurigen Blick: „Siehe, der mich verrät, ist nahe." (Markus 14, 42) – „Es wäre für diesen Menschen besser, wenn er nie geboren werde." (Markus 14, 21) Ernst Alt hält in seinem Bild den Moment *vor* dem Kuß fest; es scheint mir, als ob er damit dem üblichen Klischee ausweichen möchte, dem ewigen Symbol des Verrats, dem Kainsmal des Mannes aus Karioth – dem „Judaskuß" (obwohl er seinem Bild diesen Titel gibt!).
Und er tut gut daran, denke ich, nicht in den jahrtausendealten Chor der Künstler und Theologen, der Dichter und Maler einzustimmen, die Judas als den Satan, den Teufel in Menschengestalt, darstellen: Für diese ist Judas Iskariot einer, der am Rande steht, abgetrennt von den übrigen Jüngern, von den Frommen aller Zeiten. Als Judas der „Jud" mit dem unsichtbaren Judenstern der „Endlösung" am Rockkragen, der um des Geldes willen Jesus verriet, wie ihm der Evangelist Johannes unterstellt, muß er jetzt und fortan allen Verrätern seinen Namen leihen. Und er ist es, der die Liebe verrät, wie der Kirchenvater Ambrosius schreibt:

> „Was soll ich vom Kuß des Mundes sagen, dem Zeichen der Zärtlichkeit und Liebe? Auch die Tauben küssen sich. Doch wie ließe sich das mit dem Liebreiz des menschlichen Kusses vergleichen, dem leuchtenden Wahrzeichen der Freundschaft und Freundlichkeit, dem treuen Ausdruck liebevoller Gesinnung?
> Daher brandmarkt der Herr an seinem Verräter gleichsam ein Verhalten unerhörter Art, wenn er spricht: ‚Judas, mit einem Kusse verrätst du den Menschensohn', d. h. das Wahrzeichen der Liebe verkehrst du in ein Kennzeichen des Verrates, in ein Anzeichen des Unglaubens. Dieses Pfand des Friedens mißbrauchst Du zum Mittel der Grausamkeit. Nicht sowohl den Freund, welcher der Liebe Unterpfand reichte, als vielmehr den Mörder, der nach Art einer Bestie sich des Mundes bedient, tadelt der Herr mit dem Ausspruch seines göttlichen Mundes."

Da ist er also wieder: der Sohn der Finsternis, der den intimsten menschlichen Liebesbeweis schnöde mißbraucht, das Tier in Menschengestalt, die Ausgeburt der Hölle, der Wolf im Schafspelz, der Unhold in der Schar der

Gerechten, verdammt und verworfen im Urteil der Kirche, schuldig im Richtspruch der Kunst (der große Leonardo da Vinci soll monatelang Mailands Verbrecherszene nach einem Kriminellen durchstreift haben, dessen Gesicht gemein und hinterhältig genug war, um diesen Verräter darzustellen – angeblich fand er niemanden!), ausgezischt und verlacht in den Überlieferungen des Volkes und in den Legenden.
Mir ist unbegreiflich, woher seit 2000 Jahren der Haß und die Wut gegen diesen einen eigentlich kommen. Vielleicht weil er anders ist als die anderen, der Zweifler unter den Gläubigen, der kritische Skeptiker unter den blind Gehorchenden, der Warner unter den Sorglosen, der kühle Rechner unter den Verschwendern, der ungeliebte Nein-Sager? Und was ist mit dem Verratenen selber? Hat er nicht zu den Jüngern gesagt: „Einer unter Euch, der mit mir ißt, wird mich verraten!“ (Markus 14, 18) Und zu Judas selbst nach dem Zeugnis des Johannes (13, 27): „Was Du tust, das tue bald!“ Hat er nicht Gott sogar um Gnade für seine Henker gebeten: „Vater, vergib ihnen, denn sie wissen nicht, was sie tun!“ (Lukas 23, 34)
Mir fällt ein, daß Jesus keinen vom Mahl ausgeschlossen hat, weder Petrus, der ihn in einer Nacht dreimal verleugnete, noch Judas, der ihn verriet. Die Jünger fliehen schließlich, aber Jesus und Judas küssen und umarmen sich – vielleicht weil jeder das Geheimnis des anderen kennt, daß keiner von beiden die Erfüllung des Gotteswillens verhindern kann und will? Und so sind sie auch am Ende im Tode vereint: Jesus am Kreuz hängend – Judas am Baum! Es war die Stunde der Wahrheit für beide. Zur selben Stunde, als der eine seinen Weg am Kreuz vollendete, ging der andere hin, warf den „Judaslohn“ weit von sich und erhängte sich – furchtbare Gemeinschaft im Leben wie im Sterben! Jesus und Judas gehören offenbar zusammen, von Anfang an bis zum bitteren Ende läßt keiner den anderen los.
Mir fällt auf, daß Ernst Alt die Beziehung der beiden auch genauso darstellt: Judas hält Jesus fest, ja, er hält sich *an* ihm fest, liebevoll und geradezu zärtlich schaut er ihn an. Wer ist also, außer Johannes, dem Lieblingsjünger, der an seiner Brust lag, Jesus so nahe gekommen wie Judas? Er berührt das Gesicht des Herrn mit seinen Lippen. (Schon Albrecht Dürer hat in seiner Passion Jesus und Judas so dargestellt, als seien die beiden alleine auf der Welt: als sei alles Böse um sie herum versunken, die Schwerter und wütenden Gesichter der Soldaten und Henkersknechte; als spürten sie in ihrer Umarmung die Schläge und den Spott nicht mehr. Danach wurde es Nacht – für beide! Für den Sohn Gottes wie für den „Anwalt des Teufels“ auf Erden.)
Warum also dieser Verrat? Warum der Kuß? An Deutungen mangelt es nicht, wie wir gesehen haben: aus Neid, Ehrgeiz, enttäuschter Liebe, Fanatismus, Gewinnsucht; dieser Judas Iskariot, so scheint es, hat tausend Gesichter.
Ist aber Jesu Tod wirklich die letzte Konsequenz *seines* eigenen Redens und Handelns, wie das Evangelium uns sagt, so ist dies zugleich auch eine gute

Botschaft für Judas Iskariot! Denn für mich wird Judas dadurch „entlastet“, daß er, wohl als einziger der Jünger, versucht hat, Jesus besser zu verstehen als dieser sich selbst; daß er ihm vielleicht zu inkonsequent, zu doppeldeutig, zu zögernd und schwebend war in seinem Verhalten, zu unentschieden und rätselhaft: „Gebt dem Kaiser, was des Kaisers ist, und Gott, was Gottes ist!“ Er sprach vom Frieden und auch vom Schwert, er war liebevoll im persönlichen Umgang und prügelte die Händler aus dem Tempel hinaus, er war offen und spontan und redete dennoch gerne in Bildern und Gleichnissen.
Das war irritierend, das Sowohl-als-Auch war für den Mann des Entweder-Oder, des Ja-oder-Nein, schwer zu ertragen. Er wollte mehr Eindeutigkeit, Verbindlichkeit. Am deutlichsten wird mir das in der Erzählung von der Salbung in Bethanien (Johannes 12, 1 – 8): Obwohl der vierte Evangelist sich alle Mühe gibt, Judas zum Beispiel-Mann des Bösen zu machen, ihn zum Kriminellen zu degradieren, kann er das wirklich Beispielhafte dieser Geschichte nicht ganz verwischen. Da stehen sich nämlich zwei Schlüsselfiguren, Maria und Judas, gegenüber. Sie stehen für die „heilige Verschwendung“ der Liebe und das soziale Engagement des Glaubens, sie führen die Gemeinschaft der frommen Jesus-Anhänger in eine Zerreißprobe. Judas macht Front gegen den verschwenderischen Luxus der Maria, die mit ihren Haaren die Füße des Rabbi trocknet, die sie zuvor mit kostbarem Öl gesalbt hat. Dies ist eine Geste, die selbst im Hinblick auf orientalische Gastfreundschaft exzentrisch wirkt, und zwar mit gutem Grund:

> „Warum hat man dieses Öl nicht für dreihundert Silbergroschen verkauft und diese den Armen gegeben?“

Ist das nicht ein vernünftiger Protest aus Solidarität mit den Armen? Ist nicht die soziale Tat im Christentum zutiefst verankert? Und zwar aufgrund von Wort und Tat Jesu selber: „Was ihr einem meiner geringsten Brüder getan habt, das habt ihr mir getan!“ Und was sagt er hier? „Laß sie in Frieden! Denn Arme habt ihr allezeit bei euch, mich aber habt ihr nicht allezeit.“ Nein, Judas der Nein-Sager, der Rechner unter den Verschwendern, der Warner unter den Sorglosen, kann das nicht länger ertragen, daß sich Jesus wieder völlig anders verhält, als er erwartet hat; zugleich aber leidet er darunter, weil er ihn mehr liebt als alle anderen. Er will jetzt wissen, was los ist: „Die Stunde ist da!“ Alles andere ist für ihn Zeitverschwendung.
Deshalb der Verrat, deshalb der Kuß! Er ist anders als die andern, er hat mehr Mut. Und dieser Freimut, diese Andersartigkeit hat ihm bis heute den Haß und die Wut der Glaubensanwälte, der Dogmatiker, der Vertreter der „reinen Lehre“ vom Schlage eines Johannes eingetragen. Es zeigt sich darin das typische Verhalten von Gruppen – seien es Parteien, Kirchen oder sonstige Gemeinschaften –, die nicht nur des äußeren, sondern auch des inneren Feindes, des Sündenbockes bedürfen, um Geschlossenheit zu demonstrieren und Spaltungen zu verhindern.

So steht Judas für mich am Ende als Chiffre für den Verrat um höherer Interessen willen und auch als Symbolfigur für Juden und „Neger“, Kommunisten und Ketzer. Er vertritt für mich die ewige „Wahrheit“ der Ketzer, die nach Auffassung der Kirche – im Widerspruch zur offiziellen Lehre – die Wahrheit geradezu willkürlich verkürzen oder einseitig interpretieren. Aber Kirchen und Ketzerei bedingen einander: Die Glaubensformeln der Kirche sind mit dem Blut der Ketzer geschrieben!

Dafür ist nicht allein die katholische Kirche verantwortlich zu machen. Die gräßliche Hinrichtung Michael Servets durch Johannes Calvin in Genf kann ebensowenig wegdiskutiert werden wie die blutige Liquidierung der Wiedertäufer oder eines Thomas Müntzer in Deutschland. Denn auch für Martin Luther galt der Ketzer noch als der „Feind der öffentlichen Ordnung“, dessen Bestrafung durch den Staat gefordert werden mußte. Unser heutiger „Gotteslästerungsparagraph“ im Strafgesetzbuch ist noch ein später Abglanz davon. Daß heute das blutige Gericht, die Inquisition und der Scheiterhaufen für Ketzer nicht mehr in Frage kommen, haben wir wohl weniger der Toleranz der Kirchen als vielmehr der politischen Aufklärung der Neuzeit zu verdanken! Doch noch immer kann man für einen freien, etwas radikaleren Gedanken, ein unbequemes, offenes Wort, eine eindeutige politische Parteinahme zum Abweichler, zum Ketzer gestempelt werden. Und einem homosexuellen Pfarrer etwa droht das Berufsverbot. In reformatorischen Kirchen geschieht dies jedenfalls im Widerspruch zum eigenen protestantischen Prinzip und der von Luther so vehement geforderten „Freiheit eines Christenmenschen“.

Wer eigentlich ein Ketzer ist, das lehrt uns die Geschichte der Christenheit, läßt sich deshalb so schwer bestimmen, weil so mancher Ketzer (siehe Calvin!) zum Ketzerverfolger und umgekehrt so mancher Saulus zum Paulus wurde. Dann würde also immer derjenige, der am Ende Recht behält, darüber bestimmen, wer nun als Ketzer auszuschließen ist, und ein Ketzer schlechthin wäre dann der Verlierer im religiösen Meinungsstreit? In der Tat ist auch die Kirchengeschichte oft genug als Geschichte der Sieger geschrieben worden, wie schon der „Fall Judas“ bezeugt!

Ich möchte dabei aber ein gängiges Mißverständnis vermeiden: nämlich die *moralisierende* Betrachtung des Problems, die „der Kirche“ Vorwürfe macht wegen ihres Verhaltens, als sei sie eine handelnde Person. Die Kirche ist keine selbständige, ewige Größe. Seit ihren Anfängen wird sie von Menschen getragen, von frommen, irrenden, in ihre jeweilige Zeit und Geschichte eingebundenen Menschen. Wir alle sind es, die die Kirche bilden und „machen“. Das heißt aber für mich: daß der religiöse Meinungsstreit und die theologische Auseinandersetzung von Anfang an für die Kirche vorprogrammiert waren. Die Kirche mit ihrem Glaubensbekenntnis ist das Ergebnis einer geschichtlichen Entwicklung, entsprechend dem berühmten Wort des französischen Theologen Alfred Loisy: „Jesus verkündigte das Reich Gottes, gekommen ist aber die Kirche!“

Wäre die christliche Botschaft also so eindeutig, wie manche sie gerne hätten oder herstellen möchten, gäbe es das Problem „Ketzer“ ebensowenig wie den Verrat des Judas. So aber sind die Ketzer heilsam für die Kirche, weil sie sie immer wieder daran erinnern, daß eine Wahrheit, die man als widerspruchsfreies und geschlossenes System zu besitzen glaubt, als eine ein für allemal formulierte Glaubenslehre, sich praktisch als Lüge erweisen muß. Der Ketzer leugnet nämlich nicht die christliche Wahrheit (dann wäre er Nicht-Christ oder Atheist!), sondern bezweifelt offizielle kirchliche Formulierungen der Wahrheit. Er bestreitet nicht die christliche Offenbarung, sondern will vielmehr die Religion Christi selber, wie Lessing es einmal in einem „Ketzerstreit“ formuliert hat, von der christlichen Religion unterschieden wissen, damit sie nicht tot und versteinert wirkt.
So steht Judas für die Kritik an der Kirche von *innen* wie letztlich ebenso für die Religionskritik am Verhalten der Christen von *außen*. Denn bekanntlich sind es vor allem Christen gewesen, die die Länder der Dritten Welt eroberten mit Kreuz und Schwert, die Brot und Waffen zugleich lieferten, die immer beides zugleich wollten: Glaube und Macht, Liebe und Profit.
Hierzulande hat Pfarrer Heinrich Albertz das Problem auf den Punkt gebracht bei der ersten großen Demonstration der Friedensbewegung in Bonn am 10. Oktober 1981: So . . . „frage ich nun besonders die Kirchen in unserem Lande: Wie lange wollt ihr von Amts wegen das Sowohl-als-Auch noch durchhalten? Die Schaukelformel vom ‚Friedensdienst mit und ohne Waffen‘ ist nicht mehr haltbar . . .“. Oder doch, wenn man nur vorher genau feststellen kann, ob es auch wirklich Kommunisten sind, auf die man Bomben abwirft?
Vielleicht ist damit unsere gegenwärtige christliche Bewußtseinslage und Haltung etwas vereinfacht und zu grob skizziert. Doch wir sind es jedenfalls nicht, die die Kirche erhalten könnten, sondern alleine der, der von sich gesagt hat: „Siehe, ich bin bei Euch alle Tage bis an der Welt Ende!“ Ein Trost! Und Walter Jens schreibt am Ende seines schönen Buches „Der Fall Judas“, dem ich viel Einsicht verdanke, mit Recht:

> „Vergessen wir nicht: in Jerusalem hingen *zwei* Männer am Holz. Es gab *zwei* Opfer. Blutacker und Schädelstätte gehören zusammen.
> Der Fall Judas, der ein Fall all jener Anderen ist, die, als Gebrandmarkte, auf den Gezeichneten am Kreuz verweisen, steht zur Neuentscheidung an.
> Die Akten sind offen.“

Herbert Vinçon

Darnach

Das Volk liefert die Stimmung.
Die Industrie liefert das Holz, Hammer und Nägel.
Die Verwaltung liefert die Organisation, Verfahren und Personal.
Die Politik liefert die Befehle und das gute Gewissen.
Die Intelligenz liefert die Argumente, die Pläne, die Strategien
und die Parolen.

Darnach –
wenn der Mann verhaftet ist,
wenn der Denunziant sein Geld bekommen hat und seine Abfuhr,
wenn die Zeugen nach Wunsch ausgesagt haben,
wenn der Richter sein Gewand zerrissen hat,
wenn der Mann das Kreuz durch die Stadt getragen hat,
wenn die Nägel eingeschlagen sind,
wenn der Mann endlich hängt,
wenn die Inschrift gefunden
und das Schild für das Kreuz gemalt ist,
wenn die Sonne sich verfinstert hat und alles vollbracht ist –
dann kann vieles kommen:
das Händewaschen, die Beförderung verdienter Mitarbeiter,
eine regierungsamtliche Erklärung, eine Säuberungswelle
und Suche nach Sympathisanten, die Vermarktung,
der Devotionalienhandel, die Sicherstellung von Reliquien,
Kreuzzüge, Vorlesungen an der Universität, das Vergessen.
Es kann auch Einsicht kommen in unsere Schuld,
Angst und Grausamkeit
und Umkehr auf den Weg des Gekreuzigten.

Paul-Gerhard Schoenborn

Es gibt Zeiten, da muß man sich entscheiden

Eine solche Zeit brach für die evangelischen Christen 1933 in Deutschland an, als Adolf Hitler, zusammen mit den konservativen Repräsentanten mächtiger gesellschaftlicher Gruppen, die Macht im Staate übernahm und in der Folge konsequent ausbaute. Die meisten Menschen in Deutschland jubelten dem „Führer" zu. Die Vertreter der Kirchen nahmen an, daß man nun – nach den Jahren der Weimarer Republik mit ihrer konsequenten Trennung von Kirche und Staat – wieder eine christliche, aber auch strenge, autoritäre Obrigkeit habe, und sagten Gott öffentlich Dank dafür. Daß gleichzeitig die Juden, die Kommunisten, die Gewerkschafter brutal terrorisiert wurden, fand man in Ordnung. Das gehörte mit zu der nationalen Revolution, die man bejahte.
Die neue Zeit drang mit ihren Fahnen und Uniformen ungestüm in die Kirchengebäude. Auf manchem Altar stand ein Hitlerbild. Die mächtig aufblühende kirchliche Bewegung der „Deutschen Christen" (= DC) versuchte, die evangelische Kirche in jeder Weise mit dem nationalsozialistischen Staat „gleichzuschalten": Die Kirche sollte wie der Staat von oben nach unten im Sinne des Führerprinzips durchorganisiert werden. Ein dem Führer Adolf Hitler treu ergebener Reichsbischof sollte die Kirche leiten. Die Verkündigung sollte alle theologischen Spitzfindigkeiten hintansetzen und dem „deutschen Menschen" den „deutschen Christus" verkündigen. Alles „Jüdische" – das ganze Alte Testament bis auf wenige Texte aus den Psalmen, aber auch manche Kirchenlieder mit hebräischen Worten, etwa „Zion", „Jesse", „Jehova" – sollte aus den Gottesdiensten verschwinden. Parallel zur staatlichen Gesetzgebung („Arierparagraph") sollten alle Nichtarier in der Kirche ihre Ämter verlieren – eine Art Berufsverbot.
Das waren nicht irgendwelche überspitzte theoretische Ideen der DC, die gleichsam die Lobby der Nationalsozialisten in der evangelischen Kirche bildeten. Das war ein praktisches Programm, das mit allen Mitteln durchgesetzt werden sollte. Am 23. 7. 1933 fanden in Deutschland Kirchenwahlen statt, bei denen ca. 70 % der Presbyterplätze von den DC errungen wurden. Und wo man legal nicht weiterkam, da wurden unter dem Bruch geltender Kirchengesetze Synoden und Landeskirchenämter mit Nationalsozialisten besetzt, Pfarrer und Kirchenälteste ihrer Ämter enthoben – es wurden Fakten geschaffen. Nur wenige Gemeinden (so Dahlem in Berlin, Barmen-Gemarke und Unterbarmen im Rheinland) konnten sich dieser nationalprotestanti-

schen wilden Aufgeregtheit widersetzen. Nur wenige Landeskirchen (Bayern, Hannover, Württemberg) behielten ihre vom Reichsbischof unabhängigen alten Bischöfe.
Und es begann innerkirchlicher Widerstand. Man war auf all das in der evangelischen Kirche nicht vorbereitet. Aber nun war eine Zeit gekommen, in der man sich entscheiden mußte, in der man protestieren, opponieren, zum Störfaktor werden mußte – oder in der man Widerstand als gefährliche, rückständige Verblendung ansah: Entweder – oder. Die Wege trennten sich. Es gab Kampf in der Kirche, Kampf um die Kirche, Kirchenkampf.

1. Wer bekennt, der findet seine Brüder

Schon 1933 entstand die „Selbsthilfegruppe“ des Pfarrernotbundes, den Martin Niemöller und andere Berliner Pfarrer, darunter Kurt Scharf und Dietrich Bonhoeffer, zusammenriefen. Bald gehörten fast 8000 Geistliche dazu, von damals 17000 im ganzen Reich. Sie lehnten die Einführung des Arierparagraphen in der Kirche ab, sie unterstützten ihre in Bedrängnis geratenen Kollegen finanziell durch regelmäßige Einzahlung in einen Fond, und sie verpflichteten sich, ihren kirchlichen Dienst ausschließlich an der ganzen Heiligen Schrift auszurichten. In den Gebieten, wo die DC zwar Kirchenleitungen und Gemeindeverwaltungen erobert hatten, die Gemeinden aber nicht damit einverstanden waren, entstanden „Bekennende Gemeinden“, fanden „Gemeindetage unter dem Wort“ statt, traten ab Januar 1934 „Bekenntnissynoden“ zusammen. Diese ganze Bewegung der innerkirchlichen Opposition erhielt den Namen „Bekennende Kirche“.
Um der herrschenden Kirchenpartei, der DC, sowohl ihre Rechtsbrüche als auch ihre vom christlichen Glauben abweichenden Irrlehren vorzuhalten, ja, um die evangelische Kirche in Deutschland zu retten, wurden im Mai und Oktober 1934 die ersten beiden deutschen Bekenntnissynoden einberufen: nach Barmen (29. – 31. 5. 1934) und nach Dahlem (19. – 20. 10. 1934). In Barmen wurde die Theologische Erklärung verabschiedet, die so etwas wie das geltende Bekenntnis im Kirchenkampf wurde. Sie rief die DC zur Ordnung. An ihr schieden sich die Geister. Wer mit Barmen I Jesus Christus als das „eine Wort Gottes“ bekannte, der mußte sich der religiösen Beweihräucherung der „nationalen Revolution“ und der Messianisierung Adolf Hitlers widersetzen. Wer mit Barmen II Jesus Christus nicht nur Zuspruch der Vergebung aller seiner Sünden, sondern auch Gottes kräftigen Anspruch auf sein ganzes Leben sein ließ, der hatte in Jesus Christus seinen „Führer“ und war mit einem kräftigen Schutz gegen totalitäre Ansprüche und gegen den NS-Staat versehen. Wer mit Barmen V den Staat an der göttlichen Anordnung maß, für Recht und Frieden zu sorgen, für den konnte kein Staat und keine Staatsform mehr eine von Gott eingesetzte Schöpfungsordnung sein, der sich kritisch zu widersetzen Sünde wäre. Das Barmer Bekenntnis – in dem viele

Bemühungen des beginnenden Kirchenkampfes an vielen Orten um die Aktualisierung der reformatorischen Grundanliegen (Christus allein, der Glaube allein, die Heilige Schrift allein!) ihren Höhepunkt erreichten – war ein Befreiungsschlag und schaffte innerkirchlich klare Verhältnisse.
In Dahlem wurde angesichts weiterer schwerer Übergriffe des DC-Kirchenregiments das kirchliche Notrecht ausgerufen: mit eigenen kirchenleitenden, sich von unten nach oben organisierenden Gremien. Gegen das Führerprinzip stellte man Bruderräte auf allen Ebenen. Gerade in den von den DC beherrschten Landeskirchen baute man eine eigene brüderliche Struktur der Bekennenden Kirche (= BK) aus: mit persönlichen Verpflichtungen und eigenen Kollekten, mit kirchlichen Hochschulen und Predigerseminaren, mit eigenen Visitationen und Synoden und einem mehr oder weniger illegalen Schriften- und Informationsdienst.
1934 war der Höhepunkt des Kirchenkampfes. Danach wurde es mühsamer. Die Versuche der DC, die ganze evangelische Kirche in den Gleichschritt mit dem Nationalsozialismus zu bringen, scheiterten. Auch Hitler verlor mehr und mehr sein Interesse an der evangelischen Kirche und verschob schließlich eine „Endlösung“ für renitente Christen auf die Zeit nach dem Endsieg. Aber die Macht in der Kirche hatten und behielten weitgehend dem NS-Staat ergebene Männer. So hatte es die BK mit den vom Staat gestützten Kirchenbehörden schwer. Es wurde an Befriedungen gearbeitet. Es wurden Kompromisse entrüstet verworfen. Die Konfliktfelder wechselten. Die Fronten bröckelten. Es gab Mißtrauen und Einigkeit, festgefügte Blöcke und Einzelkämpfer, Märtyrer und Denunzianten. Eine vielschichtige, nicht einlinig darstellbare Geschichte des Kirchenkampfes nach Barmen und Dahlem zeichnet sich ab. Es fanden noch zwei weitere Reichsbekenntnissynoden (Augsburg 1935 und Oeynhausen 1936) statt, aber dann zersplitterte sich die BK. Dennoch ist zu sagen, daß viele treue Bekenntnisgruppen und -gemeinden, viele unbekannte Männer und Frauen neben den uns bekannten Namen ihren Weg der Christustreue allen Anfeindungen des totalitären Staates und der willfährigen Kirchenbehörden zum Trotz weitergingen. Dabei half ihnen die gemeinsame Lektüre und die Aktualisierung der Heiligen Schrift. Damals entstand der Begriff „Bibelarbeit“. Die schwerste Last trugen die jungen Männer und Frauen, die in die Illegalität gerieten, weil sie sich bei der BK ausbilden und prüfen ließen, was seit 1937 verboten war. Als der Krieg ausbrach, mußten viele der jungen Bekenntnispastoren Soldaten werden; viele von ihnen sind gefallen.

2. Als man die Juden, Kommunisten und Gewerkschafter holte, haben wir geschwiegen (M. Niemöller)

Der Kirchenkampf fand zwar in Deutschland statt, aber nicht in jeder Gemeinde! Weithin hat die deutsche evangelische Christenheit am Kirchenkampf vorbei existiert und sich mehr oder weniger mit dem Dritten Reich arrangiert. Die BK hat auch nicht Hitler Widerstand geleistet, sondern der Kirchenpolitik und den Irrlehren der DC. Nur wenige Menschen innerhalb der BK haben frühzeitig und grundsätzlich erkannt, welcher verbrecherische Unrechtsstaat sich seit 1933 in Deutschland etablierte und wie sich seine Regierung von Jahr zu Jahr mehr als Terrorregime entpuppte. Mehrheitlich hat die BK den NS-Staat anfänglich trotz seiner Kirchenpolitik begrüßt und ihn gewähren lassen. Es ging der BK vor allem um den Erhalt der evangelischen Kirche, nicht um das Geltendmachen von Gottes Gebot unmenschlichen staatlichen Gesetzen gegenüber. Man trat nicht für unveräußerliche, von Gott gegebene Menschenrechte für Christen und Nichtchristen ein, sondern man bejahte den starken Staat, die staatliche Gesetzgebung in einem für uns heute unvorstellbaren Ausmaß. Man tat es auch da, wo man von dem Bekenntnis zur Christusherrschaft über alle Welt her hätte protestieren müssen, z. B. in der Behandlung der Behinderten und Schwergeschädigten, der Angehörigen anderer Völker und Rassen. So hat man den Rassenwahn und die Judenvernichtung, die Kriegstreiberei und die Verherrlichung der Angriffskriege und Eroberungssiege, den völkischen und nationalistischen Fanatismus toleriert, ja, durch Schweigen bejaht. Man verstand sein Bekenntnis und seinen Glauben unpolitisch, auch in der BK. Mit Recht haben nach 1945 gerade Vertreter der BK das Stuttgarter Schuldbekenntnis (1945) und das wesentlich konkretere, schärfere Darmstädter (Buß-)Wort (1947) formuliert, mitgetragen und in der Nachkriegsöffentlichkeit erklärt und verteidigt. Es gab allerdings einige großartige Ausnahmen. Darin hat die BK ihr politisches Wächteramt dem NS-Staat und dem deutschen Volk gegenüber wahrgenommen, wenn auch wegen der mangelnden Veröffentlichungsfreiheit eine Breitenwirkung unmöglich war:

- 1936 Denkschrift der zweiten vorläufigen Kirchenleitung an Hitler (gegen NS-Ideologie, Antisemitismus, Konzentrationslager, rechtliche Unüberprüfbarkeit der Gestapo, Vergöttlichung des Führers); diese Denkschrift war *der* politische Akt der BK.
- 1938 Friedensgebet anläßlich der Tschechenkrise (gegen propagandistisch angeheizte Kriegsstimmung im NS-Staat).
- 1940 Schreiben von Bischof Wurm, der damals der Repräsentant der nicht gleichgeschalteten Kirche war (gegen die Euthanasie, gegen die staatlich betriebene Vernichtung von Behinderten und Geisteskranken).
- 1943 Wort der Preußischen Bekenntnissynode zum 5. Gebot (gegen die Vernichtung sogenannten „lebensunwerten Lebens" und der Juden und Zigeuner).

Und es gab den leidenschaftlichen und leidensbereiten Protest einzelner. Pfarrer Paul Schneider nahm die politische Ausweisung aus seiner Gemeinde nicht an und grüßte auch im KZ Buchenwald nicht die Hakenkreuzfahne. Er wurde 1939 zu Tode gequält. Hermann Stöhr verweigerte den Kriegsdienst, um Deutschland damit zu dienen, und wurde 1940 enthauptet. Pastor Helmut Hesse betete öffentlich für die Juden und starb kurz darauf 1943 im KZ Dachau. Georg Maus sagte im Religionsunterricht: „Das Gebot Jesu ‚Du sollst deine Feinde lieben!‘ gilt auch den Engländern gegenüber." Er starb auf dem KZ-Transport 1945.

Es gab viele einzelne Christen, die unter dem Unrecht litten, das den Juden angetan wurde und ihnen unter großer persönlicher Aufopferung halfen: Heinrich Grüber, Werner Sylten, der 1942 vergast wurde, Katharina Staritz. Schon 1933 hatte Dietrich Bonhoeffer in seinem Vortrag „Die Kirche vor der Judenfrage" gesagt:

- „Die Kirche hat den Staat zu fragen, ob sein Handeln von ihm als legitim staatliches Handeln verantwortet werden könne . . ."
  „Sie wird diese Frage heute in bezug auf die Judenfrage in aller Deutlichkeit stellen müssen . . ."
- „Die Kirche ist den Opfern jeder Gesellschaftsordnung in unbedingter Weise verpflichtet, auch wenn sie nicht der christlichen Gemeinde zugehören . . ."
- „Wenn die Kirche den Staat ein Zuviel oder ein Zuwenig an Ordnung und Recht ausüben sieht, kommt sie in die Lage, ‚nicht nur die Opfer unter dem Rad zu verbinden, sondern dem Rad selbst in die Speichen zu fallen‘." (GS II, S. 48f)

Aber dem verweigerte sich die BK. Das bekannte sie später als ihre große Schuld. Daraus ist in mehrfacher Hinsicht eine theologische Umkehr erfolgt. Christen erkannten: Auch auf ethischem Gebiet kann Irrlehre, Häresie, vorliegen, der gegenüber man durch Protest und bewußtes Handeln seinen Glauben an die Christusherrschaft über alle Welt bekennen muß. Seitdem wissen wir Christen: Wir müssen uns konkret für die Menschen einsetzen, denen man nicht die Menschenrechte gewährt, und wir müssen politische Verhältnisse ändern oder wenigstens anprangern, in denen Menschenrechte bewußt verletzt werden.

Und: Weil wir an dem Holocaust mitschuldig geworden sind, müssen wir in großer Demut ein neues Verhältnis zum Volk Gottes Israel zu gewinnen versuchen, auch wenn wir dabei die Fundamente unserer Theologie in Frage stellen müssen. Deswegen hat sich im Rahmen des Deutschen Evangelischen Kirchentags vor über 20 Jahren die Arbeitsgemeinschaft „Christen und Juden" gebildet, ist die „Aktion Sühnezeichen" nach Israel gegangen, haben sich in vielen Städten jüdisch-christliche Arbeitsgemeinschaften gebildet und hat schließlich eine große evangelische Landeskirche, die Rheinische, 1980 in einem Synodalbeschluß öffentlich Buße getan für die Versündigung der Kirche an den Juden.

Judaskuß ▷

Die BK hat sich im Dritten Reich selbst als unpolitisch verstanden. Sie wollte keine politische Widerstandsbewegung sein. Aber sie hatte – wider Willen – einen politischen Stellenwert. Sie wurde von den Organen des Staates als gefährlicher Sand im Getriebe beobachtet und verfolgt.
Objektiv betrachtet leistete sie:

- *innerkirchlichen Widerstand* (gegen die Gleichschaltung der evangelischen Kirche mit dem NS-Staat, gegen die Indienstnahme der Kirche durch den Staat),
- *weltanschaulichen Widerstand* (gegen die Irrlehren der DC, gegen das Neuheidentum der „Gottgläubigen" und „Deutschgläubigen", das vom Staat offiziell gefördert wurde, gegen den biologistischen NS-Rassismus),
- *politischen Widerstand* (im Unterlaufen staatlicher Anordnungen, im Beharren auf eigenen Entfaltungsmöglichkeiten der Kirche, in der seelsorgerlichen Beratung des bürgerlichen Widerstandes, der im Attentat auf Hitler am 20. 7. 1944 seinen Ausdruck fand).

Nicht umsonst stellte 1941 Martin Bormann, Leiter der Parteikanzlei der NSDAP, fest: „Christlicher Glaube und nationalsozialistische Weltanschauung sind unvereinbar." Nicht ohne Grund wollte Adolf Hitler nach dem „Endsieg" mit den Kirchen kurzen Prozeß machen.

3. Vergessen hat noch immer zur Sklaverei geführt, Sich-Erinnern zur Erlösung und Befreiung

Dennoch überstand die BK die Jahre des Nationalsozialismus wie durch ein Wunder. Wohl gab es im deutschen Volk Versuche zur Selbstreinigung und Selbstbefreiung von der NS-Herrschaft: die Widerstandsgruppen der Kommunisten und Sozialdemokraten, die Männer des Kreisauer Kreises und die Jugendlichen der „Edelweißpiraten", der Protest der „Weißen Rose" an der Münchener Universität und die Verschwörer des 20. Juli 1944. Aber all das war erfolglos. Vom NS-Regime wurden die Deutschen durch die Alliierten befreit. Weder die BK noch antifaschistische Gruppierungen haben das NS-Regime besiegt, sondern Amerikaner, Engländer, Russen.
Ob nach 1945 die Verblendung, ja die Schuld des deutschen Volkes richtig aufgedeckt, anerkannt, verarbeitet wurde, auch in der Kirche, auch mit dem Stuttgarter Schuldbekenntnis und dem Darmstädter (Buß-)Wort, ist mehr als fraglich. Aber es gibt Menschen, die versucht haben, das stellvertretend für ihr Volk und ihre Kirche zu tun. Ich denke dabei etwa an Gustav Heinemann, Martin Niemöller, Kurt Scharf. – Aber es gibt oder gab auch in unserer Umgebung weniger prominente Frauen und Männer, die das versucht haben: Schuld zu übernehmen, Buße zu tun, einen neuen Anfang zu machen, Zeichen zu setzen. Bei diesen Christen wurde und wird das Erbe der BK weitergegeben.

Was fangen wir, mehr als 50 Jahre nach der Machtübernahme Hitlers, mehr als 40 Jahre nach der Zerschlagung Hitler-Deutschlands, nach dem „Zusammenbruch“, mit diesem Abschnitt der Geschichte an? Es ist unsere Geschichte. Sie bestimmt uns, auch wenn wir sie nicht verursacht, verschuldet haben. Es ist die Geschichte, die zu uns, zu unserem Volk und zu unserer Kirche gehört – und übrigens manchen „kirchlichen Konflikt“ in unserer Gesellschaft verständlich macht:
„Wir haben als Kirche ein Wächteramt und nehmen deswegen zu brisanten, unser Volk bewegenden politischen Dingen Stellung!“ sagen die einen und veranstalten „politische Nachtgebete“ gegen die Stationierung von Raketen in der Bundesrepublik, zum Unfall des Kernkraftwerks Tschernobyl und dessen Folgen, zu Menschenrechtsverletzungen in Mittelamerika. „Politik hat in der Kirche nichts verloren!“ sagen die andern und bestehen darauf, nur das Evangelium als Wort des Trostes zu hören. Welche von diesen beiden Gruppen hat die Lektion „Kirche im Dritten Reich“ gelernt? Wer darf sich in diesem modernen Konflikt mit Recht auf die BK und ihren Kirchenkampf berufen?
Oder nehmen wir das aktuelle Problem „Trauung in Uniform“: „Das hatten wir schon einmal, nämlich 1933, daß Uniformierte mit ihren Hoheitsabzeichen in die Kirche strömten, den Dienst der Kirche begehrten, aber gleichzeitig die Kirche sich gefügig machen wollten. Da machen wir nicht mit. Wer von der Kirche einen Dienst begehrt, soll als Mensch kommen, wie jeder andere auch. Staatsanwalt, Bäcker oder Schornsteinfeger kommen ja auch nicht in ihrer Dienstkleidung.“ So argumentieren die Gegner einer Trauung in Uniform. „Die Kirche ist jedem Menschen, auch dem Bürger in Uniform, die Verkündung des Evangeliums schuldig und darf nicht aus irgendwelchen, wahrscheinlich politisch-pazifistischen Motiven eine Bevölkerungsgruppe diskriminieren. Und im übrigen geht es der Kirche, wie uns allen, nur so gut, weil die Bundeswehr unseren Frieden und unsere Freiheit garantiert!“ sagen die Befürworter, die eine Parallelisierung der Jahre von 1933 ff und heute scharf ablehnen. Wer hat hier recht? Wie soll man hier entscheiden?
Oder nehmen wir die Unterstützung von Befreiungsbewegungen in der Dritten Welt durch die Kirche. „Wir müssen den Kampf der Schwarzen in Südafrika gegen das rassistische Apartheidssystem unterstützen, denn wir wissen aus unserer Geschichte in Deutschland von der Sünde und den ungeheuren Verbrechen des Rassismus!“ – „Wir müssen den Kampf der Christen in den Basisgemeinden Mittelamerikas um mehr Menschenrechte sympathisch begleiten.“ So sagen die einen. Die anderen aber halten das für eine dem Christen nicht erlaubte Parteinahme in Auseinandersetzungen, bei denen Gewalt angewandt wird. Auf Bonhoeffer, der sich am Attentat gegen den Diktator Adolf Hitler beteiligt hat, berufen sich die einen (übrigens auch

die Christen in den Befreiungsbewegungen der Dritten Welt!). – Bonhoeffer sei ein unübertragbarer Einzelfall gewesen, behaupten die anderen.
Hier wäre noch viel zu diskutieren. Mir ist wichtig, auf jeden Fall die damaligen Grundentscheidungen auch heute festzuhalten:

- Wer Jesus Christus als Herrn der Gemeinde vertraut, kann keinem politischen Führer und keinem staatlichen Anspruch unbedingt folgen.
- Nachfolge Jesu Christi hat darum auch immer politische Konsequenzen. Die BK entdeckte, wider ihren Willen, wie politisch brisant und kritisch der Glaube an Jesus Christus ist. Wir müssen heute direkt die politische Dimension des Evangeliums reflektieren und bewußt fromm und kritisch-politisch werden, auch wenn das direkt in Auseinandersetzungen führt.
- Die nicht hinterfragte Verbindung von Glauben und Nationalismus, der „Nationalprotestantismus", führt geradewegs zur Ideologisierung und politischen Instrumentalisierung des Glaubens und ist keine Möglichkeit mehr für uns.
- Die Gemeinde, die Bruderschaft der Christen und das gemeinsame Hören und Besprechen des Wortes Gottes geben Rückhalt und Kraft. Die BK war keine Pastoren-, sondern eine Gemeindebewegung!
- Die Einsicht, weit hinter dem zurückgeblieben zu sein, was die Christusnachfolge erfordert, hat schon in den letzten Kriegsjahren und dann nach 1945 zu Eingeständnissen der Schuld geführt. Auch das gilt festgehalten zu werden als vorbildliche, verantwortliche Entscheidung, die uns auf die Wege unserer Nachfolge, auf unsere Verantwortung und auf unsere Möglichkeiten, schuldig zu werden, verweist.

Denn: Wer nicht bereit ist, aus den Fehlern der Geschichte, und besonders seiner Geschichte, zu lernen, muß sie meistens als Strafe wiederholen!

Leseratschläge:

Röhm / Thierfelder: Kirche zwischen Kreuz und Hakenkreuz, Calwer Verlag, Stuttgart, 1981.

Van Norden / Schoenborn / Wittmütz: Wir verwerfen die falsche Lehre, Jugenddienst-Verlag, Wuppertal, 1984.

Werner Rügemer

Ich glaube, daß wir mit Jesus stärker sind

„Gott gibt's nicht, und Beten ist Quatsch, und die Omi kapiert das nie!" So brach es aus meinem jüngsten Sohn Philipp heraus, als wir vor einigen Wochen bequem auf dem Bett lagen und im Fernsehen den „Heiligen Vater", Karel Woytila, in einem südamerikanischen Land vor Hunderttausenden eine Messe zelebrieren sahen.
Philipp ist nun gut sechs Jahre alt und wird im Herbst zur Schule kommen; darauf freut er sich seit langem. Er ist ein wissensbegieriger Mensch, der alles, was ihm begegnet, erklärt haben will. Ich weiß gar nicht, woher er diese immer wiederkehrenden Ausbrüche gegen den „lieben Gott" und das Beten hat, wahrscheinlich aus den Erfahrungen der Kindertagesstätte, die er seit vier Jahren besucht; den für ihn greifbarsten Hinweis auf Gott und Beten bekam er sicher von Omi, die er in der Nachbarschaft öfter besucht.
Von seinen Eltern jedenfalls hat er so massive Widerstände gegen Gottesglauben und Religion nicht übernehmen können, auch die Erziehung in der Tagesstätte zielt eigentlich nicht darauf ab. Ich versuche bei solchen Gelegenheiten, Philipp zu erklären, daß keineswegs die Menschen, die wir im Fernsehen dem Papst zuwinken sehen, „doof" sind, wie Philipp zunächst immer vermutet. Ich versuche ihm zu erklären: Die sind nicht doof, sondern die Indios suchen Hilfe in ihrem schweren Leben als Bergbauern und Arbeiter in Südamerika. Sie suchen Hilfe und Brot und Gerechtigkeit und Frieden. Sie suchen Hilfe gegen Großgrundbesitzer, US-amerikanische Firmen und Soldaten der eigenen Regierung. Und der Papst und das, was er sagt oder für sie verkörpert, ist das Sinnbild der Hoffnung darauf, daß es diese andere, bessere Möglichkeit gibt. Philipp denkt dann darüber nach, zweifelt eher und kommt immer wieder auf den gleichen Punkt zurück: „Gott gibt's nicht, und Beten ist Quatsch!" Das sind eigenartig vertauschte Rollen. Bei mir selber war es ganz anders. Darüber muß ich aus vielen Gründen, auch wegen Philipp, in den letzten Jahren oft nachdenken.
Im Jahre 1968, auf dem Höhepunkt der „Studentenrevolte", hielt ich mich als Student in Westberlin auf, wo eine Art Mittelpunkt dieser Revolte war. Ich sympathisierte mit vielen Zielen dieser Bewegung, die gegen den mörderischen Bomben- und Giftkrieg der amerikanischen Truppen in Vietnam protestierte und demokratische, modernere und interessantere Themen in den Universitätsbetrieb bringen wollte; während meines Studiums hatte ich

mich ja oft genug über langweilige Vorlesungen und Übungen geärgert. Mit Freunden und Bekannten organisierten wir nun eigene Kurse über politische Ökonomie, Sexualität, Ausbeutung der „Dritten Welt" usw. Eines Tages ging ich zur entsprechenden staatlichen Behörde und erklärte, daß ich aus der Kirche austreten wolle; nach dem in solchen Fällen vorgesehenen Gespräch mit einem Pfarrer war ich bei meiner Meinung geblieben. Ich bekam die amtliche Bescheinigung meines Kirchenaustritts. Meinen Eltern schrieb ich auf einer Postkarte ins entfernte Süddeutschland (ich erinnere mich noch ziemlich gut): „Mir gefällt es gut in Berlin hier, und übrigens bin ich heute aus der Kirche ausgetreten . . ."

Meine Eltern waren empört, wollten lange nicht mehr mit mir reden, drohten mir mit Enterbung. Mit meinen Eltern war für mich auch das Christentum am engsten verbunden gewesen. Darüber hatten wir harte, jahrelange Auseinandersetzungen gehabt, verdeckte und offene, und eigentlich dauern sie immer noch an, auch wenn unser Umgang nicht mehr die Härten der frühen Jahre hat.

Meine Eltern kommen beide aus „einfachen Verhältnissen". Meine Mutter war die Tochter eines Lokomotivführers, dessen Familie aus dem Bayrischen Wald in die Provinzhauptstadt Regensburg gezogen war. Mein Vater war das jüngste Kind einer vielköpfigen Bauernfamilie aus dem Unterfränkischen und hatte studieren dürfen, hatte freilich ursprünglich – so war die Tradition – Pfarrer werden sollen; das wollte er aber nicht, und er wurde Volksschullehrer. Nach seiner Soldatenzeit im zweiten Weltkrieg bekam er eine Dorfschullehrerstelle in der Rhön. Wir wohnten im Lehrerhaus, direkt neben der Dorfkirche und gegenüber dem Pfarrhaus. Der Kirchturm mit den Taubennestern, der Platz zwischen Kirche, Lehrer- und Pfarrhaus, der große duftige Friedhof hinter der Kirche, die Obstgärten drumherum: das machte einen großen Teil des unvergeßlichen Lebensraumes meiner Kindheit aus.

Mit den Nazis hatte man in diesem Milieu eher sympathisiert, in den verschiedensten Formen – so weiß ich es heute, damals wurde darüber nicht klar gesprochen. Widerstand hatte es nicht gegeben, auch wenn die eine oder andere Erscheinung irgendwie unangenehm oder übertrieben erschienen war, wie es hieß. Kirche und Religion waren das, worauf man sich nach dem Krieg sozusagen geeinigt hatte: „Wir sind Christen", war der Leitsatz.

Es waren vor allem die Äußerlichkeiten, an denen ich über die Jahre hinweg immer mehr Anstoß nahm: am Sonntag zweimal in die Kirche gehn, vormittags zum Hochamt, nachmittags zur Andacht, in der aber die erwachsenen Männer fehlen durften, während die Alten, Frauen und wir Kinder vollzählig anwesend sein mußten. Nach der Andacht ging's dann zum Sonntagsspaziergang, wo die Kleidung und die Frisur und das Benehmen stimmen mußten und dieselben Leute artig zu grüßen waren, die man am Vormittag nach dem Hochamt draußen auf dem Kirchplatz auch schon artig nach der Begrüßung durch die Eltern gegrüßt hatte. Bei der Ersten Heiligen Kommunion war die Frage, ob der Bleyle-Strickanzug eine kurze oder eine lange Hose haben sollte (meine Eltern entschieden dann für kurz, auch weil das billiger war, und das hieß dann: lange schwarze Strümpfe dazu, und dafür schämte ich mich tagelang), für mich viel wichtiger als die Fragen, die wir aus dem Katechismus auswendig lernten (und die ich im Unterschied zu den langen schwarzen Strümpfen alle längst vergessen habe). Bei der Feier zu Hause war der Pfarrer als Gast da, und die Verwandten wurden danach beurteilt, wie wertvoll ihre Geschenke waren. Mein Taufpate, Onkel Albert, Molkereidirektor in der bayrischen Provinz und ehemaliger Naziaktivist (auch das erfuhr ich erst viel später), hatte den Vogel abgeschossen, er hatte mir eine vergoldete Uhr geschenkt, die erste Uhr meines Lebens. Zum Festessen gab es Karpfen, und das war mir zuviel: Ich übergab mich mitten auf den Tisch der steif-feierlichen Kommunionsgesellschaft.

Bald wollte ich nicht mehr die sonntäglichen Messen besuchen und an den Sonntagsspaziergängen teilnehmen; mit allerlei Tricks versuchte ich es, auch allmählich mit der Begründung mangelnder Überzeugung. Ich war dann froh, als ich wegen einer Krankheit (die sicher etwas mit dieser schwer erträglichen Situation zu tun hatte) mit 14 Jahren endlich von zu Hause fortkam, zunächst in ein Internat und dann zum Studium. So ist dann praktisch über zwei Jahrzehnte lang Glaube, Kirche und Christentum für mich scheinbar kein Problem mehr gewesen; ich kümmerte mich einfach nicht mehr darum, und das war mir eine Erleichterung.

Es fing in einer ganz anderen Ecke wieder an. Seit meinem Abschied von Eltern, Kirche und alledem habe ich mich allmählich politisch engagiert, wurde Pädagoge, Wissenschaftler, Philosoph, Journalist.

Seit einigen Jahren beschäftigt mich – wie viele andere Menschen auch – mehr als vorher die Frage, wie wir den Frieden erhalten, die Erde retten und selber ein sinnvolles Leben führen können. Dazu fuhr ich auch verschiedentlich in die Vereinigten Staaten von Amerika, um mir anzusehen, wie dort die Freiheit aussieht, für die wir hier in Westeuropa notfalls sterben sollen.

Ich habe mich dabei auch einige Zeit in „Silicon Valley" aufgehalten. Das ist eine Wirtschaftsregion südlich von San Francisco in Kalifornien. Dort wurden bis vor kurzem die meisten Chips und Computer und Raketen gebaut, die Region wurde als Paradies der „neuen Technologien" gepriesen. Westeuropäische Regierungen und Bürgermeister wollten das nachmachen, weil sie glaubten und glauben, es würde viele neue und viel schönere Arbeitsplätze schaffen. Bei meinem Aufenthalt konnte ich hinter die Kulissen sehen: unterbezahlte ausländische Frauen als einfache Arbeitskräfte, vergiftetes Grundwasser, das Militär als wichtigster Auftraggeber. Gewerkschaften gibt es fast gar nicht, Bürgerinitiativen wehren sich seit einigen Jahren gegen die schlimmsten Auswüchse.

Ich lernte einige wenige mutige Menschen kennen, die öffentlich wagten, die Wahrheit zu sagen und sich dafür einzusetzen, daß die neuen Technologien unter menschenwürdigen Bedingungen hergestellt und für menschliche Zwekke verwendet werden.
Eine der eindrucksvollsten Persönlichkeiten unter diesen Mutigen war der Ingenieur Robert Aldridge. Bob ist überzeugter Christ. Er hatte 15 Jahre lang als Raketenkonstrukteur bei der Firma Lockheed gearbeitet. Lockheed ist mit 23 000 Beschäftigten das größte Unternehmen in „Silicon Valley". Dort werden Interkontinentalraketen, Jagdflugzeuge, militärische Ortungs- und Kommunikationsanlagen hergestellt. Lockheed ist eines der größten Rüstungsunternehmen in den USA.
Bob war ein erfolgreicher Ingenieur, bekam immer wieder neue Aufträge, verdiente gut. In den 60er Jahren arbeitete er im Entwicklungsteam für die Unterseeboot-Rakete Poseidon. Für sie entwickelte er die Mehrfachsprengköpfe. Jede Poseidon konnte 14 Wasserstoffbomben tragen, die einzeln lenkbar waren und jeweils die doppelte Zerstörungskraft der Hiroshimabombe hatten. Ein Viertel der Bevölkerung der Sowjetunion hätte man mit dem Poseidon-System auf einen Schlag vernichten können, hatte es damals von seiten der Regierung geheißen.
Doch Anfang der 70er Jahre kamen in Bob Zweifel auf. Seine Konstruktionsgruppe erhielt den Auftrag, einen Mehrfachsprengkopf mit hoher Manövrierfähigkeit beim Endanflug an das Ziel zu entwerfen; der Kopf sollte in mehrfacher Ausführung auf der neuen Unterseeboot-Rakete Trident angebracht werden. In diesen Jahren wurden zwischen den USA und der Sowjetunion die SALT-Verhandlungen über die Begrenzung der strategischen Waffen geführt. Bob konnte als qualifizierter Techniker schnell erkennen: Diese Waffe hat nur Sinn, wenn die Amerikaner den erfolgreichen *Erstangriff* gegen die Sowjets möglich machen wollen. Bob konnte die Mitarbeit an einer solchen Waffe nicht mehr mit seinem Gewissen vereinbaren. Er wollte bei Lockheed ausscheiden. Aber das war nicht leicht. Wer in den USA so lange in einer Rüstungsfirma gearbeitet hat und aus solchen Gründen ausscheidet, kommt als Ingenieur nirgendwo mehr unter. Die Rüstungsfirmen zahlen gut, Lockheed hatte ausgezeichnete Sozialleistungen (eine Seltenheit in den USA), das alles würde wegfallen.
Bob ist mit Janet verheiratet. Sie haben acht Kinder, die meisten von ihnen sind schon erwachsen. Die Familie aber hält immer noch fest zusammen, sie sind Mitglied in der christlichen Laienorganisation „Christian Family Movement – Christliche Familienbewegung".
Im Kreis der Familie diskutierten sie damals monatelang die Gewissenszweifel des Vaters und Ehemanns. Zusammen überlegten sie die möglichen Konsequenzen seines Ausscheidens bei Lockheed. Bei meinem Aufenthalt in ihrem Bungalow in Santa Clara konnte ich beobachten, wie liebevoll und aufmerk-

sam die Kinder und Eltern meist miteinander umgingen. Diese gegenseitige Verantwortlichkeit leiteten sie aus ihrer christlichen Überzeugung ab, und ich habe sonst noch kaum im Alltag Christen erlebt, die mich menschlich so angesprochen haben. Von diesen Fähigkeiten, dachte ich, könnte ich gut etwas brauchen – wie sicher auch die meisten Menschen in Ländern wie den USA und der Bundesrepublik Deutschland.

Im Familienrat beschlossen sie dann, daß Janet als Sozialarbeiterin in einer Schule anfangen und damit ein kleines, aber doch regelmäßiges Gehalt verdienen sollte. Als das alles klappte, kündigte Bob bei Lockheed.

Seitdem ist er unermüdlich dabei, über die gefährliche Aufrüstung aufzuklären, die er als Techniker von innen her genau kennengelernt hatte. Er schreibt Bücher und Artikel, macht mit in Friedensinitiativen, verteilt manchmal vor den Toren von Lockheed Flugblätter. Er ist, wie er sagt, überrascht über die Toleranz, die ihm von den meisten seiner Kollegen und Nachbarn entgegengebracht wird.

Mit Bob bin ich seitdem in Verbindung, er ist mir wichtig geworden. Und über den langen Umweg nach Santa Clara in Kalifornien hat sich für mich auch hier in der Bundesrepublik der Blick für Menschen wie ihn geschärft; von ihnen gibt es mehr, als ich bisher gesehen hatte. Ich ahne heute: Die Krise des Römischen Imperiums und die Kämpfe der Sklaven der unterjochten Völker wie der Juden damals vor 2000 Jahren gegen die römischen Besatzer haben eine neue, bessere, menschlichere Epoche eröffnet, deren Möglichkeiten bis heute noch nicht erfüllt sind – Jesus und seinesgleichen haben an diesen Kämpfen teilgenommen.

Ich bedauere heute, daß ich meinen Eltern damals meinen Kirchenaustritt so kurz angebunden und schroff mitgeteilt hatte; ich glaube, daß ich sie nach den Verletzungen, die ich erfahren habe, auch verletzen wollte. Dadurch ist viel zwischen uns abgebrochen, auch wenn ich Jahre später angefangen habe, meinen Weg geduldiger zu erklären.

Ich hoffe vor allem, daß wir durch unser Arbeiten und Kämpfen den Frieden erhalten, und daß zum Beispiel ich mit meinem Sohn Philipp jene Diskussion, die auf dem Bett vor dem Fernseher begonnen hat, noch lange führen kann – ebenso die Diskussion mit jenen, für die mein Blick nun klarer ist als früher. Wir haben noch vieles gemeinsam zu tun. Unsere unermeßliche Zukunft hängt davon ab, wie wir unsere Kräfte vereinigen können gegen die Mächte der Vernichtung, die heute so stark erscheinen. Ich glaube, daß wir stärker sind als zu Jesu Zeiten – auch dank ihm und seinesgleichen.

Kapitel V

„Seht den Menschen!“ oder: Für wen haltet Ihr mich?

Wolfgang Klein

„Singt den Menschen in seinem Schmerz“ – oder: Der weite Weg der Wahrheit

Um ehrlich zu sein: dieses Thema hat Ausmaße und Aspekte, vor denen ich mich auch und gerade als Theologe fürchte. Jeder von uns hat sein eigenes Bild von Jesus, und ich frage mich, wie weit all diese Jesusbilder der biblischen Überlieferung von dem Mann aus Nazareth entsprechen; ich frage mich, ob wir uns mit unseren Vorstellungen von Jesus überhaupt auf seine Person einlassen wollen. Der Schriftsteller Arno Schmidt jedenfalls scheint keine Angst vor ketzerischen Aussagen zu haben, wenn er über Jesus schreibt:

> „Die Persönlichkeit des Mannes, nach dem sich immerhin 30 Prozent der Menschheit nennen, genügt mir nicht! – Was würden wir heute sagen, wenn ein junger Mann aus irgendeinem unbedeutenden Zwergstaat käme; . . . keiner der großen Kultursprachen mächtig; völlig unbekannt mit dem, was in Jahrtausenden Wissenschaft, Kunst, Technik, auch frühere Religionen, geleistet haben – und ein solcher stellte sich vor uns hin mit den dicken Worten: *Ich* bin der Weg; *und* die Wahrheit; *und* das Leben!
> Wir müßten's uns . . . erst noch mühsam aus dem barbarischen Dialekt übersetzen lassen – würden wir nicht halb belustigt, halb verständnislos ihm raten: ‚Junger Mann: Lebe erst einmal und lerne: und komme dann in 30 Jahren wieder!‘“

Fazit – „Atheist? : Allerdings!“ So kennzeichnet Schmidt selbst seine Position schon im Titel seiner Ausführungen. Das ist ehrlich, wenn es auch glaubende Menschen verletzen mag; aber ich frage mich, warum es so viele Christen in meiner Umgebung *nicht* berührt oder gar kränkt, wenn die hochaktuellen Worte Jesu wie trockene Brötchen auf dem Tisch des Herrn serviert werden, der provozierende Jesus „sonntag“-täglich in belanglosen, weil unverbindlichen Predigten verharmlost und der politische Jesus allzuoft privatisiert wird. Die Wiederkehr des Nazareners ist in unserer Zeit offensichtlich dennoch nicht aufzuhalten, und Arno Schmidt würde staunen, wenn er sähe, daß heute nicht Prometheus oder Faust, nicht Sokrates oder Hamlet, nicht Marx oder Nietzsche die Bezugsgestalt unserer kulturellen Szene sind, sondern Jesus die Figur im Mittelpunkt der zeitgenössischen deutschen Literatur darstellt, allerdings nicht der „Sonntagsjesus“, nicht der dogmatische „Wahre Gott und

Wahre Mensch", sondern mehr der von „unten", der mir persönlich von jeher sympathischere, weil nähere, verständlichere, liebenswertere; es ist allerdings auch der für uns Wohlstandschristen unbequemere, der bei Matthäus 25 fragt: „Habt ihr mich nicht hungrig, durstig, fremd, nackt, krank, verzweifelt, in meiner Ohnmacht ausgebeutet, in meinem Kampf für Wahrheit und Befreiung im Gefängnis gesehen?"

Da halten ihn manche lieber für tot, diesen gescheiterten Träumer und Idealisten. Und wenn jede Art von gelebtem Christentum darin besteht, in Jesus den Maßstab und das Bild des eigentlichen Menschen, des Menschen, wie er nach Gottes Willen sein soll, zu erkennen und sein eigenes Menschsein nach seinem Bilde zu gestalten, so mag es sicher manchem modernen Menschen wie Arno Schmidt befremdend und unsinnig vorkommen, ausgerechnet in diesem „ungebildeten" jüdischen Wanderlehrer das Ebenbild Gottes zu entdecken.

Da helfen allerdings im Atomzeitalter auch keine „Wiederbelebungsversuche" Jesu mehr, wie sie so viele Schriftsteller mit der erzählerischen Fiktion versucht haben, „damals" in Galiläa oder Jerusalem dabeigewesen zu sein, oder indem sie fragen, was Jesus „heute" wohl tun würde: ob er es mit Gandhi und Martin Luther King oder doch lieber mit Che Guevara und Karl Marx halten würde, mit den Atheisten oder den Frommen. Das sind müßige Spekulationen, die nur ablenken von der eigenen Verantwortlichkeit, denn nach einem bekannten Wort hat Jesus keine anderen Hände, Füße, Augen und Ohren – als *unsere*!

Wichtiger ist daher für mich selbst und für die Autoren vieler Texte in diesem Kapitel die Suche nach dem „anderen", dem authentischen Jesus. Es ist eine Spurensuche dessen, der bedingungslos einer von uns war – nämlich ein Mensch, nicht erkannt und doch erwartet. „Bist Du, der da kommen soll, oder sollen wir auf einen anderen warten?" fragten selbst Johannes der Täufer und seine Jünger! Ausgestoßen und doch ersehnt, ist er ein Mensch, der eine geheimnisvolle Kraft und eine faszinierende Wahrheit ausstrahlt – für die, die an ihn glauben. Und das versteht sich keineswegs von selber, denn auch für jene war und ist er seit jeher ein „Stein des Anstoßes"! Im übrigen glaube ich, daß wir alle erst einmal über diesen Stein stolpern, bzw. uns an ihm verletzen müssen, um zu erfahren, was er in all seiner Härte auf unserem Lebensweg bedeutet.

Ernst Alts „Schmerzkönig" aus dem Fenster der Pfarrkirche St. Ludwig zu Saarlouis war für mich zunächst auch so ein Jesus-Bild, über das ich stolperte, weil ich dachte: Das ist ein weiteres Mal das gängige Klischee des „Kirchenjesus", wie wir alle ihn so gut zu kennen glauben. Das Christusbild der bürgerlichen Religion mit all seinen Insignien (Zeichen), die so dazugehören: der „holde Knabe mit lockigem Haar" in der Krippe, der sentimentale Schmerzensmann mit Dornenkrone am Kreuz. Und selbst vor dem Kreuz hört der Mißbrauch nicht auf: Kreuze sind wieder in Mode. Ob auf zarten

Mädchenbusen oder auf lederbekleideter Männerbrust – man trägt wieder Kreuz! Warum auch nicht? Ist seine wahre Bedeutung in der Kirche selbst doch längst dadurch entschärft worden, daß es zu einem idyllischen Symbol geworden ist, zur Zierde von Altären, Bildern, Kirchtürmen und Grabsteinen.

Und dann habe ich noch einmal auf das Bild geschaut und plötzlich entdeckt: Da ist ja gar kein Kreuz! Dieser leidende, gefangene Mensch, mit schmerzvollem Gesicht die Folter duldend, trägt zwar die von Land zu Land, von Epoche zu Epoche nur wenig veränderten Spottzeichen der Dornenkrone, des Essigschwammes, der vom Stich in die Seite bluttriefenden Lanze, des purpurnen Gewandes, alles ist da auf diesem Bild, nichts fehlt – außer dem *Kreuz*!

Statt dessen hat er den Galgenstrick um den Hals geknotet, und über dem dornenbekränzten Kopf schwebt die Krone mit dem Davidstern wahrhaftig wie ein „Kronleuchter“, dessen helles Licht sich noch, wenn auch fahl, auf Gesicht und Körper dieses elenden Narren spiegelt. Ernst Alt selbst ist ein wahrhaftiger „Galgenstrick“ – er hat den Gottkönig Christus wieder auf unsere arme Erde heruntergeholt, ihn, der so oft zum überlebensgroßen Götterbild gemacht worden ist, das über der Erde schwebt wie die Jesusstatue über der Bucht von Rio de Janeiro – unerreichbar für unseren mühseligen Alltag in seiner himmlischen Distanz; der so gerne auch zum kosmischen Garanten allzu irdischer Herrschaft gemacht worden ist als der auf einem überirdischen Thronsessel sitzende Gott-König.

Jesus war Jude – Jesus war Mensch. Das ist in einem lange andauernden geschichtlichen Prozeß fast verdrängt oder vergessen worden. Allerdings nur fast. Daß hinter Christus, dem Gott, der Mensch Jesus nicht völlig verschwand, das verdanken wir vornehmlich jenen, gegen die die Kirchenführer aller Zeiten das größte Mißtrauen hegen: den Ketzern, den Künstlern und den Mystikern! Der „Schmerzkönig“ Jesus, in Tirol z. B. bezeichnenderweise „Christus im Elend“ genannt, wurde nie völlig vergessen. Von Anfang an heißt es auch: „Ecce homo!“ – Seht den Menschen in seinem Schmerz! Durch alle Vergoldungen der letzten zwei Jahrtausende hindurch schimmert immer wieder unverfälscht das Bild vom Anfang dieses Menschenlebens – im Stall – und von seinem Ende am Galgen hindurch. Mit einem solchen Jesus zu leben, ist für viele von uns schwer zu ertragen.

Jesus, Judenkönig – selbst der Hinweis auf dem Kreuz, wenn auch ironisch-zynisch gemeint, zeigt schon damals die Verlegenheit, ihn zu erfassen, einordnen zu wollen. Deshalb mußte er ans Kreuz, damit er endlich Ruhe gab. Und das war eine höchst unfeierliche, unromantische, böse Art zu sterben: Da gab es eine römische Besatzungsmacht, eine korrupte Justiz und Herrschaft, eine aufgehetzte Menge, eine fanatisch-blinde Geistlichkeit – und einen einsamen, gottverlassenen Menschen, zur Todesstrafe verurteilt, weil er „Gott gelästert“ habe, zu einer Strafe, die sonst nur politischen Aufrührern und Sklaven, wie vor ihm dem berühmten Spartakus, vorbehalten war.

Die Bibel erzählt uns sehr nüchtern und profan, wie der Lebensweg des Mannes aus Nazareth endet: Zitternd und zagend, betend und zweifelnd, starb er unrühmlich an einem Schandpfahl als Verbrecher. Mit Jesus begruben die Jünger zugleich ihre Erwartungen. Denn in ihm sahen sie ja die Zukunft Israels verkörpert. Für sie war damit die Sache Jesu gestorben, Grund genug, in alle Winde auseinanderzulaufen. Für sie war das Kreuz ein Zeichen grenzenloser Enttäuschung. Das Kreuz war die Endstation aller Hoffnungen. Ja, Jesu Tod war und ist – menschlich gesehen – ein Skandal, und für seine Umwelt war er ein Schock. Da braucht es keine künstlichen Provokationen als Stilmittel, keine literarischen „Verfremdungen". Aber was ist dann mit dem „anderen Jesus", mit dem wir wirklich leben können, weil er bis heute lebendig ist? Nun, es ist eine Binsenweisheit, daß man sich der Wahrheit nicht nähern kann, ohne Irrtümer zu begehen und sie auch eine Zeitlang mitzuschleppen; das werden sogar kirchliche Dogmatiker nicht leugnen können. Wenn wir uns heute ehrlich darum bemühen, den Stuck der Jesusbilder vom Seelenfreund und klugen Sittenlehrer, vom großen Religionsstifter und sanften Kinderfreund wegzuklopfen, dann wird es Zeit, Jesus als eine sehr verbindliche, sehr anspruchsvolle und sehr nahe Gestalt sehen *und* ertragen zu lernen – als Ärgernis für die Rechtgläubigen, als gotteslästerlichen Ketzer. Dabei war dieser Mann alles andere als ein Verbrecher. Er mußte sterben, weil er das *lebte*, wovon er sprach: die glaubwürdige Liebe und Menschenfreundlichkeit, die Nächsten- und Feindesliebe! Er war einfach nicht zu fassen, erregte dadurch Unmut, daß er allen Versuchen der Positionsbestimmung zu entgehen schien, er ließ sich nicht „orten" und einordnen. Selbst am Kreuz ließ er sich bekanntlich nicht endgültig „festnageln". Sein Vater war ein einfacher Mann, trotzdem lehrte er im Tempel, und viele hörten ihm zu. Seine Freunde hatten ebenfalls nicht Theologie studiert, waren durchschnittliche Männer, und dennoch verstieß seine Art, mit Sündern umzugehen, gegen das „gesunde Volksempfinden" – verbot er doch entgegen dem gerechten moralischen Volkszorn, eine auf frischer Tat ertappte Ehebrecherin totzuschlagen. Auf wessen Seite stand er eigentlich? Auf der des Gesetzes doch wohl kaum, und dennoch wollte er es bis auf das letzte Jota erfüllt wissen!
Nein, er war nicht eigentlich originell, dieser Mann, er war kein religiöses Genie aus den Metropolen von Kultur, Kunst, Wissenschaft und Technik wie Athen, Rom und Jerusalem. Er kam aus dem Provinznest Nazareth – daß von da etwas Gutes kommen sollte, hielt man schon damals nicht für möglich. Seine Botschaft, die eher Abwehrgefühle als Bewunderung der rechtschaffenen Bürger hervorrief, haben jüdische Propheten vor ihm und die Apostel nach ihm konsequenter gepredigt. Aber er war offen und spontan und nannte die Dinge beim Namen, und darum konnte er lehren, „wie einer, der Macht hat". Und deshalb immer wieder die bohrenden Fragen: Wer bist Du eigentlich? Der verheißene Messias Israels? Ein Prophet? Mit welcher Vollmacht und in wessen Auftrag handelst Du eigentlich?

Von den vielen Jesus-Bildern ist heute oft genug nur ein Torso geblieben: Jesus – zerteilt, gespalten in Kirchen, Sekten, Jugendreligionen; in Überzeugungen, Meinungen, Programmen; in Parolen, Projekten und Bewegungen, die sich alle auf ihn berufen. Also: *Wer* war er eigentlich wirklich? Gegenfrage Jesu: „Wer sagt denn ihr, daß ich sei? Da antwortete Simon Petrus und sprach: Du bist Christus, des lebendigen Gottes Sohn!" (Matthäus 16, 15 f) Ich fürchte, er ist heute immer noch ein Unbekannter. Die Kirche hat ihn mit Gottheit überkleidet und ent-rückt, die Wissenschaft hat ihn mit Kritik und Zweifeln ent-wirklicht, und die Politik auf dieser Erde hat seine Verkündigung der Gottesherrschaft längst ent-machtet! Das alles macht es uns schwer genug, uns ihm zu nähern. Aber, wer Jesus war, darüber entscheidet *allein* der Glaube und die Liebe zu ihm, nichts sonst: „Wer mich liebt, der wird mein Wort halten; und mein Vater wird ihn lieben . . ." So einfach ist das!

„Was halten Sie . . ." So fragt man heute normalerweise eher nach einem neuen Automodell. Fragt man so nach Jesus, wird eine Antwort erwartet, die einem Bekenntnis nahekommt – dafür oder dagegen! Ich kann und will dieser Urfrage, auf die es ankommt, nicht ausweichen. Die Entscheidung über eine positive oder negative Antwort kann mir auch keine Kirche abnehmen. Bei aller Bemühung um die „Reinheit" der Lehre kann mir die Theologie auch nicht den Hl. Geist, den Geist der Liebe Gottes, vermitteln.

Für *mich* persönlich ist er der „neue Mensch" Gottes. Ich schaue auf den Schmerzensmann, und ich sehe in dem erniedrigten, gekreuzigten Jesus den geschlagenen, geschundenen Menschen. Dieser muß nicht nach irgendeinem ausgeklügelten Plan Gottes leiden, weil dieser Gott nach Blut lechzt wie ein Vampir. Dieser Mensch scheitert an dem Haß, an der Gleichgültigkeit, an dem Egoismus seiner Mitmenschen und der Herrschenden! Diese Anstößigkeit seines Kreuzestodes hat offenbar schon die frühe Christenheit empfunden, die das Ärgernis des Kreuzes dadurch beiseite zu räumen versuchte, daß sie die Hinrichtung als Teil eines göttlichen Planspiels erklärte.

Aber die Wahrheit des Kreuzes Jesu liegt vielmehr darin, daß der Tod dieses Mannes nur im Zusammenhang mit seiner Lebensgeschichte seinen letzten Sinn gewinnt.

Dieser Sinn liegt nicht darin, daß ihm sein Kreuzestod bereits in der Krippe als „Planziel Golgatha" vorgegeben war. Wenn wir den Namen Ghandi hören, stellen wir uns ja auch keinen nackten, rosigen Säugling im Studio des Fotografen vor, sondern sehen einen vom Hungerstreik gezeichneten Friedenskämpfer, der durch die Gefängnisse der englischen Besatzungsmacht geht. Wenn wir Martin Luther King sagen, denken wir nicht an ein süßes, schwarzes Baby, sondern an den gewaltigen Prediger des „I have a dream", an den Ermordeten von Memphis, Tennessee! Dieser Kreuzestod lag in der Konsequenz des Redens und Tuns dessen, der noch im Tode zu Gott als seinem „Vater" beten konnte.

In diesem Gekreuzigten haben in Geschichte und Gegenwart immer wieder Menschen sich selbst erkennen können, die da alle Illusionen über ihr Elend und ihre Verlassenheit, ja auch ihre Gottverlassenheit, aufgaben. „Das Kreuz alleine ist unsere Theologie“, so hat es schon Luther formuliert. Es ist heute auch die einzige Hoffnung der Elenden, der Leidenden, daß Gott selbst bei ihnen ist. Und daß Jesus gerade *sie* selig gesprochen hat, zeigt eindeutig, auf wessen Seite er steht.

Da draußen auf dem Galgenberg ist die religiöse Spielwiese endgültig verlassen, und deshalb ist die Erinnerung an den Gekreuzigten für Kirche und Gesellschaft eine gefährliche, weil von ihr immer wieder ein Bildersturm der Befreiung des Menschen vom schönen goldenen und frommen Schein ausgeht, mit dem wir uns umgeben, mit dem wir uns selbst und andere in unserem Alltag um die Wahrheit unseres Lebens betrügen.

So unterscheidet nur das Kreuz den Glauben von Unglauben, das Christentum vom humanistischen Menschenbild, von Ideologien und anderen Weltreligionen, weil in dieser Kreuzigung auch unsere menschlichen Gottes-Bilder zerbrechen, weil daran alle unsere religiösen Bemühungen zunichte werden. „. . . hilf dir selber, wenn du Gottes Sohn bist, und steig herab vom Kreuz“, riefen sie ihm kopfschüttelnd zu (Matthäus 27, 40). Und warum er es nicht tat, wird im Johannesevangelium in einem anderen Zusammenhang gesehen: Er ist wahnsinnig! So einen Menschen verehrt man nicht, und so einen Gott dichtet man sich nicht zurecht. Für den Glauben aber fallen gerade darum Gotteserkenntnis und Menschenerkenntnis in dem gekreuzigten Schmerzensmann in eins zusammen: Gott ist für uns – die Verlassenen.

Das ist eine große Verheißung für alle Menschen, die am Ende sind und zu scheitern drohen, auch die Chance für alle, die sich für unreligiös halten und große Schwierigkeiten haben zu glauben. Denn man wird nicht Christ, indem man eine lange Liste von Glaubenssätzen herbetet oder ein erhabenes religiöses Gefühl produziert, sondern Christsein kann schon da anfangen, wo ich in Jesu Verlassenheit am Kreuz die Nähe zu meiner eigenen Lebenssituation entdecke! Jesu Wahrheit ist konkret. Aber hat unser gegenwärtiges Christentum einer leidfreien Religion der Reichen, der Weißen, der Industrienationen daran überhaupt noch Anteil, dafür überhaupt noch Verständnis? *Der* „Ketzer“ der Reformation, Thomas Müntzer, hat schon darauf hingewiesen: „Wer den bitteren Christus nicht haben will, wird sich am Honig totfressen“, und: „Wollt ihr nicht um Gottes willen leiden, so müßt ihr des Teufels Märtyrer sein.“ Denn Gott leidet mit, wo Menschen leiden, und deshalb müssen Mensch und Gott von ihrem Schmerz erlöst und befreit werden: „Jeder, der einem andern hilft, ist Gethsemane, jeder, der einen andern tröstet, ist Christi Mund“, heißt es in der russischen Liturgie.

Zu Gott „Vater“ sagen und zu Jesus von Nazareth „Bruder“, wer diese beiden Worte sprechen gelernt hat, der ist Christ – es wird sich zeigen, ob wir es sind, oder ob wir uns nur noch so nennen.

Johannes Bobrowski

Das Wort Mensch

Das Wort Mensch, als Vokabel
eingeordnet, wohin sie gehört,
im Duden:
zwischen Mensa und Menschengedenken.

Die Stadt
alt und neu,
schön belebt, mit Bäumen
auch
und Fahrzeugen, hier

hör ich das Wort, die Vokabel
hör ich hier häufig, ich kann
aufzählen von wem, ich kann
anfangen damit.

Wo Liebe nicht ist,
sprich das Wort nicht aus.

Heinrich Böll

Eine Welt ohne Christus

Unter „Christentum“ habe ich mir nie etwas vorstellen können, wohl unter den einzelnen Kirchen, Sekten, Strömungen innerhalb dessen, das man zu einem Sammelbegriff „Christentum“ zusammenfaßt. Das „Christentum“ reicht von jenem baptistischen Neger, der in einer Wellblechbaracke in Louisiana zum Preise Gottes Spirituals singt, bis zu einem christlich-demokratischen Bundestagsabgeordneten, der vielleicht die Interessen der Eisenindustrie vertritt und dem das Wort Abendland wie Honig von den Lippen fließt, wie dem baptistischen Neger sein Spiritual. Ich frage mich, was der eben getaufte Kongo-Neger mit einer Vokabel wie „Abendland“ anfangen kann, oder wie ein chinesischer Christ über das „christliche Europa“ denken mag, dessen größter Friedhof „Auschwitz“ heißt. Ich frage mich vieles, vor allem das eine: Wie ist es möglich, daß 800 Millionen Christen diese Welt so wenig zu verändern vermögen, eine Welt des Terrors, der Unterdrückung, der Angst. „In der Welt habt ihr Angst“, hat Christus gesagt, „seid getrost, ich habe die Welt überwunden.“ Ich spüre, sehe und höre, merke so wenig davon, daß die Christen die Welt überwunden, von der Angst befreit hätten; von der Angst im Wirtschaftsdschungel, wo die Bestien lauern; von der Angst der Juden, der Angst der Neger, der Angst der Kinder, Kranken. Eine christliche Welt müßte eine Welt ohne Angst sein, und unsere Welt ist nicht christlich, solange die Angst nicht geringer wird, sondern wächst; nicht die Angst vor dem Tode, sondern die Angst vor dem Leben und den Menschen, vor den Mächten und Umständen, Angst vor dem Hunger und der Folter. Angst vor dem Krieg; die Angst der Atheisten vor den Christen, der Christen vor den Gottlosen, eine ganze Litanei der Ängste. Die Christen haben die Welt nicht überwunden, sie lassen sich auf sie ein und werden von ihr überwunden; der Dschungel wächst, und die tröstlichen Stimmen sind so weit entfernt, im Dickicht verloren. Trauer und Sanftmut des Advents sind verlorengegangen, weil den Christen der Besitz ihrer Wahrheit wichtiger geworden ist als die Wahrheit selbst: Man ist nicht Christ, sondern gehört „zum christlichen Lager“, man glaubt nicht an Christus, sondern „macht in Christentum“.

Doch die andere Vorstellung ist weit gespenstischer: wie diese Welt aussähe, hätte sich die nackte Walze einer Geschichte ohne Christus über sie hinweggeschoben; Baal und Mammon, die aztekischen Götter. Ich überlasse es jedem einzelnen, sich den Alptraum einer heidnischen Welt vorzustellen oder eine Welt, in der Gottlosigkeit konsequent praktiziert würde: den Menschen in die Hände des Menschen fallen zu lassen. Nirgendwo im Evangelium finde ich

eine Rechtfertigung für Unterdrückung, Mord, Gewalt; ein Christ, der sich ihrer schuldig macht, ist *schuldig*; wer Baal oder Huitzilopochtli Menschen opferte, erfüllte nur die Riten seiner Religion. Cortez war ein Schurke, Montezuma, der dem Huitzilopochtli opferte, war ein sanfter, gebildeter, offenbar sehr humaner Mensch.
Unter Christen ist Barmherzigkeit wenigstens *möglich*, und hin und wieder gibt es sie: Christen, und wo einer auftritt, gerät die Welt in Erstaunen. 800 Millionen Menschen auf dieser Welt haben die Möglichkeit, die Welt in Erstaunen zu setzen. Vielleicht machen einige von dieser Möglichkeit Gebrauch, einige, die sich aus dem Labyrinth der Taktiken zu befreien vermögen, so, wie es Gläubige anderer Religionen der Gewaltlosigkeit gab und gibt, die sich aus dem Labyrinth der Taktiken befreiten und die Welt in Erstaunen versetzten.
Ich weiß: die Geschichte der Kirchen ist voller Greuel; Mord, Unterdrückung, Terror wurden ausgeübt und vollzogen, aber es gab auch Franziskus, Vincent, Katharina – es würde zu viel Platz erfordern, wollte ich das Register des „Martyrologium Romanum" hier abdrucken lassen. Selbst die allerschlechteste christliche Welt würde ich der besten heidnischen vorziehen, weil es in einer christlichen Welt Raum gibt für die, denen keine heidnische Welt je Raum gab: für Krüppel und Kranke, Alte und Schwache, und mehr noch als Raum gab es für sie: Liebe, für die, die der heidnischen wie der gottlosen Welt nutzlos erschienen und erscheinen. Die Fragen, was denken Sie von Christus? Was denken Sie von den Christen? zu beantworten, würde mir leichter fallen. Ich glaube an Christus, und ich glaube, daß 800 Millionen Christen auf dieser Erde das Antlitz dieser Erde verändern könnten, und ich empfehle es der Nachdenklichkeit und der Vorstellungskraft der Zeitgenossen, sich eine Welt vorzustellen, auf der es Christus nicht gegeben hätte, eine Welt, die der gleichen müßte, wie sie der Quinicey in seinen Opiumträumen sah . . . „Affen, Papageien, Kakadus starrten, fauchten, grinsten und krächzten mich an. Ich flüchtete in eine Pagode und wurde auf ihrer Kuppel oder in geheimen Kammern jahrhundertelang festgehalten. Ich war der Götze und war der Priester, angebetet wurde ich und als Opfer dargebracht. Vor dem Zorne Brahmas floh ich durch alle Wälder Asiens. Wischnu haßte mich, und Schiwa lauerte mir auf. Dann trat ich plötzlich vor Isis und Osiris. Sie klagten mich einer Untat an, die den Ibis und das Krokodil mit Schrecken erfüllt habe. Tausend Jahre lang lag ich bestattet bei Mumie und Sphinx, in enger Grabkammer still im Herzen der ewigen Pyramiden. Ich duldete den giftigen Kuß der Krokodile und lag unter unaussprechlichen schleimigen Massen im schilfigen Urschlamm des Nils."
Was ich vom „Christentum" *halte*? Nichts *halte* ich davon; ich glaube, daß eine Welt ohne Christus selbst die Atheisten zu Adventisten machen würde. Mich haben nie so sehr die Christen überzeugt und getröstet als die anderen,

außerhalb der Kirche Stehenden, die von der christlichen Liturgie angezogen wurden: Atheisten, in deren Gesichtern ich eine adventistische Sehnsucht sah, die mich mehr überzeugten als die oft so schreckliche Überzeugtheit der Christen, die so sicher sind, „ihren Gott zu haben“. Ein Ungläubiger, der „Tauet Himmel den Gerechten . . .“ sang, während die Christen mit routinierter Gleichgültigkeit exakt ihre Liturgie vollzogen, erschien mir wie einer der Weisen aus dem Morgenland, die schließlich als Ungetaufte Christus anbeteten, ungetauft wieder davonzogen.

Martin Ohly

Glaubensbekenntnis

Ich glaube, daß Jesus war, was wir sein sollten: Helfer und Freund aller, die ihn brauchten. Weil er liebte, mußte er leiden. Weil er so weit ging, mußte er sterben. Aber er starb nicht umsonst und unterlag in Wahrheit nicht. Er wird das letzte Wort behalten, und alle, die Toten, die Lebenden und die Kommenden, müssen sich messen lassen an ihm.
Ich glaube, daß mit Jesus ein neuer Geist in die Welt kam, der die verfeindeten Menschen in neuer Weise miteinander sprechen lehrt und sich als Brüder und Schwestern erkennen läßt; der uns ermutigt, den Aufstand der Liebe gegen den Haß fortzusetzen; der unser Urteil schärft, die Verzweiflung überwindet und ein verfehltes Leben lohnend macht.
Ich glaube, daß ich durch Jesus erfahre, was Gott vermag. So wie ich verdanken sich ihm alle Menschen, auch wenn sie es nicht wissen. So wie mir gibt er der ganzen Welt Zukunft und Sinn. Ihm sind wir verantwortlich in allem, was wir tun.

Schmerzkönig ▷

Elisabeth Langgässer

Saisonbeginn

Die Arbeiter kamen mit ihrem Schild und einem hölzernen Pfosten, auf den es genagelt werden sollte, zu dem Eingang der Ortschaft, die hoch in den Bergen an der Paßkehre lag.
Es war ein heißer Spätfrühlingstag, die Schneegrenze hatte sich schon hinauf zu den Gletscherwänden gezogen. Überall standen die Wiesen wieder in Saft und Kraft, die Wucherblume verschwendete sich, der Löwenzahn strotzte und blähte sein Haupt über den milchigen Stengeln; Trollblumen, welche wie eingefettet mit gelber Sahne waren, platzten vor Glück, und in strahlenden Tümpeln kleinblütiger Enziane spiegelte sich ein Himmel von unwahrscheinlichem Blau. Auch die Häuser und Gasthöfe waren wie neu: ihre Fensterläden frisch angestrichen, die Schindeldächer gut ausgebessert, die Scherenzäune ergänzt. Ein Atemzug noch: dann würden die Fremden, die Sommergäste, kommen – die Lehrerinnen, die mutigen Sachsen, die Kinderreichen, die Alpinisten, aber vor allem die Autobesitzer in ihren großen Wagen . . . Röhr und Mercedes, Fiat und Opel, blitzend von Chrom und Glas. Das Geld würde anrollen. Alles war darauf vorbereitet.
Ein Schild kam zum anderen, die Haarnadelkurve zu dem Totenkopf, Kilometerschilder und Schilder für Fußgänger: Zwei Minuten zum Café; Alpenrose. An der Stelle, wo die Männer den Pfosten in die Erde einrammen wollten, stand ein Holzkreuz, über dem Kopf des Christus war auch ein Schild angebracht. Seine Inschrift war bis heute die gleiche, wie sie Pilatus entworfen hatte: J. N. R. J. – die Enttäuschung darüber, daß es im Grunde hätte heißen sollen: er behauptet nur, dieser König zu sein, hatte im Laufe der Jahrhunderte an Heftigkeit eingebüßt.
Die beiden Männer, welche den Pfosten, das Schild und die große Schaufel, um den Pfosten in die Erde zu graben, auf ihren Schultern trugen, setzten alles unter dem Wegkreuz ab; der Dritte stellte den Werkzeugkasten, Hammer, Zange und Nägel daneben, spuckte ermunternd aus.
Nun beratschlagten die drei Männer, an welcher Stelle die Inschrift des Schildes am besten zur Geltung käme; sie sollte für alle, welche das Dorf auf dem breiten Paßweg betraten, besser: befuhren, als Blickfang dienen und nicht zu verfehlen sein.
Man kam also überein, das Schild kurz vor dem Wegkreuz anzubringen, gewissermaßen als Gruß, den die Ortschaft jedem Fremden entgegenschickte. Leider stellte sich aber heraus, daß der Pfosten dann in den Pflasterbelag einer Tankstelle hätte eingesetzt werden müssen – eine Sache, die sich von selbst

verbot, da die Wagen, besonders die größeren, dann am Wenden behindert waren.
Die Männer schleppten also den Pfosten noch ein Stück weiter hinaus bis zu der Gemeindewiese und wollten schon mit der Arbeit beginnen, als ihnen auffiel, daß diese Stelle bereits zu weit von dem Ortsschild entfernt war, das den Namen angab und die Gemeinde, zu welcher der Flecken gehörte. Wenn also das Dorf den Vorzug dieses Schildes und seiner Inschrift für sich beanspruchen wollte, mußte das Schild wieder näherrücken – am besten gerade dem Kreuz gegenüber, so daß Wagen und Fußgänger zwischen beiden hätten passieren müssen.
Dieser Vorschlag, von dem Mann mit den Nägeln und dem Hammer gemacht, fand Beifall. Die beiden anderen luden von neuem den Pfosten auf ihre Schultern und schleppten ihn vor das Kreuz.
Nun sollte also das Schild mit der Inschrift zu dem Wegkreuz senkrecht stehen; doch zeigte es sich, daß die uralte Buche, welche gerade hier ihre Äste mit riesiger Spanne nach beiden Seiten wie eine Madonna ihren Umhang entfaltete, die Inschrift im Sommer verdeckt und ihr Schattenspiel deren Bedeutung verwischt, aber mindestens abgeschwächt hätte. Es blieb daher nur noch die andere Seite neben dem Herrenkreuz, und da die erste, die in das Pflaster der Tankstelle überging, gewissermaßen den Platz des Schächers zur Linken bezeichnet hätte, wurde jetzt der Platz zur Rechten gewählt und endgültig beibehalten. Zwei Männer hoben die Erde aus, der dritte nagelte rasch das Schild mit wuchtigen Schlägen auf; dann stellten sie den Pfosten gemeinsam in die Grube und rammten ihn rings von allen Seiten mit größeren Feldsteinen an.
Ihre Tätigkeit blieb nicht unbeachtet. Schulkinder machten sich gegenseitig die Ehre streitig, dabei zu helfen, den Hammer, die Nägel hinzureichen und passende Steine zu suchen; auch einige Frauen blieben stehen, um die Inschrift genau zu studieren. Zwei Nonnen, welche die Blumenvase zu Füßen des Kreuzes aufs neue füllten, blickten einander unsicher an, bevor sie weitergingen. Bei den Männern, die von der Holzarbeit oder vom Acker kamen, war die Wirkung verschieden: Einige lachten, andere schüttelten nur den Kopf, ohne etwas zu sagen; die Mehrzahl blieb davon unberührt und gab weder Beifall noch Ablehnung kund, sondern war gleichgültig, wie sich die Sache auch immer entwickeln würde. Im ganzen genommen konnten die Männer mit der Wirkung zufrieden sein.
Der Pfosten, kerzengerade, trug das Schild mit der weithin sichtbaren Inschrift, die Nachmittagssonne glitt wie ein Finger über die zollgroßen Buchstaben hin und fuhr jeden einzelnen langsam nach wie den Richtspruch auf einer Tafel. Auch der sterbende Christus, dessen blasses, blutüberronnenes Haupt im Tod nach der rechten Seite geneigt war, schien sich mit letzter Kraft zu bemühen, die Inschrift aufzunehmen: man merkte, sie ging ihn

gleichfalls an, welcher bisher von den Leuten als einer der Ihren betrachtet und wohlgelitten war. Unerbittlich und dauerhaft wie sein Leiden, würde sie ihm nun lange Zeit schwarz auf weiß gegenüberstehen.
Als die Männer den Kreuzigungsort verließen und ihr Handwerkszeug wieder zusammenpackten, blickten alle drei noch einmal befriedigt zu dem Schild mit der Inschrift auf. Sie lautete:
„In diesem Kurort sind Juden unerwünscht!“

Normen, die sich ändern

Meditation über Philipper 3, 13

Ich vergesse, was hinter mir liegt:
eine Kirche, die nur aus „Systemen“ besteht,
eine Vergangenheit, die mich finster versteinert,
eine Lehre, die mich lebensfremd werden läßt . . .

und strecke mich aus nach dem, was vor mir liegt:
einem Christentum, das wie ein einziger Leib lebt,
einer Tradition, die sich schöpferisch erneuert,
einem Christus, der das Leben ist in einer Person.

Ich vergesse, was hinter mir liegt:
eine Religion, die starb,
eine Moral, die versklavt,
ein Gesetzbuch, das tötet . . .

und strecke mich aus nach dem, was vor mir liegt:
einem Geist, der inspiriert,
einer Liebe, die befreit,
einem Christus, der mein Modell ist.

Ich vergesse, was hinter mir liegt:
eine Autorität, die autoritär bestimmt,
einen Gottesdienst, nur für den „innerkirchlichen Dienstgebrauch“,
ein Sakrament, das manchmal zur Magie wird . . .

und strecke mich aus nach dem, was vor mir liegt:
einer Autorität, die dient,
einer Liturgie, die mich umfängt,
einem Christus, der *das* Sakrament ist.

Ich vergesse, was hinter mir liegt:
eine reiche Kirche, die herrscht,
eine römische Kirche, die ausschließlich ist,
eine protestantische Kirche, die nur sich selber meint . . .

und strecke mich aus nach dem, was vor mir liegt:
einer armen Kirche, die die Kirche der Armen ist,
einer christlichen Kirche, die alle Menschen umfaßt,
einem Jesus Christus, der der Herr ist über alles, was lebt.

Es ist soweit

Ich mache alles neu
sagst du.
Es ist Zeit.
Alles ist alt geworden.
Der Granit und die Sternsysteme.
Die Reserven gehen zu Ende.
Die Menschenrasse ist zu alt.
Zu lange schon gibt es Zerstörung.
Haß und Mord.

Zögerst du noch?
Es ist alles alt genug.
Die Sehnsucht und die Phantasie
sind schon lange eingesperrt.
Wunder dringen nicht mehr durch.
Wie Lava liegt die Verkrustung
des kultivierten Egoismus über den Kulturen.
Nichts geht mehr. – Es ist soweit.

Die Auferstehung ist alt.
Die Ohren sind wund von der Predigt.
Hören stirbt aus
und der Glaube findet Ersatz
im Gerede.

Verflüssige deine Welt
schmilz sie ein
laß das lautere Metall
der neuen Stadt
aus der alten Schlacke fließen.

Ich mache alles neu
sagst du
und das bleibt unsere einzige Hoffnung.

Mario Irarrazabal

Meine Erfahrung aus Christus

In anderen Zeiten war es mir leicht, von Christus Zeugnis zu geben.
Ich sprach über mystische Erfahrungen mit Vertrautheit, ohne Scham.
Jetzt ist es mir beinah unmöglich.
Weil ich nicht weiß, mit welchen Ohren ich gehört werde,
wie weit ich mich durchsichtig machen soll vor euch.
Man stellt sich nicht nackt zur Schau auf dem Platz,
aber, wenn nicht nackt, wie könnte ich Zeugnis ablegen?

Echos aus der Stille

Hier bekennen müssen, wovon ich schweigen sollte.
Nicht so sehr aus Angst vor euch, sondern aus Achtung vor den tiefen und innersten Wunden.
Ich bekenne, ich bin mit Christus niedergestürzt im Folterhaus an der Calle Londres.
Habe den Tod berührt und bin durch die Hölle gegangen . . .
Sollte ich es nicht mit Schweigen ehren?
Daß es sich ausspricht in meinem Gesicht, meinen Gesten, meiner Kunst.
Aber man bittet mich, daß ich Zeugnis ablege, öffentlich noch dazu.
Warum lassen sie mich nicht in Ruhe?
Ich bekenne, ein Folterknecht schlug mich unbarmherzig, sagte dabei:
Daß du lernst, dein Kreuz auf dich zu nehmen.
Im dunkelsten Augenblick meines Lebens ist Christus nicht von mir gewichen.
Er hat zu mir geredet durch den unerwartetsten Mund.
Ich bekenne, daß ich, hungrig, ein solidarisches Flüstern hörte
von hundert Gefesselten mit verbundenen Augen,
die mir Brotkrumen zugesteckt haben.
Das Brot, ich bekenne es, war geweiht.
Das zweite ist intim, und ich kann es nicht preisgeben.
Ich muß mein Geheimnis achten.
Dennoch, ich habe begriffen, daß der Sinn des Seins,
von Leiden und Tod, Hingabe und Liebe
im Tiefsten des Menschen liegt,
wo die Wörter überflüssig sind und entgleiten.
Wo die Beobachtung nicht hinunterreicht.
Wie die Masken, die Schminke, durchdringen,

wie die Hüllen abtun von Formalismen und Dogmen, Glauben und Unglauben?
Wie die hundert Panzer aufreißen, um zu meinem Zentrum zu gelangen?
Und dennoch bittet man mich, daß ich Zeugnis ablege.
Ich kann nicht verleugnen, daß ich im Tiefsten meines Seins ein Ja berühre.
Ein Ja zum Leben, ein Ja zur Liebe. Ich bekenne es wie ein Kind.
Und es ist auch ein Ja zu dieser Tiefe, wo die Begegnung sich ereignet.
Und wenn dort die Wörter nicht mehr gelten, so möchte ich wieder schweigen.
Dieses, mein zweites Schweigen, sei für euch bindend.

Hin zur ausgeteilten Wahrheit

Das dritte ist öffentlich und Inkarnation.
Das kleine Flämmchen, das mir meine Eltern anvertrauten
mit dem Auftrag, es in harter Arbeit auszubreiten
und zu schützen im Kampf gegen tausend Dämonen:
Ich sehe es aufleuchten und wieder verschwinden allerorten,
wo und bei wem ich es am wenigsten vermute.
In den Momentos der Blops durch das schrille Radio des Nachbarn.
In Violeta, wenn sie mich lehrt, die Wurzeln zu ehren meines eigenen und jedes anderen Volkes,
das tief wieder fühlen mußte.
In Neruda, mit ihm zu glauben *in jeder Nacht an den Tag,*
weil ich an den Menschen glaube.
Ich glaube, daß wir die letzte Stufe erklimmen werden,
und von dort werden wir schauen ausgeteilt die Wahrheit,
die Einfachheit eingepflanzt auf Erden,
Brot und Wein für alle.
In Neruda, eines Tages mit ihm zu bekennen, *vielleicht auch habe ich nicht in mir selbst gelebt ,*
vielleicht habe ich das Leben gelebt in anderen.
Ich sah sie empfindungsfähig und verantwortlich gegenüber meinen Brüdern, gegenüber der Geschichte,
so viele, unsagbar viele, die im Werden waren . . .
Sie gründeten eine Kirche von tausend forschenden Weisen,
Entdeckern, Organisatoren, Dichtern, Propheten
und Menschen mit offener Hand,
die kämpften, einen Menschen aufzurichten in Ehrerbietung vor seiner Würde.
In ihnen habe ich mehr von Christus gesehen als in den Kreuzfahrern.
Es war Pasolini, Mensch voller Widersprüche, nicht der Pater Peyton
mit seiner Heiligkeit, der als einziger es vermochte, in meiner Vorstellung
das Gesicht Jesu und der Seinen einzuprägen: im Kino Continental.

So hat Christus mit mir gespielt,
indem er sich offenbarte an den erstaunlichsten und unsinnigsten Orten.
Ich bekenne, er hat mich an seine Unehrerbietigkeit, seine Gottlosigkeit gewöhnt.
Im tiefsten Menschlichen hält er sich verborgen.
Also wird es von nun an für mich keine Geschichte der Kirche mehr geben, sondern Geschichte. Nicht mehr christliche Erziehung, christliche Kunst, sondern Kunst, Erziehung, Wissenschaft, Arbeit, Geborgenheit und Wärme.
Und schließlich, das letzte, ich mußte unterscheiden lernen das Brot,
den Gesang, das Mysterium,
jedes mit seinem eigenen Gesetz, seiner eigenen Welt.
Wenn das Brot Arbeit ist und Disziplin, Forschung und Technologie,
Organisation und Gerechtigkeit,
dann ist der Gesang Freiheit und Hingabe. Der Künstler, der Dichter blüht wie die Lilie
und der Weißdorn. Kennt keine Schulen, Titel, Gehorsamkeiten.
Singt den Menschen in seinem Schmerz, in seinem Elend und Schweiß und seinem Daseinsgrund.
Das Mysterium aber ist Tiefe, ist Zeugnis, allein und gemeinsam, ist Hingabe; ist transzendent und nicht zu vereinnahmen durch Gewaltmittel, Mächte, Manipulationen.
Sein einziges Gesetz ist die Liebe, es kennt keine Hierarchie als die vom heiligen Franz und Johannes dem Dreiundzwanzigsten.
Ich mußte, ganz am Ende, lernen, so sich das Brot verwandeln kann in Gesang, verwandeln kann in Mysterium,
so tötet man das Mysterium, tötet man den Gesang, wenn man sie verwechselt mit Brot.

Ärgernis und Torheit

Das vierte ist Kreuz und Skandal.
Ich sah: Mein Ideal der Gewaltlosigkeit, der Demokratie, der Brüderlichkeit mit Füßen getreten
in anderen Ländern und dann in meinem eigenen.
Ich sah: Das Böse entfesselt und triumphierend.
Ich sah: Unschuldiges Blut vergossen und anderes Blut, weniger unschuldig, doch nicht weniger heilig.
Ich sah: Die Hoffnung gesetzt auf Gewehre und Todestechnologie.
Ich sah: Die ausgeklügeltste und sinnlos brutalste Folter.
Ich sah einen bewaffneten Kaplan bei einer militärischen Aktion.
Ich sah ein Jahr später einen Bischof im Generalsrang eine gotteslästerliche Messe halten unter Gewehrläufen.
Mit Blut spielen sehen.

Er hob den Kelch, sie die Maschinenpistolen, sich miteinander verschwörend.
Er hat Vergebung gewährt ohne Umkehr des Lebens.
Ich habe geweint und bin zusammengebrochen.
Vor dem Fernseher habe ich dir an diesem Tag aus Verantwortung geschworen, mich nie wieder Katholik zu nennen.
Zusehen dem Töten, dem Erniedrigen, dem Verhungernlassen und wie die einen die anderen zur Arbeitslosigkeit verdammen.
Das Böse in mir selbst fühlen. Das Böse für den andern wünschen.
Keine Vergebung annehmen. Keine Vergebung gewähren.
Mein Vaterland gekreuzigt sehen.
Dich gekreuzigt sehen unter uns, für uns.
Zusammen mit euch allen trage ich diese Erniedrigung auf mir.
Unser drittes Schweigen.

Und das fünfte ist Torheit, oder ihr Anfang.

Ist Spüren einer Wiedergeburt. Ist aufblühen spüren in sich eine Vergebung, irrational, aber zwingend. Wachsen spüren. Die schöpferische Gewalt der Liebe,
am Anfang schwach. Danach sehen, wie ihre Kraft zum Durchbruch kommt mit Macht.
Ist Glauben an diese Macht und nicht an andere.
Komm Jesus.

W. Schaube

Gott wird Mensch

GOTT WIRD MENSCH

das hat folgen,
das bringt alles in bewegung,
das eröffnet möglichkeiten,
das macht betroffen.

GOTT WIRD MENSCH

damit wird man sich
auseinandersetzen müssen,
damit wird man leben dürfen,
damit sieht alles anders aus.

GOTT WIRD MENSCH

für die Verlorenen,
für die Verfolgten,
für die Verachteten

GOTT WIRD MENSCH

und alle welt
könnte sich freuen,
und jedermann
könnte aufatmen,
und niemand
müßte abseits stehen.

GOTT WIRD MENSCH

in unseren zeiten,
in der heutigen situation,
in einer welt,
die nur eines braucht:

GOTT WIRD MENSCH

und der

MENSCH WIRD MENSCH

Kapitel VI

„Ich möcht', daß einer mit mir geht..."

Oscar Wilde

Die Nachtigall und die Rose

„Sie sagte, sie würde mit mir tanzen, wenn ich ihr rote Rosen brächte“, rief der junge Student, „aber in meinem ganze Garten gibt es keine rote Rose.“
In ihrem Nest in der Steineiche hörte ihn die Nachtigall, und sie spähte durch das Laub und wunderte sich.
„Keine einzige Rose in meinem ganzen Garten“, rief er, und seine schönen Augen füllten sich mit Tränen. „Ach, an was für kleinen Dingen hängt das Glück! Ich habe alles gelesen, was weise Männer schrieben, ich bin im Besitz aller Geheimnisse der Philosophie, und doch wird mangels einer roten Rose mein Leben dem Unglück verfallen.“
„Hier endlich ist ein wahrhaft Liebender“, sagte die Nachtigall. „Nacht für Nacht habe ich von ihm gesungen, obwohl ich ihn nicht kannte; Nacht für Nacht habe ich seine Geschichte den Sternen erzählt, und nun sehe ich ihn. Sein Haar ist dunkel wie die Hyazinthenblüte, und seine Lippen sind rot wie die Rose seiner Sehnsucht; aber die Leidenschaft hat sein Gesicht zu Elfenbein gebleicht, und der Gram hat ihm sein Siegel auf die Stirn gedrückt.“
„Morgen abend gibt der Prinz einen Ball“, murmelte der junge Student, „und meine Liebste wird mit von der Gesellschaft sein. Wenn ich ihr eine rote Rose bringe, will sie bis zum Morgen mit mir tanzen. Wenn ich ihr eine rote Rose bringe, werde ich sie in meinen Armen halten, und sie wird ihren Kopf an meine Schulter lehnen, und ihre Hand wird in meiner liegen. Aber in meinem Garten gibt es keine rote Rose, so werde ich einsam sitzen, und sie wird an mir vorübergehen. Sie wird mir keine Beachtung schenken, und mir wird das Herz brechen.“
„In der Tat, hier ist ein wahrhaft Liebender“, sagte die Nachtigall. „Wovon ich singe, daran leidet er; was mir Freude bereitet, das ist ihm Schmerz. Liebe ist gewiß etwas Wunderbares. Sie ist kostbarer als ein Smaragd, teurer als reiner Opal. Perlen und Granatäpfel können sie nicht kaufen, noch wird sie auf dem Markt feilgeboten. Sie kann nicht von Kaufleuten gehandelt, noch wie Gold auf der Waage gewogen werden.“
„Die Musikanten werden in ihrer Galerie sitzen“, sagte der junge Student, „und auf ihren Streichinstrumenten spielen, und meine Liebste wird tanzen zum Klang der Harfen und Violinen. Sie wird so leicht tanzen, daß ihre Füße den Boden nicht berühren, und die Höflinge in ihren bunten Kleidern werden sich um sie drängen. Aber mit mir wird sie nicht tanzen, denn ich habe keine rote Rose für sie“, und er warf sich nieder ins Gras, vergrub sein Gesicht in den Händen und weinte.

„Warum weint er?“ fragte eine kleine grüne Eidechse, während sie eilig mit dem Schwänzchen in der Luft an ihm vorbeischlüpfte.
„Ja, warum?“ fragte ein Schmetterling, der hinter einem Sonnenstrahl herflatterte.
„Ja, warum?“ flüsterte ein Gänseblümchen mit sanfter, schwacher Stimme seiner Nachbarin zu.
„Er weint wegen einer roten Rose“, sagte die Nachtigall.
„Wegen einer roten Rose?“ riefen sie. „Ist das aber komisch!“ Und die kleine Eidechse, die so etwas wie ein Zyniker war, lachte lauthals.
Aber die Nachtigall verstand das Geheimnis von des Studenten Kummer; still saß sie in der Eiche und sann über das Mysterium der Liebe nach.
Plötzlich breitete sie ihre braunen Flügel zum Flug aus und schwang sich in die Luft. Sie flog durch den Hain wie ein Schatten, und wie ein Schatten segelte sie über den Garten.
Da stand mitten auf dem Rasen ein wunderschöner Rosenstrauch, und als sie ihn sah, flog sie hinüber zu ihm und landete im Gezweig.
„Gib mir eine rote Rose“, rief sie, „und ich will dir mein süßestes Lied singen.“
Aber der Rosenstrauch schüttelte den Kopf.
„Meine Rosen sind weiß“, antwortet er, „so weiß wie der Schaum der See und weißer als der Schnee auf den Bergen. Aber geh zu meinem Bruder, der rund um die alte Sonnenuhr wächst, vielleicht gibt er dir, was du wünschest.“
So flog die Nachtigall hinüber zu dem Rosenstrauch, der rund um die alte Sonnenuhr wuchs.
„Gib mir eine rote Rose“, rief sie, „und ich will dir mein süßestes Lied singen.“
Aber der Rosenstrauch schüttelte den Kopf.
„Meine Rosen sind gelb“, antwortete er, „so gelb wie das Haar der Meerjungfer, die auf einem Thron aus Bernstein sitzt, und gelber als die Narzisse, die auf der Wiese blüht, bevor der Mäher kommt mit seiner Sense. Aber geh zu meinem Bruder, der unter des Studenten Fenster wächst, vielleicht gibt er dir, was du wünschest.“
Also flog die Nachtigall hinüber zu dem Rosenstrauch, der unter des Studenten Fenster wuchs.
„Gib mir eine rote Rose“, rief sie, „und ich will dir mein süßestes Lied singen.“
Aber der Rosenstrauch schüttelte den Kopf.
„Meine Rosen sind rot“, antwortete er, „so rot wie die Füße der Taube und röter als die großen Korallenfächer, die in den Meeresgrotten hin und wider wogen. Aber der Winter hat meine Adern erstarren lassen, der Frost hat meine Knospen erstickt und der Sturm meine Zweige gebrochen, und ich werde in diesem ganzen Jahr keine Rosen tragen.“
„Eine rote Rose ist alles, was ich will“, rief die Nachtigall, „nur eine einzige rote Rose! Gibt es keinen Weg, sie zu erlangen?“
„Es gibt einen Weg“, sagte der Rosenstock, „aber er ist so fürchterlich, daß ich nicht wage, ihn dir zu nennen.“

„Nenne ihn mir“, erwiderte die Nachtigall, „ich fürchte mich nicht.“
„Wenn du eine rote Rose willst“, sagte der Rosenstrauch, „so mußt du sie im Mondlicht weben aus Gesang und sie mit deinem eigenen Herzblut färben. Deine Brust gegen einen Dorn gedrückt, mußt du für mich singen, und der Dorn muß dein Herz durchbohren, und dein Lebensblut muß in meine Adern fließen und zu dem meinen werden.“
„Der Tod ist ein hoher Preis für eine rote Rose“, rief die Nachtigall, „und das Leben ist uns allen sehr teuer. Lieblich ist es, im grünen Wald zu sitzen und die Sonne in ihrem goldenen Wagen zu betrachten und den Mond in seinem Wagen aus Perlen. Süß ist der Duft des Weißdorns, süß sind die blauen Glockenblumen, die sich im Tal verbergen, und das Heidekraut, das auf den Hügeln blüht. Und doch ist die Liebe besser als das Leben, und was ist das Herz eines Vogels gegen ein Menschenherz?“
So breitete sie ihre braunen Flügel zum Flug aus und schwang sich in die Luft. Wie ein Schatten streifte sie über den Garten, und wie ein Schatten segelte sie durch den Hain.
Der junge Student lag noch immer im Gras, wie sie ihn verlassen hatte, und die Tränen in seinen schönen Augen waren noch nicht getrocknet.
„Freue dich“, rief die Nachtigall, „freue dich; du sollst deine rote Rose haben. Aus Gesang will ich sie im Mondlicht weben und sie mit meinem eigenen Herzblut färben. Alles, was ich von dir zum Dank dafür verlange, ist, daß du deiner Liebe treu bleiben sollst, denn Liebe ist besser als Weisheit, auch wenn diese weise ist, und besser als Macht, auch wenn diese mächtig ist. Flammenfarben sind ihre Schwingen, und von der Farbe des Feuers ist ihr Leib. Ihre Lippen sind süß wie Honig, und ihr Atem ist wie Weihrauch.“
Der Student blickte aus dem Gras auf und lauschte, aber er konnte nicht verstehen, was die Nachtigall zu ihm sagte, denn er verstand nur Dinge, die in Büchern stehen.
Aber der Eichbaum verstand sie und war traurig, denn er liebte die Nachtigall, die ihr Nest in seinen Zweigen gebaut hatte.
„Sing mir ein letztes Lied“, flüsterte er. „Ich werde einsam sein, wenn du fort bist.“
Da sang die Nachtigall für den Eichbaum, und ihre Stimme war wie Wasser, das aus einem silbernen Krug sprudelt.
Als sie ihr Lied beendet hatte, stand der Student auf und zog Notizbuch und Bleistift aus seiner Tasche.
„Sie hat Form“, sagte er zu sich selber, während er sich durch den Hain entfernte, „das kann man ihr nicht absprechen; aber hat sie auch Gefühl? Ich fürchte nicht. Sie ist eben wie die meisten Künstler: ganz Stil, ohne jede echte Empfindung. Sie würde sich nicht für andere opfern. Sie hat nur Musik im Kopf, und man weiß ja, daß die Künste selbstsüchtig sind. Immerhin, man muß zugeben, daß sie nichts bedeuten, noch irgend etwas wirklich Gutes tun!“

Und er ging in seine Kammer und legte sich auf das schmale Feldbett und begann, an seine Liebste zu denken; und nach einer Weile fiel er in Schlaf.
Und als der Mond an den Himmeln erglänzte, da flog die Nachtigall zum Rosenstrauch und drückte ihre Brust gegen den Dorn. Die ganze Nacht sang sie, die Brust gegen den Dorn gepreßt, und der kalte, kristallene Mond neigte sich herab und lauschte. Die ganze Nacht sang sie, und der Dorn drang tiefer und tiefer in ihre Brust, und das Lebensblut ebbte hinweg von ihr.
Zuerst sang sie von der Geburt der Liebe im Herzen eines Jünglings und eines Mädchens. Und auf dem höchsten Zweig des Rosenstocks erblühte eine wunderbare Rose, Blütenblatt um Blütenblatt, wie Lied auf Lied folgte. Bleich war sie zuerst wie der Nebel, der über dem Fluß hängt, bleich wie die Füße des Morgens und silbrig wie die Schwingen der Morgenröte. Wie das Schattenbild einer Rose in einem Spiegel aus Silber, wie das Schattenbild einer Rose im Teich, so war die Rose, die auf dem höchsten Zweig des Rosenstocks erblühte.
Aber der Rosenstock rief der Nachtigall zu, fester gegen den Dorn zu drücken. „Drück fester, kleine Nachtigall", rief der Rosenstock, „sonst kommt der Tag, noch ehe die Rose vollendet ist."
Da drückte die Nachtigall fester gegen den Dorn, voller und voller ertönte ihr Lied, denn sie sang vom Erwachen der Leidenschaft in der Seele eines Mannes und einer Jungfrau.
Und ein zarter Anhauch von Rosa kam in die Blätter der Rose, wie das Erröten ins Gesicht des Bräutigams, wenn er die Lippen der Braut küßt. Aber der Dorn hatte ihr Herz noch nicht erreicht, so blieb das Herz der Rose noch weiß, denn nur das Herzblut einer Nachtigall kann das Herz einer Rose färben.
Und der Rosenstrauch rief der Nachtigall zu, fester gegen den Dorn zu drücken. „Drück fester, kleine Nachtigall", rief der Rosenstock, „sonst kommt der Tag, noch ehe die Rose vollendet ist."
So drückte die Nachtigall fester gegen den Dorn, und der Dorn berührte ihr Herz, und ein jäher, wilder Schmerz durchfuhr sie. Bitter, bitter war der Schmerz, stürmisch und stürmischer ertönte ihr Lied, denn sie sang von der Liebe, die im Tod sich erfüllt, von der Liebe, die auch im Grabe nicht stirbt.
Und die herrliche Rose wurde blutrot wie die Rose des östlichen Himmels. Blutrot war der Gürtel der Blütenblätter, und blutrot wie ein Rubin war das Herz.
Aber die Stimme der Nachtigall wurde schwächer, und ihre kleinen Flügel begannen zu flattern, und ein Schleier legte sich vor ihre Augen. Matt und matter wurde ihr Lied, und in ihrer Kehle fühlte sie ein Ersticken.
Da brach zum letztenmal ein Lied aus ihr hervor. Der weiße Mond vernahm es, und er vergaß die Morgendämmerung und verweilte noch am Himmel. Die rote Rose vernahm es, und sie erzitterte über und über in Verzückung und

öffnete ihren Kelch der kühlen Morgenluft. Das Echo trug es zu seiner purpurnen Höhle in den Bergen und weckte die schlafenden Hirten aus ihren Träumen. Es schwebte über dem Schilf am Fluß, und er trug die Botschaft dem Meer zu.

„Siehe! Siehe", rief der Rosenstrauch, „nun ist die Rose vollendet!" Doch die Nachtigall gab keine Antwort, denn sie lag tot im hohen Gras, den Dorn in ihrem Herzen.

Und zu Mittag öffnete der Student sein Fenster und blickte hinaus.

„Nein, was für ein unglaubliches Glück!" rief er. „Hier ist eine rote Rose! In meinem ganzen Leben habe ich keine solche Rose gesehen. Sie ist so schön, daß sie sicher einen langen lateinischen Namen hat", und er beugte sich hinaus und pflückte sie.

Dann setzte er seinen Hut auf und lief mit der Rose in der Hand hinauf zum Haus des Professors.

Die Tochter des Professors saß in der Tür und wand blaue Seide auf eine Spule, und ihr kleiner Hund lag zu ihren Füßen.

„Du sagtest, du würdest mit mir tanzen, wenn ich dir eine rote Rose brächte", rief der Student. „Hier ist die röteste Rose auf der ganzen Welt. Du wirst sie heute nacht an deinem Herzen tragen, und wenn wir miteinander tanzen, werde ich dir sagen, wie sehr ich dich liebe."

Aber das Mädchen verzog das Gesicht.

„Leider paßt sie nicht zu meinem Kleid", antwortete sie. „Und außerdem hat mir des Kammerherrn Neffe echte Juwelen geschickt, und jedermann weiß, daß Juwelen viel mehr kosten als Blumen."

„Nun, auf mein Wort, du bist sehr undankbar", rief der Student zornig und warf die Rose auf die Straße. Sie fiel in den Rinnstein, und ein Wagenrad fuhr darüber hinweg.

„Undankbar!" sagte das Mädchen. „Und ich will dir etwas sagen: Du bist unverschämt. Wer bist du denn überhaupt? Nur ein Student. Wahrscheinlich hast du nicht einmal silberne Schnallen für deine Schuhe wie des Kammerherrn Neffe!" Und sie erhob sich von ihrem Stuhl und ging ins Haus.

„Wie töricht ist doch die Liebe!" sagte der Student beim Fortgehen. „Sie ist nicht halb so nützlich wie die Logik, denn sie beweist nichts, und sie macht einen Dinge glauben, die nicht wahr sind. Sie ist in der Tat gänzlich unpraktisch, und da in unserer Zeit Praktischsein alles ist, werde ich zur Philosophie zurückkehren und Metaphysik studieren."

Also ging er heim in sein Zimmer, zog ein großes, staubiges Buch hervor und begann zu lesen.

Stanislaw Jerzy Lec

Zielstrebig

Hinter jeder Ecke
lauern
ein paar Richtungen.

„Man stirbt so oder so“

Schülereindrücke zu Tschernobyl und den Folgen

Ich weiß nicht, ob man das alles glauben kann. Ich weiß zwar, was wirklich passiert ist. Aber ich glaube, daß es in unserer Stadt ganz stickig ist. Ich bin der Meinung, daß so etwas nicht passieren darf. Das ist mir einfach unerklärlich. Ich bin der Meinung, daß es abgeschafft werden muß. Man sollte uns über das Geschehnis ausführlicher informieren. Ich habe auch panische Angst, daß ich radioaktiv verseucht bin. Ich weiß zum Beispiel nicht, was das für ein Reaktor ist.

Diana (14)

Ich finde, daß sich die Menschheit selber verrückt macht. Aber ich habe auch Angst, daß ich in zehn Jahren an Radioaktivität sterbe. Aber man stirbt so oder so, dann ist es auch egal, ob man an Radioaktivität oder so stirbt.

Stephanie (13)

Ich finde es nicht gut, daß die Leute in der Gegend von Tschernobyl so wenig informiert wurden. In Zeitungen wird viel geschrieben, aber nichts wird getan. Wieso? Wir kriegen schon immer Strahlen ab von Frankreich. Und nun werden noch 10 Kernkraftwerke gebaut. Jetzt machen sie einen Aufstand, als wäre Krieg, dabei kriegen wir schon immer Strahlen ab. Wieso ist unser Spielplatz nicht gesperrt?

Stefan (13)

Man kann (muß) nur noch Angst haben, wenn man was ißt, ich sage nur noch, es ist erst der Anfang, wer weiß, was noch alles kommt und passiert. Einer sagt, man könnte z. B. die Milch oder das Fleisch essen oder trinken, der andere sagt, es wäre gefährlich, genauso wie mit Krebs, der eine redet, es könnte in 30 Jahren auftreten, der andere sagt, es wäre völlig ungefährlich.

Sandra (13)

„Ich möcht', daß einer mit mir geht"

Ich möcht', daß einer mit mir geht,
der's Leben kennt, der mich versteht,
der mich zu allen Zeiten
kann geleiten.
Ich möcht', daß einer mit mir geht.

Ich wart', daß einer mit mir geht,
der auch im Schweren zu mir steht,
der in den dunklen Stunden
mir verbunden.
Ich wart', daß einer mit mir geht.

Es heißt, daß einer mit mir geht,
der's Leben kennt, der mich versteht,
der mich zu allen Zeiten
kann geleiten.
Es heißt, daß einer mit mir geht.

Sie nennen ihn den Herren Christ,
der durch den Tod gegangen ist;
er will durch Leid und Freuden
mich geleiten.
Ich möcht', daß er auch mit mir geht.

Martin Keiper

Warum um Himmels willen bei der Kirche?

Wie ich und andere dazu kommen, sich mit der Kirche für eine gerechte und friedliche Welt einzusetzen.

Eines muß ich vielleicht vorausschicken: Ich gehöre keineswegs zu den berühmten Männern oder Frauen, die bei irgendeinem runden Geburtstag, sechzig oder siebzig Jahre alt geworden, nach den Erinnerungen ihrer Jugendzeit befragt werden. Ich bin dazu nicht alt genug, bin auch kein bißchen berühmt, und eine irgendwie geartete Auszeichnung habe ich auch noch nicht bekommen.
Kurzum: Ich bin ein ganz normaler Mensch.
Ich sage das gleich hier am Anfang, um klarzustellen, daß mein Weg in und mit der Kirche nichts Besonderes ist. So wie mich gibt es Zehntausende ehrenamtliche und hauptamtliche Mitarbeiter in den Kirchen. Sie alle finden das eigentlich ganz selbstverständlich, wobei sie manchmal allerdings für ein Lob oder eine Anerkennung durchaus dankbar wären.
Die engagierten Menschen in der Kirche wünschen sich aber mehr Menschen, die an ihrer Seite mitarbeiten, um die Verantwortung der Christen für Gerechtigkeit, Frieden und Befreiung in den Kirchen und darüber hinaus verbreiten zu können.
Gerechtigkeit, Frieden und Befreiung – das sind große Begriffe. Es sind auch Begriffe, die durch manche Politiker zu hohlen Worten gemacht werden und deshalb bei vielen Menschen nicht mehr viel gelten, weil sie nicht mehr daran glauben können. Und doch: Jeder von uns kann dazu beitragen, daß Gerechtigkeit, Frieden und Befreiung für andere Menschen Wirklichkeit werden.
Diese Behauptung möchte ich beweisen, indem ich berichte, wie ich und andere dazu gekommen sind, uns dieser Aufgabe zu stellen, und was wir gemacht haben, um unsere Ziele zu verwirklichen.

Der Anfang: Konfirmandenunterricht und Jugendarbeit

Nach dem Ende des Konfirmandenunterrichts kam ich, mit anderen zusammen, eigentlich ganz selbstverständlich in die Jugendarbeit unserer Gemeinde. Uns gefielen die Leute, die dort schon waren, wir wollten einen Teil unserer Freizeit zusammen verbringen. Der Pfarrer war offen für viele

interessante Unternehmungen. Er ging auf unsere Vorschläge ein, machte selber gute Vorschläge, die Hand und Fuß hatten. Neben Wanderungen, Freizeiten und Partys gab es im Jugendkreis Leute, die sich für verschiedene Gebiete interessierten und ihr Wissen an die übrigen Mitglieder des Kreises weitergeben wollten. Hin und wieder hatten wir deshalb einen Nachmittag, der von zwei oder drei Leuten vorbereitet wurde. Sie informierten über bestimmte technische Entwicklungen (Luft- und Raumfahrt war damals groß in Mode), über ihre Hobbys (wie Fotografie oder Kurzwellenhören) oder auch über politische Fragen. Es fanden sich immer einige Leute, die solch einen Nachmittag vorbereiteten und durchführten.
Einige Jugendliche hatten ein besonderes Interesse an Geographie, Geschichte und Sozialkunde. Im Schulunterricht, so fanden sie, wurde zum Beispiel kaum der Frage nachgegangen, warum die Menschen auf der Süd-Halbkugel der Erde in solch armen und ungerechten Verhältnissen lebten.
Ich gehörte auch zu diesen Leuten. Wir beschlossen, dieser Frage einmal genauer nachzugehen. Ein Beweggrund, dies auch außerhalb der Schule zu tun, war das Gefühl, daß man uns in der Schule wesentliche Dinge verschweigen wollte. Es konnte doch kein Naturgesetz sein, daß die Menschen im Süden so arm waren . . . Außerdem wäre es ja wohl nicht schlecht für uns, wenn man mal schlauer wäre als die Lehrer.
Wir begannen also, Material zum Thema Dritte Welt zu sammeln. Das war damals gar nicht so einfach, denn es gab noch nicht so viele Veröffentlichungen dazu wie heute. Bei „Brot für die Welt", bei anderen Hilfswerken, in Büchereien und aus Zeitungen bezogen wir die Informationen. Es machte einige Mühe, aber diese Arbeit war auch spannend und erinnerte manchmal an Detektivarbeit. Gerade weil wir diese Arbeit nicht machen mußten, sondern freiwillig darangegangen waren, blieben wir mit Eifer dabei.

Wir sind eine Aktionsgruppe!

Je mehr Material wir zusammenbekamen, je mehr Einzelheiten wir erfuhren, desto wütender wurden wir: Was man uns in der Schule nicht gesagt hatte, war die schlichte Tatsache, daß die Entwicklungsländer von den Industrieländern (also auch von uns) nach Strich und Faden ausgebeutet werden. Die Ausbeutung hat viele Gesichter, viele Kräfte sind dafür verantwortlich. Letztendlich aber trifft es die Ärmsten und die Schwächsten. Wir hatten schon ein wenig das Gefühl, einer Koalition des Schweigens und des Verschweigens gegenüberzustehen.
Der Konfirmandenunterricht war noch nicht lange vorbei, wir hatten auch im Ohr, was am Sonntag in den Kirchen gepredigt wurde, zum Beispiel: „Was Du einem unter meinen geringsten Brüdern getan hast, das hast Du mir getan." (Mt 25, 40) Oder das höchste Gebot: „Liebe Deinen Nächsten wie Dich selbst." (Lk 10, 27). Wie können also Christen all das zulassen? Wie können sie es zulassen, daß andere ausgebeutet und unterdrückt werden, und dazu schweigen?

Noch etwas anderes ärgerte uns nun: In der Gemeinde hatten wir oft das Gefühl, bevormundet zu werden; wir waren ja nur die Jugend, hatten nichts zu sagen. Andererseits gab man uns zu verstehen, daß wir lästig waren, weil wir im Gemeindezentrum Dreck und bei Festen Lärm machten. Und nun hatten wir dieselben Leute dabei erwischt, wie sie weit wichtigere Grundsätze einer christlichen Gemeinde vergessen hatten: sich für die Ärmsten, die „Geringsten“ einzusetzen.
Wir beschlossen also, die Tatsachen, die wir zusammengetragen hatten, und unsere Meinung zum Schweigen der Gemeinde gegenüber der Unterdrückung der „Fernen Nächsten“ den Erwachsenen mitzuteilen.
Wir waren also eine entwicklungspolitische Aktionsgruppe geworden.
Wir hatten im Konfirmandenunterricht gelernt, wie man einen Gottesdienst vorbereitet. Mit Hilfe des Pfarrers wollten wir einen informativen, aufrüttelnden Gottesdienst machen. Nach dem Gottesdienst wollten wir die Gemeinde informieren und so die Einstellung der Menschen verändern.
Kaum ein Gottesdienst wurde so gründlich vorbereitet wie dieser. Mit Texten, neuen Liedern und einer Predigt, die zum Thema paßte, waren wir ausgezeichnet gerüstet.
Die gute Vorbereitung war notwendig, denn wir ernteten Zustimmung, aber auch entrüstete Ablehnung. Zum Teil lag das sicher daran, daß es bisher noch nicht vorgekommen war, daß eine Gruppe von Jugendlichen in dieser Form den Gottesdienstbesuchern nahegetreten war. Zu nahe, meinten einige – und ärgerten sich (was wir später erfuhren), stellten sich aber keiner Diskussion.

Der erste Schritt auf einem langen Weg

Wir waren der Meinung, daß dieser eine Gottesdienst genügen würde, um die Einstellung der Menschen zu verändern. Daß uns das letztlich nicht gelang, überraschte und enttäuschte uns. Hatten wir nicht monatelang Material gesammelt, uns wochenlang auf den Gottesdienst vorbereitet?
Nur mühsam begriffen wir, daß man Geduld haben muß, wenn man die Einstellung von Menschen verändern will. Wir lernten, daß andere Menschen ebenfalls Zeit brauchen, bis sie etwas lernen, und daß es noch länger dauert, bis sie auch selbst handeln. Auch wir hatten ja Zeit gebraucht, bis wir uns alles erarbeitet hatten. Wir konnten nicht erwarten, daß andere Menschen in zwei Stunden das lernten, wozu wir Monate gebraucht hatten.
Diese Erfahrung zeigte uns, daß wir uns auf einen langen Weg einstellen mußten. Nicht alle, die an der Vorbereitung und der Durchführung des Gottesdienstes beteiligt waren, wollten diesen langen Weg gehen. Schließlich hatten wir noch andere Interessen, wollten nicht nur in Entwicklungspolitik machen. So bildete sich eine kleine Gruppe innerhalb des Jugendkreises, die weiter am Thema arbeitete und drei- bis viermal im Jahr ein neues Teilgebiet aufgriff und die anderen informierte.

Dann erfuhren wir, daß es noch mehr Jugendliche gab, denen es ähnlich ging, und daß man vielleicht zusammen mehr erreichen konnte.
Und es gab einen neuen Jugendpfarrer, der Leute suchte, die entwicklungspolitische Arbeit machen wollten.

Von der Aktionsgruppe zum Dritte-Welt-Laden

Es waren gar nicht so wenige, die sich da zusammengefunden hatten – auf dem ersten entwicklungspolitischen Wochenendseminar. Fast dreißig Leute aus verschiedenen Gemeinden, die ähnliche Erfahrungen wie wir gemacht hatten, befaßten sich von Freitag bis Sonntag mit Problemen der Dritten Welt und mit der Frage, was wir machen könnten, um Menschen zu informieren und zu gewinnen, an der Veränderung ungerechter Zustände mitzuarbeiten.
Wir wollten aber den interessierten Menschen den ersten Schritt auf uns zu möglichst erleichtern. Nicht von jedem kann man verlangen, daß er erst wochenlang Material sucht, Dokumente studiert und sich dann engagiert. Wir wollten, daß Menschen, die etwas tun wollten, sofort einen Anfang machen könnten und sich später, mit wachsendem Interesse, nach ihren Möglichkeiten weiter engagierten.
Ideal schien uns dazu die „Aktion Dritte Welt Handel“: Diese Organisation unterstützt Selbsthilfegruppen in der Dritten Welt, die handwerkliche Produkte herstellen, oder Genossenschaften, die Kaffee, Honig oder Tee erzeugen, durch die Abnahme eines Teils ihrer Produkte. Dabei zahlt die „Aktion Dritte Welt Handel“ einen gerechten Preis und vereinbart über einen längeren Zeitraum die Abnahme der Produkte. Dadurch können die Erzeuger in der Dritten Welt in ihrer wichtigen Arbeit gefördert werden, gleichzeitig kann mit dem Verkauf der Waren bei uns die Information über die verschiedenen Länder und die Probleme der Menschen dort erfolgen.
Träger der „Aktion Dritte Welt Handel“ sind die evangelische und die katholische Kirche, ihre Jugendverbände und Dritte-Welt-Läden und Aktionsgruppen. Dies stellt sicher, daß mit der Aktion niemand sein Schäfchen ins trockne bringt, sondern wirklich etwas für die Dritte Welt getan wird.
Da die Mitglieder unserer neuen Dritte-Welt-Gruppe aus verschiedenen Gemeinden kamen, probierten wir in den folgenden Monaten in diesen Gemeinden das Aktionsmodell Dritte-Welt-Handel aus. Es war ein Erfolg. Wir konnten Menschen interessieren, weil sie sich für die Produkte aus den Genossenschaften interessierten, und wir informierten sie über die entwicklungspolitischen Hintergründe.
Ein wichtiger Aspekt war: Auch uns machte die Aktion Spaß. Der Verkauf brachte außerdem einen zweckgebundenen Gewinn, mit dem wir ein Projekt unterstützen konnten.
Das nächste größere Vorhaben war eine Aktion „Weihnachtsgeschenke aus der Dritten Welt“. Während des Dezembers stellten wir uns täglich mit einem

Bauwagen an einen zentralen Platz in der Stadt und verkauften Produkte aus den Selbsthilfegruppen. Wir froren uns zwar manchmal fast die Füße ab, aber die Aktion war ein Riesenerfolg.
Ein paar Monate später kam unsere große Stunde: Die evangelische Kirche stellte uns ein kleines Ladenlokal zur Verfügung, wo wir den ersten Dritte-Welt-Laden in unserer Region eröffnen konnten. Endlich hatten wir einen festen Platz, mußten bei Aktionen nicht mehr frieren und waren vor Regen geschützt.
Wir selbst organisierten den Ladendienst. Alle vierzehn Tage hatte jeder von 14 bis 18 Uhr Dienst, mußte verkaufen, für Fragen zur Verfügung stehen und die Abrechnung machen. Der Jugendpfarrer half uns dabei und trug die Verantwortung für die Finanzen. Wir hatten einen Riesenerfolg, der uns selbst überraschte: In den ersten vier Monaten verkauften wir für über 40000 DM Waren.

Was hat das alles mit Kirche zu tun?

Die Gründung des Dritte-Welt-Ladens liegt jetzt zwölf Jahre zurück. Heute besteht er noch immer. Er ist zu einer festen Einrichtung mit einem hauptamtlichen Mitarbeiter geworden. Die ehrenamtlichen Mitarbeiter machen heute alle etwas anderes, nur ich bin immer noch dabei, als Hauptamtlicher.
Heute ist der Dritte-Welt-Laden aus unserer Region nicht mehr wegzudenken. Aus dem kleinen Laden hat sich ein Regionallager der „Aktion Dritte Welt Handel" entwickelt, in dem sich heute über dreihundert Gruppen aus Kirchengemeinden, Schulen, Gewerkschaften und freie Gruppen mit Informationen und Waren versorgen.
Dies alles wäre nicht möglich gewesen, hätten sich vor über fünfzehn Jahren nicht ein paar Leute mit etwas Geduld über die Probleme der Menschen in der Dritten Welt informiert und ihre Konsequenzen daraus gezogen.
Dies wäre nicht möglich gewesen, hätten nicht immer wieder die Menschen in der entwicklungspolitischen Aktionsgruppe die maßgebenden Leute in der Kirche daran erinnert, daß Christen etwas für die fernen Nächsten tun müssen, wenn sie als Christen glaubwürdig bleiben wollen und wenn sie die Lehren ihres Herrn Jesus Christus wirklich ernst nehmen.
Man könnte auch sagen:
Jesus und seine Jünger waren die erste Aktionsgruppe. Wenn wir ihm wirklich folgen wollen, müßten wir noch viel mehr Aktionsgruppen gründen.

Ich bin nicht Noah

Du hast zu mir gesagt, die Bibel sei alt und überholt.
Ich habe nichts darauf geantwortet,
doch ich bin nach Hause gegangen und habe nachgedacht:

Ja, du hast recht,
ich bin nicht Noah, und ich baue keine Arche.
Aber auch mir kann Gott Aufträge senden, die mir vielleicht unsinnig erscheinen. Auch ich kann, wie Noah, täglich neu beweisen, daß ich seinem Wort folgen möchte.

Auch Kain bin ich nicht, ich habe nicht meinen Bruder aus Neid erschlagen.
Aber sag mir, wie oft habe ich schon jemanden verletzt,
wie oft habe ich mich zurückgesetzt gefühlt?
Und wie oft habe ich schon Ansprüche an Gott gestellt?

Glaub mir, auch muß es nicht meine Aufgabe sein, wie Mose ein ganzes Volk ins Heil zu führen.
Doch einem Menschen, einem Freund, den Weg zu weisen, ihm zu helfen, wann immer er mich braucht, das will und das soll ich.

Maria ist nicht mein Name. Mein Sohn wird nicht Jesus heißen. Aber ich kann mich üben in ihrem bedingungslosen „Ja“, einem „Ja“, das keine Grenzen kennt.

Sicher, auch Pontius Pilatus, der Richter, bin ich nicht. Doch, siehst du nicht auch, wie oft ich Menschen verurteile, ohne sie zu kennen?

Und Petrus, der Fels, werde ich wohl auch nicht sein.
Auf mich wird sich nicht die ganze Christenheit stützen können.
Doch einem Menschen Halt geben, bei ihm sein, das möchte ich.

Wie kannst du dann sagen, die Bibel sei überholt?

Claudia, 18 Jahre

Erika Mitterer

Entsühnung des Kain

Warum, ihr Dichter und Schriftgelehrten,
laßt ihr mich, seit Jahrtausenden schon,
weinen um Abel, den Vielgeliebten,
der allen gefiel, auch dem Jahwe?
– Wohl sind meine Augen übergegangen,
als ich ihn tot sah,
und mein Herz hat geblutet.
Tränen heilen den Schmerz,
Blut reinigt die Wunde.
Abel, mein Kind, ist im Frieden.

Wo aber ist Kain?
Er hetzt um die Erde. Er findet
niemals und nirgends mehr Rast . . .

Wir haben ihn alle
immer zu wenig geliebt.
Mußte er nicht seinen Bruder
hassen – den Fröhlichen, Neidlosen,
Furchtlosen, Arglosen?

Kain, wo bist du, mein finsterer Sohn?
Komm nach Hause zurück!
Wenn du nicht sterben kannst, Kind,
weil das Mal dich entsetzlich behütet
– ich kann es auch nicht! Komm heim!
Alle sind längst schon geschieden.
Ich hab sie beinahe vergessen,
alt und schwach, wie ich bin.

Du aber irrst irgendwo
unter dem uralten Fluch . . .

Der große Gott zürnt nicht länger,
wenn *ich* dich umarme. Komm her,
einzig Geliebter! – Und dann
gehen wir beide zur Ruh . . .

Renate Ganzhorn-Burkhardt

Meine Schwester Abel

„Sie sollten sich einfach mehr Ruhe gönnen", sagt der Arzt. „Ja, jaa", murmle ich und knöpfe mein Jackett zu. Lächeln, ein Mundwinkel nach unten. Wer kann sich schon Ruhe gönnen im Land Rastlos? „Am besten einmal ganz ausspannen", fährt er unbeirrt fort. „Gehen Sie zu Freunden oder Verwandten, wo Sie sich einmal richtig verwöhnen la . . ." – „Ich habe keine", unterbreche ich ihn. Er schaut mich an, betroffen, schweigt. Und da höre ich sie wieder, von fern her, langsam näherkommend, immer näher: Abels Stimme. Kindersingsang, hoch und hell und glückselig . . . Mein Aufstöhnen mißdeutet der Arzt, rasch drückt er mir ein Rezept in die Hand. Ich fahre durch die Straßen der Stadt, der Stimme nach, die sich wieder entfernt, weiter, immer weiter . . .

An einem Vorgarten halte ich an, starre auf die Tulpen, die da stehen in Reih und Glied wie Soldaten. Abel wäre jetzt über den Zaun gestiegen und hätte sie gepflückt: „ . . . damit sie nicht so ordentlich dastehen müssen." Abel würde ich brauchen, jetzt. Ihre Hand in meine Hand: „Komm, Kain, gehen wir nach Hause. Gemeinsam, du und ich, Brudermann und Schwesterfrau." Nach Hause, ja. Ich kann nicht mehr weiter. Ich muß zurück. Ich schließe die Augen und halte ganz still. Den Stimmen, den Bildern, die mich einholen, wo immer ich auch hinfliehe.

Das Gesicht meiner Mutter. Die ich geliebt habe. Die ich hasse. Mein Gott, wie sie lachen konnte und tanzen und alle mitreißen, auch meinen Vater, den Schwerfälligen, Schweigsamen, wie alle sie bewundern mußten, wie sie uns verzaubert hat. Meine Mutter, die Hexe.

Bei meiner Geburt habe sie laut aufgejauchzt, so erzählte sie mir oft (als wollte sie mir ein Versprechen abnehmen damit): „Ein Junge! Aus dem soll etwas werden, der schlägt ja mir nach mit seinen dunklen Haaren!" Kain nannte sie mich: den geschaffenen Schaffer – und sie schuf mich, weiß Gott, schuf mich nach ihrem Bild, konsequent und ohne Schläge, nur mit der Gewalt ihres Wortes, jener furchtbaren Gewalt. Aufräumen lehrte sie mich, dies als erstes, setzte allabendlich gegen meine Wutausbrüche die kühle Unnachgiebigkeit in ihrer Stimme: „Es ist deine Entscheidung: Wenn du nicht aufräumst, bekommst du kein Abendessen und keine Gutenachtgeschichte." Einmal nur hab ich verzichtet auf das Essen und, schlimmer noch, auf ihre leichte Hand über meinem Haar, „schlaf gut, träum was Schönes", einmal nur, weil ich mein Lager, mein herrliches, so mühevoll erbautes, nicht zerstören wollte, schlich nachts mich dann in die Küche, fand Milch und Zwieback. Vernichtend

am Morgen ihre Augen, ihre Stimme: „So weit ist es gekommen mit deiner Unordnung. Ein Dieb bist du. Mit solchen Leuten will ich nichts zu tun haben!"
Zitternd, voller Tränen hab ich mein Lager zerstört, mein Zimmer aufgeräumt, mich auf den leeren Fußboden gesetzt, gewartet einen Mittag lang, bis sie kam, ihre Stimme wärmer wurde. O ja, sie hat mich zum Schaffer geschaffen nach ihrem Bild: Dornen und Disteln müssen gejätet werden, von klein auf, damit man die Pflanzen der Kultur säen und züchten kann. Ich hab meine Lektion gelernt. Ich hab mich bemüht.
Merkwürdig im Dunkel das Gesicht meines Vaters. Er kam ja auch immer spät von der Arbeit, da waren wir meist schon im Bett. Ein paar Sätze haben sich mir eingeprägt, die sagte er immer wieder: „Ohne Fleiß kein Preis" (wenn ich mich beschweren wollte bei ihm darüber, daß meine Mutter mich Hausaufgaben machen ließ, nachmittagelang, während die Nachbarskinder draußen spielten) und „Du mußt dich eben wehren!" (wenn ich heimgekommen war von der Schule mit zerrissenen Kleidern und heulend, verprügelt und gedemütigt von den Schulkameraden, die den Musterschüler haßten). Vielleicht hätte er mir helfen können, wenn er mich angesehen hätte wie andere Väter ihre Söhne, voll Stolz und Selbstzufriedenheit: „Ja, du bist Fleisch von meinem Fleisch. Ein richtiger Mann schon." Wenn er mich, verdammt noch mal, wenigstens gesehen hätte.

Meine Schwester Abel. Drei Jahre nach mir geboren, nicht stämmig und schwarzbehaart wie ich, sondern zierlich, mit Goldflaum auf dem Kopf und Augen groß und tief wie Seen. Die ließ sich nicht zwingen noch drängen, die ließ sich lieben und bedienen – ganz selbstverständlich, ich hab's beobachtet, immer wieder, fassungslos zu Beginn, dann mit wachsender Wut und Erbitterung: „Prinzeßchen", sagte meine Mutter zu ihr, wenn sie ihre Modeschauen abhielt, sämtliche Kleider aus dem Schrank riß, malerisch um sich drapierte und im ganzen Zimmer verstreute, „Prinzeßchen", sagte meine Mutter mit seltsam weicher Stimme und mit Augen, die einen dunklen Schimmer bekamen – als ruhte da in ihr etwas Verborgenes, lange Vergessenes, und nehme sie gefangen und hole sie zurück zu sich – „Prinzeßchen", sagte meine Mutter und räumte, ihre getreue Dienerin, ganz selbstverständlich auf hinter Abel. Und kam dann, natürlich, in mein Zimmer und hatte wieder ihre Kontrollaugen, und ich strengte mich an, wie üblich, für ein Lächeln von ihr, und wußte doch, daß sie bei mir immer noch etwas fände, das keines Lächelns, sondern der Verbesserung würdig war, ich mühte und mühte und mühte mich um den Erfolg, den Glanz in den Augen meiner Mutter. Abel aber spielte glücklich mit ihren Puppen oder läutete an der Tür unserer Nachbarin und sang ihr ein Lied und kehrte irgendwann dann zurück mit Schokolademund, voller Freude an sich und dem Leben, oder kletterte abends aus dem Bett und dem Vater auf den Schoß, wenn er die Zeitung las, und kam gar nicht auf den

Gedanken, ihn könne das stören – und ich stand abseits und sah von fern, wie er sie anlachte und Augen hatte für sie, die ihm fehlten für mich. Die Krämpfe in meinem Bauch. Das Würgen im Hals (hätte es doch, wenigstens, herausgekonnt!): wachsend der Haß.
Später hieß es, man sei doch nicht blind gewesen für mich, weiß Gott nicht. Man habe doch meine Eifersucht bemerkt und gesprochen mit mir darüber: „Sei vernünftig, Kain! Du bist doch der Ältere!" Ja, ja, man hat. Und ich hab auf den Boden gestarrt dabei, die Zähne zusammengebissen: Ja, redet ihr nur, ich hör mir auch das noch an: Ja. Ja. Jaaa! „Schau, Kain, es liegt an dir selber, ob man dich liebhat oder nicht. Du schadest dir nur, wenn du so bockig vor dich hin stierst. Kannst du nicht endlich ein anderes Gesicht machen? Da, schau Abel an – die lacht und tanzt und singt!"
Die hatte ja auch leicht lachen und singen und tanzen – die lebte sich aus, erhobenen Gesichts, die Augen voll Vertrauen: „Alle haben mich lieb!" Ich aber – zu wem hätte ich denn aufblicken können? Da war keiner, der meinen Kopf hob zu sich hin, ein Lächeln mir entgegen. Allein war ich. Ungenügend. Finster. Und sollte mich beherrschen und zwingen, und wollte doch auch einmal ausleben, was in mir war. Die Verzweiflung des Ungeliebten, die Messer, die mein Fleisch zerschnitten, mit jedem Satz der Eltern, dem ach so gutgemeinten, mehr: ich konnte sie nicht mehr innen halten. Ich mußte sie nach außen kehren. Mir blieb keine Wahl.

Auf meinem Boden hatte sie von vornherein keine Chance. Auf meinem Feld, wo ich mich abmühte und meine Erfolge wachsen sah und doch nicht genießen konnte und immer weiter und immer mehr: auch Abel kam in die Schule. Eine besondere Schule war das, für Akademikerkinder, wer da nicht mitkam, ging schnell ab. Weit war der Weg dahin für uns. Abel mußte fahrradfahren lernen, ich sollte achtgeben auf sie. Langsam war sie, viel zu langsam, schon auf dem Schulweg. Zum Auswachsen war's, wie oft ich anhalten mußte mit meinem Rennrad und warten, bis ich sie wiederentdeckte, weit hinten: vorsichtig, unsicher noch trat sie die Pedale auf ihrem kleinen Kinderrädchen, hielt immer wieder an, weil sie ein Herbstblatt entdeckt hatte oder eine Kastanie, die sie unbedingt der Mutter heimbringen mußte, oder sie war hingefallen, schrie jämmerlich „Kain! Kain!", ertrug stumm mein Schelten: „Du blöde Ziege, kannst du nicht aufpassen!" und sah mich an dabei mit diesem Blick, der nicht verstand, einfach nicht verstand . . . Auch in der Schule war sie viel zu langsam, von Anfang an; sie begriff nicht, warum sie jeden Tag neue Buchstaben und neue Wörter lesen und schreiben und lernen sollte und genau hinsehen und dann auch noch Zahlen und immer wieder genau hinsehen und üben und wiederholen und noch einmal genau hinsehen und üben und wiederholen . . .
Auf meinem Feld hatte ich keine Schwierigkeiten, mich gegen sie zu erheben, riesengroß wurde ich da – und genoß es: „Was, das soll ein A sein? Da hab ich

ja im Kindergarten schon besser geschrieben! Was, du kannst immer noch nicht ‚Auto' lesen? Ja sag mal, wie dumm bist du eigentlich? Was, du spielst mit den Puppen? Bestimmt hast du deine Seite noch nicht zu Ende geschrieben, wart nur, ich sag's der Mutter!" Und nahm ihr die Puppen weg und lachte, lachte ob ihres kläglichen Weinens – wie klein sie plötzlich war, meine Schwester Abel, wie klein und armselig.
Lange würde sie das nicht durchhalten, ich merkte es an ihren Augen, die schon nicht mehr Abels Augen waren: sie hatten ihren samtenen „Du-siehst-mich-an"-Glanz verloren, begannen abzuirren; bald würde ich, würden wir alle sie kleinkriegen, und dann, endlich, wäre ich groß und nicht mehr zu übersehen: Kain, das Vorbild – der geschaffene Schaffer. Auf dessen Boden kein Platz war für Abel, den Hauch, dieses lächerlich spielerische Lüftchen.

Daß es dann so kam, hab ich nicht gewollt und hätte ich nicht gebraucht, auch wenn ich zugebe, daß ich mich nicht völlig entschuldigen kann; freilich war es mit meine Schuld, daß Abel immer langsamer und unsicherer wurde, bald jeden Morgen zu weinen begann, wenn sie sich auf ihr Fahrrad setzte; freilich bin ich ihr immer weit vorausgefahren und hab dann beobachtet, wie sie mich suchte; freilich hab ich an jenem Morgen das Auto gesehen, das auf die Kreuzung zuraste von links, freilich bin ich gerade da lachend über die Straße geflitzt und hab ihr zugerufen: „Los! Beeil dich!" – aber das dann, das Quietschen, der Aufprall, und Abel, meine Schwester, durch die Luft gewirbelt und dann am Boden, reglos und stumm, und dieses Rinnsal Blut aus ihrem Mund und die weitaufgerissenen Augen, die mich ansahen, mich und niemand sonst – nein, das hab ich nicht gewollt. Das nicht.
Keine Gnade für Kain – woher auch. Die Schuld gaben sie nicht dem Autofahrer, nicht Abel, am allerwenigsten sich selbst; die Schuld trug ich, ich allein. „Du hättest auf sie aufpassen sollen, Kain! Dir haben wir's gesagt, Kain! Was hast du getan, Kain?!" Zwecklos meine Verteidigungsversuche: „Warum habt ihr denn Abel nicht zur Schule begleitet? Warum denn immer ich, ich, ich?"
Ich kam nicht an gegen die Stimmen, lernte auch da viel zu rasch: „Du bist schuld, Kain. Kain, was hast du getan!" Versperrt alle Fluchtwege. Tags das Gesicht meiner Mutter, wortlos, blicklos mir gegenüber beim Mittagessen; das Getuschel der Schulkameraden, das verstummte, wenn ich in ihre Nähe kam; die bemühte Gleichgültigkeit der Lehrer, als wüßten sie von nichts, als zählten nach wie vor nur Leistungen in ihren Augen.
Nachts das Gesicht Abels in immer demselben Traum: da tanzt sie vor mir her auf der Straße, lacht und singt wie früher, und ich will ihr nach und muß mich ungeheuer anstrengen dabei, weil meine Beine so schwer sind, und ich schwitze und keuche und – da dreht sie sich um, Blut tropft aus ihrem Mund, aus ihren Augen, und ich schreie . . . An meinem Schrei erwachte ich und zitterte und wollte zu meinen Eltern, und machte vor ihrer Schlafzimmertür,

ganz benommen noch, kehrt: Sie werden dich abweisen. Für dich ist kein Platz mehr bei ihnen. Das Blut Abels trennt euch.

Eigentlich war ich ganz froh, als meine Eltern mich dann ins Internat schickten. Das ebnete mir den Weg fürs Studium, die Begabtenförderung, den beruflichen Einstieg bei jener Weltfirma, die Leistung honoriert, den Aufstieg dort, unaufhaltsam, ins Ausland, zur Europazentrale. Geschenkt wurde mir nichts. Genießen konnte ich wenig. Ausruhen gibt es nicht bei dieser Firma. Zu viele der Rivalen, die nur lauern auf einen Fehler von mir, sich gern auf meinem Posten sähen. Zu viele der Jungen, die jetzt schon zu munkeln beginnen: „Wie alt ist er eigentlich?" und denen ich beweisen muß, mit immer größerer Anstrengung, daß ich noch längst nicht zum alten Eisen gehöre. Kain im Land „Rastlos".

Von meinen Eltern weiß ich nichts mehr, seit ich ins Ausland kam. Wahrscheinlich sind sie tot, aber wer will hier einen Termin nennen. Tot waren wir füreinander schon mit Abels Tod. Geblieben ist mir bis heute die Brandmarkung: die Mauer um mich, unerklärlich und unüberwindbar. Die läßt keinen an mich heran, nicht einmal meine Frau. „Ich glaube, du denkst sogar im Bett noch ans Geschäft", hat sie einmal geseufzt und bald mich in Ruhe gelassen und dann auch gesorgt dafür, daß alle mich in Ruhe lassen, selbst unsere Kinder. „Pst! Vater arbeitet! Den dürfen wir nicht stören!" – allabendlich derselbe Satz, deutlich genug, und dann verschwinden sie zusammen im Kinderzimmer, Verbündete.

Wenig weiß ich von meinen Kindern, die jetzt in dem Alter sind, in dem ich damals . . . Höflich geben sie Antwort, wenn ich mich erkundige: „Wie war's in der Schule?" „Gut", sagen sie übereinstimmend und verdrücken sich schnell. Ich glaube, sie haben Angst vor mir. Ich weiß nicht, wie ich ihr Vertrauen gewinnen, die Mauer überspringen kann. Ich weiß nicht. Ich kann nicht. Immer noch in Reih und Glied die Tulpen: rot, gelb, rot, gelb, rot. Abel ist fort, lange schon. Sie wäre über den Zaun gestiegen, damals. Sie würd' ich brauchen, jetzt. Ihre Hand in meine Hand: ein Neuanfang. Oder: Ein anderes Ende jenes immer noch immer wieder gleichen Traums: Einmal nur ein Lächeln und Worte von ihr zu mir: „Komm, Kain, gemeinsam finden wir den Weg nach Hause. Bruder und Schwester sind wir doch, gleiches Blut fließt in unseren Adern, gemeinsam laß uns das Leben lernen, neu . . ."

Ich fahre zu dem Haus, das ich gebaut habe, vor Jahren schon, und das kein Zuhause wurde für mich. „Du kommst spät", sagt meine Frau, kaum Vorwurf in der Stimme. „Ich wollte mal mit dir sprechen, wegen Eva-Abel. Sie kommt nicht mit, sagt mir die Lehrerin. Sie ist viel zu verspielt und verträumt. Sie will auch gar nicht richtig arbeiten, ich weiß nicht, was das ist. Mit Henoch hatten wir doch nie die geringsten Schwierigkeiten."

Ich setze mich neben sie, wortlos. Von fern her höre ich, näherkommend, immer näher – meine Schwester Abel.

Martin Buber

„. . . als wäre da kein Gott“

Wenn einer zu dir kommt
und von dir Hilfe fordert,
dann ist es nicht an dir,
ihm mit frommem Mund zu empfehlen:
„Habe Vertrauen
und wirf deine Not auf Gott“,
sondern dann sollst du handeln,
als wäre da kein Gott,
sondern auf der ganzen Welt
nur einer,
der diesem Menschen helfen kann,
du allein.

Kapitel VII

Die Taubenbotschaft: „Glauben heißt auch kämpfen“

Wolfgang Klein

Wider das Elend der Alternativen: „Zorn aus Liebe!“

Das Bild hängt in unserem Schlafzimmer. „Aha“, denken die einen – und in der Tat ist es ein auf mich erotisch sehr anziehend wirkendes Bild einer schönen jungen Frau. Auffallend sind auch die dazugehörenden Accessoires: Sie ist leicht verschleiert dargestellt. Vor allem in der Bildmitte herrscht ein romantisch schimmerndes, jungfräuliches Weiß vor. Dieses geht allmählich über in ein leichtes Blau, das sich stellenweise in das tiefe, klare Blau des Meeres verfärbt.

Die Schöne trägt einen Ehering. Sie beugt anmutig ihren Kopf, um die „Taubenbotschaft“ der Pergamentrolle in ihren zarten Händen zu entziffern: „Ave Eva“ – „Gegrüßet seist Du, Eva!“ Die junge Frau trägt also einen Namen, einen beziehungsreichen und symbolträchtigen biblischen Namen. Rückwärts gelesen, lautet die Botschaft übrigens genau gleich. *Eva* – das ist die Lebensspenderin. „Die Mutter aller, die da leben“, wurde sie von Adam genannt (1. Mose 3, 20). „Natürlich“, sagen die einen, „Sündenfall, Verführung des Mannes durch die Frau usw.“

Dazu passen auch die Blumen der Liebe. Die nach oben wachsenden Rosen sind kaum zu unterscheiden von den Frauenlocken, die anmutig auf den Busen herunterfallen, oder auch von den Büschen im Hintergrund. Und ganz dezent im Hintergrund versteckt, angebunden an der bleichen Sichel des Mondes, entdeckt man das Symboltier männlicher Potenz, das Einhorn. Es ist das alte indische Fabelwesen, das dann als Symbol für Christus(!) sogar seinen Einzug in die frühchristliche Mythologie gehalten hat.

„Warum nicht?“ frage ich jetzt einmal die anderen. Selbst wenn das alles wäre: wäre es nicht genug, sich zu freuen über die Schönheit, über die Liebe? Aber da ist ja noch etwas – die Taube. Sie sitzt auf der Hand Evas; sie schmiegt sich geradezu an die junge Frau und schaut sie unverwandt, fast möchte ich meinen fragend, an! Sie erstrahlt ebenfalls im lichten Weiß. Sie ist ja das kultisch reine „*Opfer*tier“ der Bibel (vielleicht von daher auch später das Friedenssymbol?), gilt als unverständig (Hosea 7, 11), aber auch als sanft. In wichtigen biblischen Erzählungen spielt sie eine große Rolle: Sie kündigt Noah die aus der chaotischen Sintflut aufsteigende „neue Welt“ Gottes an und versinnbildlicht bei der Taufe Jesu den Geist Gottes selber.

So ist das Bild in Wahrheit eine „Taubenbotschaft“ für Mystiker *und* Militante, für Träumer und Kämpfer, denn es zeigt die beiden Ufer auf, die der Strom des Evangeliums unaufhaltsam und gegen allen Augenschein der Wirklichkeit dieser Welt miteinander verbindet – Zorn *und* Liebe, Kampf *und* Kontemplation (R. Schutz), Hoffnung *und* Leid, Glaube *und* Politik. Ein Wort Jesu selbst hat mich auf diese Spur gebracht, das er seinen Nachfolgern (uns Christen?) mit auf ihren Weg in den Alltag gab:

> „Siehe, ich sende Euch wie Schafe mitten unter die Wölfe. Darum seid klug wie die Schlangen und ohne Falsch wie die Tauben."

Das ist, mit den Worten Ernst Alts zu seinem Bild, Jesu „Taubenbotschaft in Falkenzeit, Offenbarung in der Dunkelheit, Maientau in kaltem Krieg". Es meint nicht, daß wir wie die „blöden" Schafe hinter jedem Leithammel hertrotten, sondern uns unter den Wölfen klug, offen und ehrlich bewegen sollen. Natürlich ist es heutzutage, im Zeitalter der Massenpsychologie und Medienverdummung, der Werbemanipulationen und politischen Indoktrinationen, schon sehr schwierig geworden, überhaupt die Wölfe von den Schafen zu unterscheiden, zumal wenn sich die ersteren so gerne unter den Pelzen der letzteren verstecken!

„Schafe und Wölfe", wenn es nicht so ernst wäre, würde ich sagen: Das ist das größte und interessanteste Gesellschaftsspiel unserer Tage. Das Wort Jesu ist einfach wahr: Es gibt nur Täter und Opfer, Reißer und Zerrissene, Wölfe und Schafe eben. Und damit zerreißt er selbst zugleich unbarmherzig jene verlogene Decke, mit der wir so gerne unsere menschlichen Beziehungen verhüllen und verschleiern. Sein klarer und eindeutiger Auftrag an uns heißt: Parteinahme für die Sache der Schafe. Denn er selbst hat nie mit den Wölfen *seiner* Zeit geheult, er hat sich ihnen nie angepaßt, hat nie Glaube als Schlafmittel oder Jenseitsdroge verstanden.

Da ist mir plötzlich auch noch seine Mutter eingefallen, *Maria*, Gegenstück, Antipode zu *Eva*, auch Mutter des Lebens, Modell einer neuen Frau. „Gegrüßet seist Du, Maria, voll der Gnaden, gebenedeit (= gesegnet!) unter den Weibern, und gebenedeit ist die Frucht Deines Leibes . . .", heißt es in dem bekannten katholischen Gebet. Warum „gebenedeit", ausgezeichnet vor allen anderen Frauen? Vielleicht, weil sie ihrem Sohn schon in der Wiege jenes revolutionäre Lied, das „Magnificat" (Lukas 1, 46–55), vorgesungen hat? Das ist allerdings nicht die „Mutter Gottes" aus der Grotte von Lourdes, die Madonna der Heiligenbilder und der katholischen Liturgie, sondern die „Mutter der Armen", die hier die Thronsessel der Herrschenden purzeln läßt, deren Gott die Reichen leer ausgehen läßt und dafür die Niedrigen erhöht. Es ist das Mädchen aus Nazareth mit dem unehelichen Sohn, der später auch als politischer Aufrührer hingerichtet wird, das uns lehrt, daß glauben auch kämpfen heißt; daß es um das „Beten und das Tun des Gerechten" (D. Bonhoeffer) geht, weil der Zorn Gottes, der Zorn der Propheten, der Zorn Jesu die Ungerechten, die Unterdrücker und Ausbeuter trifft. Maria unterläuft die Einteilung der Menschen in Schafe und Böcke. Sie ist ein Bild der Hoffnung für die Unterdrückten, ein Anfang auch in der Geschichte der Frauenbefreiung.

Darüber können sich natürlich nur die Armen und Elenden freuen, denn ihre Geschichte war und blieb keine schöne und ungefährliche Poesie. Auch ihr Sohn war, wie gesagt, kein Leisetreter. „Ich bin nicht gekommen, Frieden zu bringen, sondern das Schwert... Und wer nicht sein Kreuz auf sich nimmt und folgt mir nach, der ist meiner nicht wert", verkündet er seinen Anhängern (Matthäus 10, 34.38). Und er läßt seinen eigenen Worten, wie immer, prompt auch Taten folgen, indem er die Religionsmißbrauch treibenden Händler knüppelschwingend aus dem Tempel jagt. Wie kann er da die Sanftmütigen im selben Atemzug selig preisen und ihnen Landbesitz, also Reichtum, verheißen?

Das Problem läßt sich nicht auf die Scheinalternative von Gewalt und Gewaltlosigkeit reduzieren. „Die Herde, die sich gegen den Wolf auflehnt, übt Gewalt aus. Der Wolf sorgt nur für Ordnung", heißt ein „Fabelhaftes Gleichnis" von Guntram Vesper. Deshalb ist auch die Sanftmut im Sinne Jesu keine Schafstugend, ist nicht die nachgiebige, rückgratlose Geschmeidigkeit „kluger Leute". Sie ist keine Schwäche, sondern eine willensstarke Liebesangelegenheit. Nichts ist schlimm, wenn wir kämpfen, es sei denn, wir verlieren die Liebe. So laßt uns, nach einem Wort Martin Bubers, „gewaltig lieben"! Auch die Rosen, wie sie in Ernst Alts Bild nach oben wachsen, sind in all ihrer Schönheit verletzend. Die Blumen der Liebe sind verletzlich in ihrer Blüte und mit ihren Dornen zugleich scharf stechend. Sie duften süß und können für den, der sich ihnen ohne Vorsicht und Zartheit nähert, auch „Blumen des Bösen" werden.

Wir nennen uns Christen. Fragen wir also heute danach, was der gewollt hat, nachdem wir heißen! Wo ist das „Rosenblühn im Todesschatten, die lichte Wolke ohne Strahlentod, das Hohe Lied trotz Sterberüsten"? (Ernst Alt) Es ist schwer, Christ zu sein in einer Gesellschaft, in der Sympathie auf die Formel „Seid nett zueinander!" gebracht wird und statt der jüdisch-christlichen Forderung, den Nächsten (geschweige denn den Feind) zu lieben, sich nirgendwo einzumischen als wahre Bürgertugend gilt.

Diese Schwierigkeit kommt nicht von ungefähr. Sie hat ihre Wurzeln zum einen in der politischen Geschichte unseres Landes. Wenn nach dem französischen Sozialisten Proudhon die ganze Aufgabe guter Menschen darin besteht, das Volk zu lehren, nein zu sagen, so hat das deutsche Volk solche Belehrung durch gute Menschen nie bekommen. Es hat weder 1914 noch 1933 nein gesagt, sondern auf die Frage: „Wollt ihr den totalen Krieg?" tausendstimmig ja gebrüllt.

Zum anderen wird uns Christen, in der Sprache der Bergpredigt, von Jesus zwar zugemutet, auch die andere Wange hinzuhalten (das heißt, für sich *selbst* die eigene Ohnmacht anzunehmen und Unrecht zu erleiden!), aber den Nächsten, der auf die rechte Wange geschlagen wird, nicht zu ermuntern, auch noch die linke hinzuhalten, sondern ihm zu helfen (das heißt, sich nicht mit der Ohnmacht und Unterdrückung der anderen abzufinden!). Dieses christliche Dilemma ist außerhalb der Liebe nicht zu überwinden, Unschuld ist dabei nicht zu behalten: weder durch ein Prinzip absoluter Gewaltlosigkeit (die auch getarnte Feigheit sein kann, wenn sie aus Opportunismus geschieht!), noch durch vermeintliche Neutralität, da sie mich zum Mitwisser und Mitläufer der Schuldigen macht.

Wie kann ich nun damit der Vernunft und dem Glauben gemäß umgehen, das heißt, wie kann ich „fromm" und „politisch" zugleich sein? Sicher nicht dadurch, daß ich die Hände in den Schoß lege, für das Seelenheil meiner Mitmenschen bete und im übrigen den lieben Gott einen guten Mann sein lasse. Ich erlebe im Gegenteil, daß die meisten jungen Menschen, die sich noch nicht an die Ungerechtigkeit und Friedlosigkeit dieser Welt resignierend gewöhnt haben, gewillt sind, sich einzusetzen und einzumischen, gegen das Unrecht in ihrer Gesellschaft auf die Barrikaden zu gehen.

Meine Generation, die Jugend der 50er und 60er Jahre, stand der Kirche gleichgültig bis feindselig gegenüber. Die heutige Jugend interessiert sich auch nicht so sehr für Kirchenreformen, sie verlangt vielmehr „Kommunikation", und das heißt in der Sprache der jungen Christen-Gemeinschaft: Kommunion! Ihr Vertrauen gilt nicht Institutionen, sondern Menschen, die in Gemeinschaft mit ihnen leben. Es geht ihnen dabei keineswegs „nur" um Emotionen, wie ihnen bisweilen unterstellt wird. Nein, es geht ihnen um Glaubwürdigkeit des Christseins, sie brennen förmlich danach, sich für andere einzusetzen, fragen auch, wofür es sich eigentlich lohnt, sich selbst und sein Leben einzusetzen. Und so werden sie zu Vorkämpfern des Widerspruchs im Sinne des Evangeliums. Der Glaube nimmt da die Form des heiligen Zorns an, der gegen die Unwahrheit und Ungerechtigkeit kämpft. Aber dieser Kampf ist kein Kampf gegen Menschen, sondern gegen das Böse, das sie tun oder erleiden müssen! Freilich, ich selbst und viele junge Menschen, die sich in diesem Kampf engagieren, wissen, was Mutlosigkeit heißt. Viele, die in den letzten Jahren in der Friedensbewegung von einer unbändigen Hoffnung für „Frieden auf Erden" getragen wurden, sind heute voller Bitterkeit und Skepsis. Auch bei mir hat die Kraft nachgelassen. Bedeutet die Stationierung der Raketen, daß die Anstrengungen für den Frieden umsonst waren? Was soll ich denn noch predigen nach dem 14. November 1983, dem Tag, als die ersten Pershings kamen? Christus nachfolgen? ... In unserer Konsumgesellschaft wird das zu einem kühnen Wagnis. Wie kann man angesichts solcher innerer Zusammenbrüche noch die Hoffnung mit anderen teilen, gemeinsam Neues aufzubauen? Wenn man sich Krisen nicht stellt, ihnen gar zu entfliehen sucht, so sagen uns die Psychologen, sterben auch unsere Lebenskräfte ab. Durch Krisen hindurchgehen und verstehen, woher sie kamen und was dahinter liegt – dieser Weg bringt uns weiter. Die Bibel drückt das so aus: „Wer glaubt, flieht nicht!" (Jesaja 28, 16). Lassen wir uns also so weit führen, daß der Kampf und die Kontemplation als zwei Pole derselben Sache unser ganzes Leben bestimmen, das heißt: niemals Christus ohne die Menschen! Niemals die Menschen ohne Christus!

Der Christ kann nicht den Karren vor die Pferde spannen: Als Glaubender lautet für ihn der Schlüsselbegriff „Kontemplation". Er wird also aus den Quellen des Evangeliums schöpfen und trinken, um seinen Durst nach Gerechtigkeit und Frieden zu stillen, nicht um sich in seiner Haut wohler zu fühlen. Er will so die Wirklichkeit der Welt neu, das heißt, mit den Augen Jesu sehen und begreifen, um allmählich in die lebendige Gemeinschaft mit Christus und den Christen hineinzufinden. Als Kämpfender schöpft er dann aus dieser Quelle Mut und Zuversicht, dem entstellten menschlichen Antlitz wieder menschliche Züge verleihen zu können und die Vision einer Gesellschaft nicht aus den Augen zu verlieren, in der der Mensch Subjekt des politischen Prozesses ist und nicht länger Objekt und Opfer der „Ruhe-und-Ordnung"-Politiker, deren bevorzugte Argumente Knüppel und Wasserwerfer, Gefängnisse und KZs, Folter und Todesstrafe sind.

Die Alternative in diesem Kampf heißt auch nicht Martin Luther King oder Che Guevara. Beide fordern uns zum Mit-Leiden heraus, beide beunruhigen uns, denn beide haben dem Wort Jesu gemäß gehandelt: „Niemand hat größere Liebe denn die, daß er sein Leben läßt für seine Freunde" (Johannes 15, 13). Und niemand von uns vermag heute zu sagen, wie lange unsere Wanderung in eine vernünftigere, menschlichere Welt noch dauern wird – ob wir überhaupt noch Zeit genug haben, sie richtig anzutreten bei all den militärischen und atomaren Selbstmordprogrammen unserer Tage. Aber wer da resigniert, bleibt im Laufgitter unserer Gesellschaft gefangen.

Auch King war in Wahrheit kein sektiererischer Schwärmer, sondern ein politischer Realist, und dennoch sagte er (prophetisch!) am Vorabend seiner Ermordung:

> „Er (Gott) hat mich auf den Berg geführt (wie Mose), und ich habe das Gelobte Land gesehen. Mag sein, daß ich nicht zusammen mit euch dorthin gelange, aber heute abend will ich euch sagen, daß wir als Volk (Gottes) das Gelobte Land erreichen werden. Mich bedrückt nichts. Ich fürchte mich vor keinem Menschen. ‚My eyes have seen the glory of the coming of the Lord' (= ‚Meine Augen haben die Herrlichkeit des Kommens unseres Herrn geschaut!')."

Weil das Leben lebenswert ist, weil die Liebe schön ist, so schön wie *Eva-Maria*, deswegen muß unser Zorn all dem gelten, was dies bedroht, angreift und vernichten will! Dieser heilige Zorn kommt aus der Liebe zum Leben und zu allem Lebendigen. Er setzt angesichts des Todes: Kampf statt Resignation, Engagement statt Passivität und Erhebung statt Ergebung. Dieser Zorn gilt auch in allererster Linie immer dann mir selber, wenn ich merke, daß mir die Haltung des Zuschauers lieber geworden ist als die des Handelnden, daß ich um *Gottes* willen hätte zornig sein müssen, aber um *meinet*willen geschwiegen habe – aus Mangel an Zivilcourage oder aus Bequemlichkeit. Zu einem gerechten Zorn braucht es viel Liebe und viel Mut.

Sicher wird es riskant sein, sich zwischen die Wölfe und ihre Opfer zu stellen, aber das andere ist im Grunde noch riskanter: alles so laufen zu lassen, wie es jetzt läuft. Das Risiko, den Weg Jesu mitzugehen, ist groß, das Risiko ohne Jesus ist größer.

Sicher werden es die Wölfe auch nicht so ohne weiteres hinnehmen, wenn die christlichen Schafe plötzlich nicht mehr lammfromm sind, sondern klug wie die Schlangen das böse Gesellschaftsspiel durchschauen und einfach nicht mehr mitspielen. Dabei treten sie ihren Gegnern ohne Hinterlist wie die Tauben entgegen, in zorniger Liebe, die aus der Reinheit des Herzens kommt.

Sicher werden dabei auch die weißen Tauben manchmal müde, haben auch sie Angst vor Verfolgung und Leid. Aber zu ihrer Klugheit gehört eben auch die Hoffnung auf die Offenbarung in der Dunkelheit, auf den Hochzeitsschleier *Eva-Marias* als „Antifahne" (Ernst Alt); das Wolfsgeheul wird nicht das Grande Finale der Weltmusik sein, sondern das Evangelium vom Frieden auf Erden.

Ein alter Rabbi fragte einst seine Schüler: „Wann weicht die Nacht dem Tag? Woran erkennt man das?" Da sagten sie: „Ist es, wenn man von weitem einen Hund von einem Schaf unterscheiden kann? Oder einen Dattel- von einem Feigenbaum? Vielleicht wenn man den ersten Lichtschimmer am Horizont sieht? Oder wenn man einen Busch schon von einem Menschen unterscheiden kann?" „Nein", schüttelte der weise Mann seinen Kopf. „Aber wann ist es dann?" fragten neugierig seine Schüler. Er antwortete: „Die Nacht weicht dem Tag, wenn du im Gesicht *jedes* Menschen deine Schwester und deinen Bruder siehst."

Es ist an der Zeit.

Winnie Mandela

Nicht einmal im Traum...

Dialog kann nur stattfinden, wenn alle unsere Führer aus der Haft entlassen sind, wenn alle gebannten Führer wieder frei sind und alle Führer, die jetzt im Exil sind, wieder zurückkehren können. Das ist die einzige Bedingung, unter der in diesem Land überhaupt ein Dialog wieder beginnen kann. Und dabei ist fraglich, ob unsere Führer überhaupt noch wirklich zu einem Gespräch bereit wären, um das sie vor zwanzig Jahren gebeten haben, für das sie inzwischen ihr Leben gegeben haben. Das ist immerhin ein Aspekt, der einbezogen werden muß: wenn du dein ganzes Leben hinter Gittern verbracht hast, nur weil du an einem Gespräch interessiert warst, das zu führen die Regierung nicht bereit war – und dann kommst du zwanzig Jahre später heraus –, und nun sollst du etwas tun, bereit sein, etwas zu tun, wofür du zwanzig Jahre im Gefängnis verbracht hast? Es müßte ein gänzlich neues politisches Denken erarbeitet werden, damit das möglich wäre; eine ganz neue Struktur, eine neue Basis für einen Dialog, für sogenannte Verhandlungen. Ich persönlich sehe dafür keine Hoffnung, für ein derart neues politisches Denken bei den Weißen.
Bevor ich in Einzelhaft kam, bevor ich den Afrikaaner wirklich verstanden habe, so wie ich ihn jetzt verstehe, habe ich auf öffentlichen Podien gestanden, ich habe Reden gehalten und vielleicht Dinge gesagt, bei denen ich mich nie konkret geprüft hatte, ob ich überhaupt fähig wäre, sie zu tun! Ich war eine Sozialarbeiterin, ich war eine Mutter. Wenn mir jemand ein Gewehr gegeben hätte und mir befohlen hätte, aufs Schlachtfeld zu gehen und zu schießen – ich weiß, daß ich nicht fähig gewesen wäre, es zu tun. Und das, obwohl ich in dieser gewalttätigen Situation lebte. Aber tief innen, in meinem Herzen, war ich eine Sozialarbeiterin, und dieses Gefühl, menschliches Leben zu bewahren, dieser Respekt vor dem menschlichen Leben, das war nicht nur beruflich bedingt, das war das Zentrum meiner Person.
Aber in der Haft ist etwas mit mir geschehen. Es war etwas Außerordentliches; ich habe mich danach als jemanden entdeckt, der anders geworden war. Heute weiß ich, daß ich schießen würde, wenn der Mensch, mit dem ich es zu tun habe, da vor mir erscheinen würde mit einem Gewehr in der Hand. Ich würde schießen, gleichgültig, ob es ein Mann, eine Frau oder ein Kind wäre; ich würde schießen in Verteidigung meiner Prinzipien. Das ist es, was sie mich gelehrt haben. Ich hätte das vorher niemals tun können. Der Haß, der mir im Gefängnis entgegenschlug, den ich erst im Gefängnis so kennengelernt habe, war so überwältigend, daß ich, um mich zu verteidigen, um zu überleben, exakt das gleiche in mir habe entwickeln müssen, ihnen gegenüber. Nun weiß

ich, daß ich nicht zögern würde, aufs Schlachtfeld zu gehen. In den Monaten meiner Einzelhaft wurde mir klar, daß wir den Haß der Afrikaaner unterschätzt haben; wir hatten gedacht, Versöhnung sei möglich, Verhandlungen seien möglich. Es war ein sehr aufschlußreicher Lernprozeß. Du lernst, die Gültigkeit deiner Ideale einzuschätzen und ihren Wert zu prüfen.
Ich muß gestehen, daß ich freudig den Baum der Freiheit mit meinem Blut tränken würde, wenn das bedeuten würde, daß die Kinder, die ich unter diesen Bedingungen großziehe, später nicht das Leben werden führen müssen, das ich führen muß. Ich möchte nicht, daß irgendein anderer Mensch auf dieser Welt dieses Leben führen muß. Ich wäre glücklich, wenn ich glauben dürfte, daß ich der letzten Generation angehöre, die das erfahren muß, was wir erlitten haben. Das ist die Bitterkeit, die sie in uns wachgerufen haben. Das ist es, was sie aus uns gemacht haben. Und wir müssen das einfach zum Halten bringen. Und wenn einem das nicht gelingt, dann muß man ihre Methoden benutzen, denn das ist die Sprache, die sie verstehen.
Das zukünftige Südafrika wird Raum für uns alle haben und wird uns alle umfassen. Die Rasse darf keine Rolle mehr spielen. Es ist doch genug für uns alle da. Es wird ein sozialistischer Staat sein, denn natürlich wird es keinen anderen Weg geben, das Problem des Verhungerns, das wir hier haben, zu lösen. Wir Schwarze werden einen fairen Anteil am Reichtum dieses Landes haben. Das Land ist reich genug für uns alle. Jedem wird in dem zukünftigen Südafrika das gegeben werden, was er verdient. Wir haben Platz für jeden, sei er schwarz, rosa, gelb oder grün – welche Hautfarbe auch immer! Aber grüne haben wir ja nicht (lacht). Wir werden eine ganz normale Gesellschaft haben, wie in jedem anderen Land.
Schwarzsein, das bedeutet in diesem Land ein Engagement, und zwar ein Engagement für eine rote Ideologie, davon sind die Weißen überzeugt. Du darfst noch nicht einmal sagen, du bist hungrig, denn dann bist du schon ein Kommunist und willst anderen was wegnehmen. So wird Kommunismus in Südafrika verstanden. Also, jeder Schwarze ist Kommunist, denn jeder Schwarze ist hungrig. Es ist ja eine unglückselige Ironie darin, daß sie nun jeden Schwarzen zum Kommunisten gemacht haben, wo doch der Kommunismus ein derartiges Entsetzen in ihnen hervorruft. Wir verstehen unter Kommunismus etwas völlig anderes als die Regierung; und wenn irgend jemand in Südafrika die Saat des Kommunismus gesät hat, dann ist das die südafrikanische Regierung selbst. Der Kommunismus, so wie wir ihn verstehen, richtet sich an den Schwarzen und bezieht seine Situation mit ein, er spricht zu ihm in einer Sprache, die er versteht. Und zuerst und vor allem mußt du den Magen eines Menschen verstehen, bevor du irgend etwas anderes verstehst. Im Moment ist es uns völlig gleichgültig, wer uns dabei hilft, uns zu befreien, wer uns hilft, unsere Unterdrückung abzuschütteln. Es geht einzig und allein nur noch um das zukünftige Südafrika, und die Übergangsperiode

dahin wird eine schwerere Zeit sein als alles, was wir bisher erlebt haben. Das, was wir heute leiden, ist gar nichts im Vergleich zu dem, was auf uns zukommt. Wir gehen einer sehr dunklen Zukunft entgegen.

Als ich noch ein Kind war, da gehörte uns doch alles, die Freiheit, die für dich als Kind ein so berauschendes Erlebnis ist; diese herrlichen weiten Ebenen in der Transkei, diese Ebenen mit diesem tiefen, dunklen Grün; der Fluß mit seinem klaren, kalten Wasser ist noch so lebendig in meinem Gedächtnis, als Kinder sind wir in ihm geschwommen, sind in ihm herumgewatet, haben geplanscht und gespielt; diese wundervoll sanft gewölbten Hügel – das ist das Land meiner Kindheit. Und als ich ein Kind war, habe ich immer fest daran geglaubt, daß dies mein Vaterland ist, das Land meiner Eltern, das Land meiner Vorfahren; und dann dämmert dir, wenn du heranwächst, diese schreckliche Erkenntnis, daß da so ein Weißhäutiger daherkommt und dir einreden will, daß dieses Stück Erde, auf dem du geboren und groß geworden bist, gar nicht dir gehört! Er will mir einreden, daß ich dieses Land, herrlich und fruchtbar, wie es ist, ihm zu verdanken habe, daß ich ein Stück Papier brauche von ihm, wenn ich an dieses Land meiner Kindheit als an mein eigenes zurückdenken will!

Das Entsetzen, das bei dieser Erkenntnis aufbricht – das ist das Gefühl, das jeden schwarzen Menschen in den Widerstand treibt, der ähnliche Kindheitserlebnisse hatte wie ich, der einmal diese Erfahrung als Kind gemacht hat, glücklich zu sein und unbeschwert auf dem Land, zu dem man gehört.

Und wenn mir irgendeine Regierung einreden will, diese Kindheit, dieses Glück habe es nur in meiner Einbildung gegeben – nun, wir schleppen wirklich nicht diese komplizierten Kindheitsprobleme und Traumata mit uns herum, zu deren Lösung wir einen Psychoanalytiker brauchten. Es ist ganz einfach: In dir ist diese tiefe Liebe zu deiner Heimat gewachsen – die einzigartige Intensität dieses Gefühls entsteht nur in deiner Kindheit. Unser Kampf ist nichts anderes als der Kampf um dieses Stück Erde deiner Kindheit, es ist der Kampf ums Land; und dieser Kampf reicht zurück bis zu den Grenzkriegen, die der Weiße begonnen hat.

Deswegen würde ich keine Sekunde lang daran denken, dieses Land zu verlassen! O mein Gott, ich ertrage es nicht einmal, daß man mir ernsthaft diese Frage stellt. Ein fremder Siedler macht sich in meinem Land breit, und ich – ich soll durchs Hintertürchen aus meinem Land verschwinden? Nicht einmal im Traum wäre so etwas für mich denkbar.

Benjamin Moloise

Warum müssen wir den Tod fürchten?

Der Tod fürchtet keinen
Wer auch immer geschaffen ist aus Staub
in Staub muß er eines Tages zurückkehren
Zeitpunkt und Art meines Todes sind bereits beschlossen

Das ungewisse Spiel meines Schicksals
erwartet mich nicht mehr
niemand kann stolz sein auf seine Beziehung zu Gott
wenn das Ungewisse gewiß wird

Gott ist der einzige Zeuge des Ungesehenen

*

All die Armeen, die jemals marschierten
all die Parlamente, die jemals zusammensaßen
haben das Leben des Menschen auf Erden nicht berührt
als das eine, einzigartige Wesen.
Ich bin stolz auf das, was ich getan habe
Dem Sturm der Unterdrückung
wird der Regen meines Blutes folgen
Ich bin stolz darauf, mein Leben zu geben
Mein eines, einzigartiges Leben.

James Matthews

Dieser Ort ist voll von Feuer

Gedicht zum Gedenken an die Ermordung von Benjamin Moloise in Südafrika am 18. Oktober 1985

Dieser Ort ist voll von Feuer,
das Liebe und Lust versprüht.
Kuppler gibt es hier und Dirnen –
man ist auch stolz auf einen Priester,
oder zwei.
Die Leute hier
machen nur Schlagzeilen,
wenn von Vergewaltigung und Raub
zu berichten ist;
und jeder achtet den Tod,
sogar jene, die ihn verursachen.
Schwarzbrennerinnen bedienen rund um die Uhr,
sie kennen keine Feiertage.
Moscheen und Kirchen dienen nur
geistlichen Nöten
der Leute des Distrikts.
Dieser Ort ist voll von Feuer –
aber nun verlöscht langsam die Glut.

Der Verstoßene

Psalm 23, heute gebetet

Ich bin der Hirte der Gewalt,
nichts wird mir fehlen.
Wer läßt mich lagern in toten Wäldern
und führt mich zum Ruheplatz am verseuchten Wasser?
Geld stillt mein Verlangen,
es leitet mich durch dunkle Gassen,
treu seinem Namen.
Muß ich auch wandern in finstrer Schlucht,
ich liebe den Terror,
denn er ist mit mir.
Meine Axt und mein Schwert werden mich leiten.
Du deckst mir den Tisch voll Müll und Konserven
vor den Augen der Verhungerten.
Du füllst meine Tanks mit Öl.
Du füllst meine Taschen mit Geld.
Tod und Verderben folgen mir mein Leben lang

und aus dem Hause des Herrn werde ich verstoßen!

Rainer, 14 Jahre

Dieter Trautwein

Einige Leute loben den Frieden

Einige Leute loben den Frieden,
der sicher im Jenseits lagert
und später an Seelen verteilt wird.
Was hilft uns ein Friede, reserviert nur für Tote?

Einige Leute loben den Frieden,
der Freundschaft den Freunden bietet,
an Feinde mit Fäusten verteilt wird.
Was hilft uns ein Friede, reserviert nur für Freunde?

Einige Leute loben den Frieden,
der Reichtum und Wohlstand fördert
und sicher auf Konten verteilt wird.
Was hilft uns ein Friede, reserviert nur für Besitzer?

Einige Leute loben den Frieden,
der dem Hunger Almosen stiftet
und hindert, daß Fortschritt verteilt wird.
Was hilft uns ein Friede, reserviert nur für Reiche?

Einige Leute loben den Frieden,
der höher als alle Vernunft ist,
an Freunde und Feinde verteilt wird.
Uns hilft nur ein Friede, der gut ist für alle!

Herr, mach uns zu Boten deines Friedens, Herr!
Der Friede ist unter uns.

Vilma Sturm

Friedenszorn

Die großen Kirchentage, bei denen es so fröhlich, fromm und herzlich zugeht, wo wir singen und tanzen und alle nett zueinander sind, schenken uns ein Abbild friedlichen Zusammenseins, eine Vorwegnahme des paradiesischen Zustandes, den wir im irdischen Leben nie erreichen werden.
Ähnliches ist von den großen Demonstrationen zu sagen, über denen die Fahnen flattern und die bunten Ballons fröhlich in die Lüfte steigen. Ob im Nieselregen oder in Sonnenglut – es herrscht Heiterkeit und eine happening-ähnliche Stimmung.
So entspricht es dem Lebensgefühl der jungen Leute, denen fast jedes Treffen zur Fete wird; bei der Fete versichern sie sich ihrer Zusammengehörigkeit in einer Welt von no-future. Wenn man fragt, woher das kommt, fände man vielleicht heraus, daß die Hochschätzung des Festlichen mit dem Niedergang der großen mythischen und religiösen Feste zu tun hat, die zu bürgerlichen Schenk- und Freßgelegenheiten verkommen sind und nichts mehr ahnen lassen von ihren sakralen Ursprüngen.
Das mag sich wie auch immer verhalten – jedenfalls bin ich von Herzen dabei, wenn es gilt, den noch nie vorhandenen Frieden festlich zu begehen. Aber manchmal kommt es mir doch so vor, als ob unsere permanente Heiterkeit dem Auftrag, zu dem die Bewegung sich verpflichtet hat, nicht ganz gerecht würde.
Ich vermisse ein Wort, auf das ich nicht verzichten möchte: ich vermisse den Zorn. Wenn ich hier von mir selbst sprechen darf, so empfinde ich, seitdem ich mir der globalen Gefahr bewußt wurde, die über uns hängt als schwarze Gewitterwolke, einen ungeheueren Zorn, Zorn viel mehr als Angst und Trauer. Natürlich habe ich auch Angst, aber da ich eine alte Frau bin, mit der Erwartung des Todes auf vertrautem Fuße, ist meine Angst, durch eine Katastrophe zu enden, nicht viel anders als die gewöhnliche Angst vor dem Krebstod, dem Herztod, dem Unfalltod. Und natürlich empfinde ich Trauer bei der Vorstellung, daß gleichzeitig mit mir alles dahin sein wird, was ich geliebt habe: die Kinder, die Freunde, die Bäume, die Vögel und Schmetterlinge, Trauer, Trauer, unendliche Trauer . . .
Aber Angst und Trauer werden übermächtigt von dem Gefühl des Zornes, das ich rot und heiß in mir hochsteigen fühle, wenn ich die mögliche Katastrophe bedenke. Wenn ich bedenke, daß wir selbst es sind, die das Inferno in Gang setzen.

Zorn auf die Mütter, die ihre Kinder so aufzogen, daß sie sich gebrauchen lassen für den Dienst an der Bombe: als Arbeiter in den Rüstungswerken, als Angestellte in den Büros, als Soldaten.
Zorn auf die Söhne dieser Mütter, daß sie den Gleichmut und die Gedankenlosigkeit besitzen, sich dem Gerät zur Verfügung zu stellen, unbelehrt durch das Schicksal jenes Hiroshima-Piloten, den sie in die psychiatrische Klinik bringen mußten, als es vorbei war.
Zorn auf die Lehrer jener Söhne, die ihnen Algebra, Geographie und Grammatik beibrachten, aber nicht, daß die Bombe keine erlaubte Waffe ist und niemals eingesetzt werden darf.
Zorn auf die Wissenschaftler, die ihre tödlichen Erkenntnisse nicht unter Verschluß hielten, sondern sie preisgaben, die neunmalklugen Dummköpfe! Nicht nur dumm, auch arrogant und böse, wenn ich an einen Mann wie Samuel Cohen denke, der seine schlimme Erfindung mit zynischen Worten kommentiert.
Zorn auf die anonymen Herrn der Betriebe, die davon leben, daß sie Tötungsgeräte herstellen, wahrscheinlich im Luxus leben, sich mästend am drohenden Untergang.
Zorn auf die Politiker, die nach vorgefertigten Denkmustern ihre Entscheidungen treffen und nicht imstande sind, auszusteigen aus dem mörderischen System, das beherrscht wird vom Popanz der Russenangst seit mehr als fünfzig Jahren.
Zorn auf die Kirchen, vor allem die katholische, die es ebenfalls nicht fertigbringt, auszusteigen aus dem Verbrechensbereich. Die es den Politikern und den Militärs überläßt, welche und wieviele Mittel bereitgestellt werden müssen, die „zum Zweck der . . . Abschreckung erforderlich sind" – statt ein klares, eindeutiges kompromißloses Nein zu jeder Form von Weiterrüstung (sei sie Vor- oder Nachrüstung) auszusprechen.
Zorn darüber, wie sie uns für dumm verkaufen und nasführen, die behaupten, wir hätten es jetzt nur mit der längst fälligen Nachrüstung gegen die russischen Raketen zu tun, damit das atomare Gleichgewicht wieder hergestellt würde! Wo es in Wirklichkeit ja nicht mehr darum geht, einen Krieg anzudrohen und somit zu verhindern – sondern einen Krieg zu führen und zu gewinnen mit Hilfe des Erstschlages. Wo es nicht mehr darum geht, im Konfliktfall die Bundesrepublik zu verteidigen (sie kann ja auch gar nicht verteidigt werden!), sondern die Sowjetunion zu vernichten, das „russische Huhn zu enthaupten", wie es zynisch verlautete von jenseits des Ozeans.
Zu diesem Zweck sind die neuen Waffen bestimmt, deren unausdenkbare Gefährlichkeit uns in jeder Sekunde die Vernichtung bringen kann – aus dem heitersten Himmel, bloß weil die russischen Radarsysteme aller Wahrscheinlichkeit nach nicht mit letzter Präzision arbeiten.

Taubenbotschaft ▷

Zorn über die Arroganz der Macht, die sich unseren Planeten zum Spielball ihrer aberwitzigen Tötungsphantasien ausgesucht hat und ihn kaltblütig der Vernichtung preisgibt. Tausende von Stunden haben wir damit zugebracht, unseren Kindern, unseren Enkeln das Beste zu geben, was wir hatten: liebende Fürsorge und Aufmerksamkeit; wir vermittelten ihnen Wissen und bildeten ihre Fertigkeiten, lehrten sie Ehrfurcht, Solidarität und Brüderlichkeit mit allen Geschöpfen, und dieses wunderbare Potential, das wir so sorglich hüteten, soll nun vernichtet werden, ehe es sich entfalten konnte im Dienst an der Welt! Und darüber soll ich nicht zornig sein ?

Natürlich weiß ich, wie wichtig es ist, daß unsere Zusammenkünfte in größter Friedfertigkeit verlaufen; daß unsere Märsche nichts Militärisches haben und daß die Schlußkundgebungen eher fröhlichen Picknicks gleichen als Protesten, bei denen es um Leben oder Tod geht. Ich weiß auch, daß Diskussionsveranstaltungen zwischen Gegnern und Befürwortern der Abschreckung „ausgewogen" sein müssen; hier müssen, nach gehörigem Proporz, die Kontrahenten rechts und links auf dem Podium sitzen, getrennt durch den bemüht-verbindlichen Gesprächsleiter, begleitet vom „Anwalt des Publikums", der die Wortmeldungen manierlich ordnet – kein Aufschrei erwünscht aus der Zuhörerschaft! Hier muß Eintönigkeit verpönt sein, hier muß man sich bemühen, jeden zu respektieren, den mit der Waffe nicht weniger als den ohne Waffe. Man muß artig verschiedene Meinungen vortragen, aber keiner darf mit der Faust auf den Tisch hauen: Am friedlichen Umgang miteinander erkennt man die Friedensfreunde, sie haben geduldig zu sein, tolerant und möglichst nicht radikal und zornig schon gar nicht. Lafontaine darf nicht aus der Haut fahren, wenn er dem Walberberger Prior oder dem Generalsekretär der CSU gegenübersitzt, und umgekehrt darf der Oberstleutnant Piontek nicht loswettern gegenüber Zivilisten, die die Entscheidungen der Hardthöhe in Frage stellen.

Trotzdem bin ich das alles manchmal von Herzen leid. Ich möchte manchmal radikal und zornig sein, weil mir das als die einzige angemessene Verhaltensweise erscheint angesichts dessen, was uns bevorsteht. Ich möchte ein radikaler, ein zorniger Gegner der Bombe sein, darüber möchte ich nicht mit mir reden lassen. Ich will es ab und an zu verstehen geben, daß ich die Bombe hasse, ich mag den Streit nicht übertünchen und überkleistern, den Streit, worin ich mit denen liege, die den Einsatz der Bombe planen.

Waren etwa nicht die Propheten zornig, als sie dem Volk seine Sünden vorhielten und die Strafgerichte Gottes androhten? Sie sprachen mit schäumendem Mund und durchaus nicht „abgewogen", wie es mit dem Lieblingswort unserer kirchlichen Oberen heißt. Sie sagten nicht „Wenn" und „Aber" und „Vielleicht doch", sondern sie sagten „Wehe!" und „Verflucht!" und „Verdammt!" und „Zur Hölle!".

Sie lächelten weder höflich noch liebenswürdig, vielmehr weinten sie, und wahrscheinlich haben sie mit Fäusten gedroht und mit Füßen gestampft, sich die Haare gerauft und die Bärte gerissen – hingegen Luftballons – wir!
Und war er etwa nicht zornig, der zur Umkehr rief in der Wüste, Johannes? Und Jesus selbst, als er so wilde Beschimpfungen gebrauchte wie „Otterngezücht" und „Natternbrut" und „übertünchte Gräber"!
Wessen Fleisch nicht schmilzt, wer nicht zu Asche verbrennt, wer nicht erschlagen wird vom stürzenden Gestein, wer nicht erstickt im Feuersturm, der verhungert und verdurstet oder stirbt den entsetzlichen Strahlentod nach geraumer Zeit. Können wir solche Vorstellungen anders als mit Zorn beantworten, mit Entrüstung und Empörung? Gegen Naturkatastrophen, Erdbeben, Überschwemmungen, Vulkanausbrüche und Wirbelstürme, gegen das Rasen der Elemente sind wir machtlos, da hilft kein Zorn. Die Bombe aber ist nicht über uns verhängt von den Naturgewalten, sie ist Menschenwerk, Menschenhirn entsprungen, von Menschenhänden gemacht und an ihren Ort gebracht, von Menschenhänden bedient zu unserer endgültigen Vernichtung. Sie ist nicht verhängt, sondern hergestellt, sie ist nicht geschickt, sondern herbeigeholt, sie ist kein Schicksal, sondern eine ungeheuer böse Herausforderung an das Schicksal. Wir könnten ihr, wenn wir nur alle wollten, ein Ende machen.
Wir haben uns entschlossen, dieser Herausforderung friedlich zu begegnen, mit äußerstem gutem Willen und nicht einmal jenen Stein in der Tasche zu tragen, den David auf Goliath schleuderte. Wir singen Schalom und meinen Schalom, wir hüpfen dazu im Kreis, barfuß oft, anstatt unsere Stiefel auf das Pflaster zu knallen. Trotzdem dürfen wir nicht aufhören, die Flamme des Zorns zu hüten, die tief unten brennt. Sie gibt der Heiterkeit Kraft, der Freundlichkeit Gewicht, dem Gesang Stärke und den Worten ihre Unüberhörbarkeit.

Gerhard E. Stoll

Sie beten, singen und demonstrieren

Die „Sojourners“ – eine evangelikale Kommunität mit sozialpolitischem Engagement in Washington

Während eines Konferenzaufenthaltes im Mai in New York las ich zu meiner Überraschung auf der Titelseite der großen Finanzzeitung „Wall Street Journal“ einen Bericht über die evangelische Gemeinschaft „Sojourners“, die tiefe und strenge Frömmigkeit mit entschlossenen gesellschaftlichen und sozialen Aktionen verbindet.
Als ich tags darauf in der führenden Tageszeitung „New York Times“ in einem Bericht über diese christliche Gruppe erfuhr, daß sie über Pfingsten ein großes Treffen in Washington veranstalte, entschloß ich mich, dorthin zu reisen, um jene Christen kennenzulernen, von denen man hierzulande bisher wenig weiß.
Die amerikanische Hauptstadt lag an diesem Pfingsttag im besonnten Feiertagsschlaf. Doch es gelang mir, mit U-Bahn und Taxi zur katholischen Universität zu finden, auf deren Campus vom 25. bis 28. Mai 1985 eine Konferenz unter dem Motto „The Rise of Christian Conscience“ stattfand. Diese Losung meint das Erwachen, Wachsen und Erstarken des christlichen Gewissens, des christlichen Bewußtseins.
Veranstalter dieser Konferenz mit gut 1200 Teilnehmern aus den USA und Kanada waren eben jene „Sojourners“, eine kleine Kommunität aus einem Elendsviertel von Washington.
„Sojourner“ (sprich: Soud'schörner) ist ein biblischer Begriff, wie er im 1. Petrusbrief oder in Psalm 39 vorkommt: Pilger, Fremdling, Gast heißt das, Wanderer in der Welt, Nachfolger Christi, die sich auf dem Weg in die Ewigkeit befinden.
Nach diesem Selbstverständnis lebt jene Gruppe, die 1971 in einer evangelikalen Hochschule in Chikago, dem „Trinity Evangelical Divinity Seminary“, zu entstehen begann. Dies ist im Zusammenhang mit der Anti-Vietnam-Bewegung zu sehen. Damals begriffen die jungen Amerikaner ihr sieggewohntes Land nicht mehr. Einer der führenden Köpfe dieser Bewegung, Jim Wallis, berichtet, daß er von seinem Vater gelernt habe, seine Familie und sein Leben sei dem Abwurf der ersten Atombombe zu verdanken. Sonst hätte Vater Wallis in den Krieg gegen Japan gemußt.
Unter jenen jungen Leuten schlich sich eine massive Systemkritik aus

biblischer Erkenntnis ein. Sie verließen das Seminar ohne den üblichen Prüfungsabschluß. 20 von ihnen zogen in einen armen Vorort Washingtons, wo fast nur Schwarze wohnen.
Dort wurde 1972 eine Lebensgemeinschaft gegründet, die Elemente mönchischen Lebens einschließt. Das Erstaunlichste für Beobachter ist, daß Menschen, die nur private Geldwirtschaft kennen, Verzicht auf privates Eigentum praktizieren. Gütergemeinschaft gilt. Keiner hat mehr ein privates Bankkonto, eine Ungeheuerlichkeit im Mutterland des Kapitalismus. Ein gemeinsam bestimmter Schatzmeister regelt alle finanziellen Angelegenheiten.

Möhren, Kekse und Weintrauben zum Mittagessen

Die Hälfte der Mitglieder sind Männer, die anderen Frauen und Kinder. Mit großer Strenge gilt das Ehegebot, Homosexualität wird als verwerflich betrachtet. Kampf gegen Abtreibung gehört zu den Programmpunkten der Dienstgruppe. Gegenwärtig leben so 35 Menschen zusammen. Die Herausgabe der Monatszeitschrift „Sojourners“, Nachbarschaftshilfe und die Vorbereitung von Evangelisationen und Kongressen beschäftigt diese Lebensgemeinschaft, deren Mitglieder auch bürgerlichen Berufen nachgehen.
Dies alles erzählt mir in der Mittagspause einer der Gründer der Kommunität, Joe Ross, auf dem Rasen des Campus, während er sein Mittagessen mit mir, dem unangemeldeten Gast, teilt: Möhren, Kekse, Weintrauben. „Wir leben so schlicht wie irgend möglich“, sagt Joe und erklärt mir, daß man nicht ohne weiteres Mitglied der Kommunität werden kann.
Interessenten müssen eine Serie von Unterrichtsstunden durchlaufen. Hier stellt sich heraus, ob jemand ein ganzheitlich-biblisches Leben zu führen bereit ist. Ob jemand danach „Novize“ werden kann, das entscheiden die fünf Pastoren der Gemeinschaft. Nach einem Jahr solcher Prüfung kann die volle Mitgliedschaft bei den „Sojourners“ verliehen werden, wenn Gehorsam gegen das Wort Gottes gelobt wird. Die Geschwister entscheiden alle Angelegenheiten einvernehmlich, die Meinung von Minderheiten in der Gruppe wird toleriert, sofern sie nicht gegen die Botschaft der Bibel steht.
Wer und was sind die Vorbilder und Ursachen einer solchen Entwicklung, frage ich Joe Ross. Es ist der Zustand unserer Gesellschaft, sagt Ross, wo Gewalt, Reichtum und Militarismus durch Gesetz und Ordnung geschützt sind. Mönchisches Gedankengut spielt eine gewisse Rolle, Luther nicht, aber John Wesley, Dietrich Bonhoeffer, Martin Luther King.
Wahrscheinlich konnte ich in wenigen Stunden dort auf dem Rasen und in der Turnhalle der katholischen Universität von Washington die Sojourners nicht ganz durchschauen. Aber die viele Literatur, die Flugblätter und Tonbandkassetten, die dort zu kaufen waren, bestätigen bei der Nachprüfung die ersten Informationen.

Gottesdienst, Andacht, Bibelarbeit

Die ganze Pfingstkonferenz war als vielfältiger, anhaltender Gottesdienst angelegt. Andachten und Bibelarbeiten, ein feierlicher Pfingstgottesdienst, Gebetsgemeinschaften wechselten mit Referaten und Übungsstunden zur Vorbereitung auf den „Tag des christlichen Widerstands". Galten der Samstag und der Pfingstsonntag in erster Linie der geistlichen Zurüstung und der Gewinnung christlicher Gemeinschaft unter den 1200, so war der Montag vor allem der Vorbereitung auf die illegale Demonstration am 28. Mai in der Regierungshauptstadt gewidmet.

Jim Wallis, der als Sprecher der Dienstgruppe gilt, sagte am Montagmorgen: „Wir beten darum, daß der Geist Gottes uns morgen auf die Straßen von Washington treibt. Wir wollen singen, Gottesdienst halten, beten und marschieren – ohne Gewalt, aber gegen die bestehenden Gesetze. Wir müssen dieser Gesellschaft und den Mächtigen in unserem Land klarmachen, daß sie auf dem falschen Wege sind. Sie müssen sich bekehren. Wir müssen zuweilen Ungehorsam üben, um unserem christlichen Gewissen gemäß zu leben."

All das wird ohne Pathos, aber mit entschlossener Kraft vorgetragen. Die „Sojourners" besetzen ja nicht zum ersten Mal die Rotunde im Kapitolsgebäude, sozusagen die Weihekuppel der amerikanischen Demokratie. 1983, bei der ersten derartigen Demonstration, gab es 242 Verhaftungen, 1984 waren solche Aktionen auf viele Städte im Lande verteilt.

1985 will man in mehreren Gruppen loslaufen. Kein Schmuck, kein Messer, nur Ausweis und Verpflegung dürfen mitgenommen werden und 15 Cents, um im Notfall telefonieren zu können. Die Rechtsbelehrung ist präzise: sich in verbotenen Zonen schweigend widersetzen, sich verhaften lassen, wegtragen lassen, die Auslösung von 50 Dollar nicht zahlen, sondern die fünf Tage Haft auf sich nehmen.

Die Marschziele sind außer dem Kapitol das Weiße Haus (wegen Wettrüstens, Weltraumbewaffnung, Unterdrückung der Armen), die sowjetische Botschaft (wegen Wettrüstens und der brutalen Besetzung Afghanistans), die südafrikanische Botschaft (wegen des Apartheidregimes) und das State Department (wegen der US-Politik gegen Mittelamerika). Andere Gruppen ziehen zum Supreme Court, dem obersten Gericht der USA (um gegen die Todesstrafe und die Abtreibung zu protestieren).

200 Christen bei Demonstration verhaftet

Es verschlägt mir fast die Sprache, als bei dieser Planung immer wieder Gebetsgemeinschaften im kleinen Zirkel stattfinden, sozusagen als Vergewisserung eben bejahter Pläne. Und zwischendrin Jim Wallis, der unter dem Beifall der Versammlung die Vertreter der Geheimdienste FBI und CIA besonders begrüßt und diesen Agenten versichert, die Demonstranten seien

nicht deren Feinde. „Sie tun Ihren Job, okay, aber wir haben andere Verpflichtungen."
Am 28. Mai meldete die Nachrichtenagentur Associated Press aus Washington, daß insgesamt 200 christliche Aktivisten bei Demonstrationen in Washington verhaftet worden seien. Sie waren an den geplanten Plätzen niedergekniet, hatten Lieder der Bürgerrechtsbewegung gesungen und laut gebetet: „Herr, wir bitten dich, dieses schreckliche Wettrüsten zu stoppen."
Die Agentur berichtet, daß die Protestierenden ihre Handlungen auf das erste Pfingsten bezogen, als die ersten Christen, vom Heiligen Geist erfüllt, ihren Glauben kühn bekannten. – Bei einer Pressekonferenz der Gegner der Sojourners, einer Vereinigung mit dem Titel „Moralische Majorität", erklärte am gleichen Tag ein Pfarrer Jerry Falwell, die Demonstranten seien „Pseudo-Evangelikale", ihre leitenden Personen „bedeuten für die Evangelisation dasselbe, was Adolf Hitler für die römisch-katholische Kirche bedeutet hat". Amerika ist eben eine Demokratie, und seine Verfassung gewährt freie Religionsausübung für jedermann.

Bücher über die Sojourners

Jim Wallis: Bekehrung zum Leben – Nachfolge im Atomzeitalter.
188 Seiten, Brendow-Verlag, Moers 1983.

Jim Wallis (Herausgeber): Friedensstifter. Mit Beiträgen von Billy Graham, John R. W. Stott, Daniel Berrigan und anderen.
96 Seiten, coprint-Verlag, Wiesbaden 1984.

Jim Wallis: Wiederbelebung – Meine Pilgerreise. Eine Autobiographie.
170 Seiten, Brendow-Verlag, Moers 1984.

Anonym / Hongkong

Die zweite Bekehrung

Dies ist mein persönliches Zeugnis. Ich lege es ab in einer Gemeinschaft, das heißt zusammen mit den Menschen und im Zentrum ihrer Kämpfe.
Vor einiger Zeit habe ich begonnen, beim Christlichen Industriekomitee von Hongkong mitzuarbeiten. Aus dieser Arbeit heraus hat sich mir eine vorher unbekannte Dimension geistlicher Erneuerung erschlossen. Eine Erneuerung, die uns zwingt, das Zeichen des Kreuzes nicht länger zu verleugnen und mit Gott nicht mehr umzugehen, als sei er Privateigentum – und unser Leben in Christus eine Traumreise ins Walt-Disney-Wunderland.
So hat es auch der Apostel Paulus an die Epheser geschrieben: „Legt ab von euch den alten Menschen mit seinem vorherigen Wandel, der durch trügerische Lüste sich verderbt. Erneuert euch aber im Geist eures Gemüts und ziehet den neuen Menschen an, der nach Gott geschaffen ist in rechtschaffener Gerechtigkeit und Heiligkeit" (Epheser 4,22 – 24).

Eine „gute" Christin

Als ich 16 Jahre alt war, begann ich in einer Bekleidungsfabrik zu arbeiten; das ist bis heute mein Broterwerb. Unterkunft fand ich damals in einem Heim des Vereins Christlicher Junger Frauen, das nahe bei meiner Arbeitsstelle gelegen ist.
Dort bin ich zuerst mit dem christlichen Glauben in Berührung gekommen. Einige meiner Mitbewohner waren Christen. Aber die Bibel war für mich wie ein rotes Tuch. Ich sah das Christentum als etwas Fremdes, Ausländisches. Ich weiß noch genau, wie mein Vater einmal zu mir sagte: *Gott hat den Westen so sehr geliebt, daß er dem Westen seinen einzigen Sohn gab.*
Aber im Laufe der Zeit zog mich die Ausstrahlungskraft des kirchlichen Lebens doch in ihren Bann, seine Stille einerseits, die vielen faszinierenden Aktivitäten auf der anderen Seite. Eine Filmvorführung jede Woche, wohltätige Tee-Partys dann und wann, in regelmäßigen Abständen der Auftritt bekannter Filmstars, Pop-Sänger und Künstler. Langsam wurde ich mit dem Christentum vertraut und entschloß mich schließlich, die Taufe zu empfangen.
Hätten Sie mich damals gefragt, was Christsein für mich bedeutet, so hätte ich geantwortet: etwas Wunderbares, das den Tag hell macht, wenn er dunkel ist. Fühlte ich mich einmal bedrückt oder hatte Ärger und Sorgen, so blätterte ich die Bibel durch, bis ich eine Stelle fand, die ich als Selbstbestätigung lesen

konnte, um meinen inneren Frieden und ein Gefühl des Geborgenseins zurückzugewinnen.
Ich schloß mich kirchlichen Jugendgruppen an und war tief beeindruckt davon, mit welcher Herzlichkeit man im Raume der Kirche miteinander umging. Die anderen Menschen in ihrer breiten Masse aber waren für mich „weltliche Geschöpfe", die außerhalb der göttlichen Gnade leben.
Wann immer mir Unrecht getan wurde, ertrug ich es stumm und ohne Protest. Ich war der festen Überzeugung, daß „alle Dinge denen zum Besten dienen, die Gott lieben und die von ihm nach seinem Plan berufen sind". Auch im Unrecht sah ich den göttlichen Willen. So ging es eine lange Zeit, bis eines Tages etwas mit mir geschah.

Wendepunkt

Es war vor zwei Jahren. Ich arbeitete in einer Bekleidungsfabrik. Bei dem Unternehmen hatte es sich eingebürgert, die Gehälter für bezahlte Feiertage zurückzuhalten, manchmal bis zu vier oder fünf Monate lang. Eindeutig war das ein grober Verstoß gegen das Arbeitsrecht. So fragte ich eines Tages bei der Unternehmensleitung an, wann ich meinen Lohn erhalten würde. Kurz darauf erschien der Vorarbeiter bei mir und erklärte, ich sei entlassen. Das Unternehmen weigerte sich außerdem, irgendeine Entschädigung für diese Entlassung zu zahlen. Es war für mich das erstemal, daß ich grundlos entlassen wurde; nichtsdestoweniger trifft tausend Arbeiter täglich in Hongkong das gleiche Schicksal.
Mehrere Tage lang verließ ich mein kleines Zimmer nicht. Ich schämte mich zu sehr, als daß ich anderen in die Augen hätte sehen können. Vergraben in meine vier Wände, haderte ich mit Gott: „Warum läßt du es zu, daß ich mir vorkomme wie der letzte Dreck?" Ich hatte noch immer nicht begriffen, daß meine Geschichte kein Einzelfall, sondern die Regel war. Die Mehrzahl der Arbeiter in Hongkong wird tagtäglich behandelt wie der letzte Dreck.
Eine Kollegin von mir, Shui Kei, wollte mich überreden, beim Arbeitsgericht für Entschädigungen Klage gegen das Unternehmen zu führen, aber ich konnte mich dazu nicht entschließen. Wie stünde ich da, wenn ich den Fall verlieren würde? Außerdem gab mir Shui Kei den Rat, ich sollte mich an das Christliche Industriekomitee von Hongkong um Unterstützung wenden. Sie arbeitete dort seit einiger Zeit mit. In der Fabrik hatte sie öfters versucht, mit uns über „Rechte der Arbeiter" zu reden. Bei mir war sie damit nie so richtig angekommen, weil ich Arbeiterrechte im Grunde für einen großen Unsinn hielt. Und in meinen Augen war eine Organisation wie das Christliche Industriekomitee unterm Strich nichts weiter als ein kleiner Lärmmacher mit großem Namen. Keine Frage, daß ich wenig Entgegenkommen zeigte, wenn ich bei irgendeiner Sache mitmachen sollte.

Als Shui Kei mich drängte, Anzeige gegen das Unternehmen zu erstatten, erklärte ich ihr, ich hätte Angst, den Fall zu verlieren. Sie sagte nur: „Sicher ist lediglich, daß du verlieren wirst, wenn du sie so weitermachen läßt."
Schließlich ging ich doch zum Industriekomitee.
Am Abend vor der Verhandlung wurde ich sehr unruhig und nervös, was am nächsten Morgen geschehen würde. Ich ging noch einmal zum Büro des Industriekomitees und unterhielt mich mit einem, der dort arbeitete. Er fragte mich, ob ich darauf eingestellt sei, den Fall möglicherweise zu verlieren. Ich fragte zurück: „Wenn das Gericht mir nicht recht gibt, heißt das, daß ich unrecht habe?" Er entgegnete: „Auch wenn du kein Recht bekommst, bedeutet das nicht, daß du im Unrecht bist. Denn das Recht heute in Hongkong verkörpert nicht die Gerechtigkeit." Ich war überrascht, aber es schien mir vernünftig. Mir wurde klar, daß das Wichtige nicht ist, den Fall zu gewinnen oder zu verlieren. Wichtig ist, daß es Gerechtigkeit auf der Welt gibt. Und noch wichtiger, daß Leute da sind, die den Mut haben, sich für die Gerechtigkeit einzusetzen. Als ich das begriff, wurde ich ruhiger.
Nach der Anhörung sprach mir das Gericht ein Monatsgehalt Entschädigung zu wegen Nichteinhaltung der Kündigungsfrist. Ich gewann den Fall.

Einsatz für die Rechte anderer

Nach diesem Vorfall begann ich, mich an den Aktionen des Industriekomitees zu beteiligen. Ich befaßte mich mit Arbeitsrecht und fing an, viele Zusammenhänge zu begreifen. Später hielt ich in Jugendzentren Kurse über Arbeitsrecht und half anderen Arbeitern bei Rechtsstreitigkeiten mit ihren Unternehmen. Ich traf viele, die wie ich vom Management einen Denkzettel erhalten hatten, und mir wurde langsam klar, daß es sich nicht um mein Privatproblem, sondern um unser aller gemeinsames Problem handelte. Durch diese Dinge wurde ich mit Realitäten konfrontiert, die für mich bis dahin nicht existiert hatten. Von meinen alten Glaubenssätzen wurde manches brüchig. Ich kann nicht mehr glauben, daß Gott die Ungerechtigkeit billigt.
Ich begann Fragen zu stellen, die ich vorher als tabu empfunden hatte. Ich forderte Gott heraus und wollte wissen, weshalb es sein Wille war, daß das Unrecht vor meinen Augen fortdauerte. Und aus der Herausforderung Gottes wurde eine Herausforderung meiner selbst: Wie soll ich als Christ unter meinen Arbeiterbrüdern und -schwestern leben mit all dieser Ungerechtigkeit ringsum?

Mit den Menschen leben heißt kämpfen

Konfrontiert mit diesen neuen Erfahrungen, gerieten, wie gesagt, viele meiner alten Glaubenssätze und Wertvorstellungen ins Wanken.

I. Ich begreife Gott nicht mehr nur als Gott der Vergebung, sondern auch als Gott der Gerechtigkeit, der das Unrecht verabscheut. Ich bin sensibler geworden für die Frage, was Gerechtigkeit bedeutet. Früher war ich blind dafür, daß meine Umwelt vom Unrecht durchwachsen ist bis ins Mark.

II. Ich habe früher immer geglaubt, daß allein die Kirche jene Gemeinschaft ist, der gleichsam von Natur aus und automatisch die Gnade Gottes gewährt wird. Nun muß ich erkennen, daß die Kirche, wenn sie es unterläßt, den Menschen in Niedrigkeit und Demut zu dienen, ist wie der verlorene Sohn.

III. Seit den Tagen meiner ersten Bekehrung war der christliche Glaube für mich so etwas wie eine Glücksdroge. Nun sehe ich, daß Nachfolge Christi viel mehr bedeutet als das. Man muß das Kreuz auf sich nehmen und den Preis zahlen. Glück und Frieden müssen gebaut sein auf Gerechtigkeit.

IV. Der Glaube definiert sich für mich nicht länger in den Kategorien eines Verhältnisses ausschließlich zwischen Gott und dem Menschen. Sein Reichtum muß aufgespürt werden auch in den Beziehungen des Menschen zu seinem Mitmenschen.

V. Eine Kernfrage aber bleibt, die mich heute umtreibt. Als Christ habe ich gelernt, die Masse der Menschen als „Heiden" abzustempeln, die der Gnade der Erlösung nicht teilhaftig geworden sind. Auf der anderen Seite ist genau diese Masse der Menschen ein „Volk", das mit Gott an seiner Seite für Menschlichkeit streitet. Wie soll ich eine Brücke finden zwischen diesen zwei Seiten einer paradoxen Realität?

Mit den Menschen leben bedeutet kämpfen: kämpfen mit ihnen gemeinsam und zugleich einen inneren Kampf in sich selbst austragen. Diese Kämpfe sind das Medium einer neuen Erfahrungsdimension und geistlicher Erneuerung. Ich glaube, daß Gott uns alle, die wir Seite an Seite mit den Menschen leben, ruft, diese Erneuerung an uns geschehen zu lassen.

Christian Feist

„Glauben heißt auch kämpfen..."

Politik im Talar

Eigentlich ist es ruhig hier, etwas Straßenlärm, ab und zu das Geräusch eines vorbeifahrenden Zuges, das Donnern einer Düsenmaschine. Das soll Mörfelden-Walldorf sein, der Ort, zu dem einem nur noch Startbahn-West einfällt? Heute ist ein diesiger Februartag, Ostwetterlage, wie meistens im Herbst und Winter. „Die schlechten Tage sind für uns die guten", meint Walter Bohris mit bitterem Lächeln, „an diesen Tagen kann die Startbahn-West nicht benutzt werden." Sonst starten und landen die Maschinen genau über Mörfelden. Der Lärm liegt dann in der Nähe der Schmerzschwelle.
„Es ist wie nach einem Krieg, den man verloren hat", beschreibt Walter Bohris die Stimmung nach dem Bau der Startbahn-West des Frankfurter Flughafens. Die eigentliche Startbahn-Bewegung ist zerschlagen, Resignation an ihre Stelle getreten.
Walter Bohris ist seit fünfzehn Jahren Gemeindepfarrer in Mörfelden, einem kleinen Ort mit knapp 14 000 Einwohnern zwischen Frankfurt und Darmstadt: „Hier habe ich meinen Platz."
Dieser Platz hat Geschichte: 1964 begann hier der Kampf gegen die Startbahn-West, als Pfarrer Kurt Oeser, der heutige Umweltbeauftragte der EKD, Unterschriften gegen das Projekt sammelte.
Offiziell hat sich die Kirche jedoch erst 1979 eingemischt, mit einem Brief der Gemeinde Mörfelden an den hessischen Ministerpräsidenten Holger Börner, dem sich das Dekanat Groß-Gerau sowie 220 Pfarrer aus Hessen-Nassau anschlossen. Daraufhin forderte auch die Synode der Evangelischen Kirche in Hessen-Nassau eine Überprüfung der Pläne und bis dahin einen Baustop. So wurde die Gegnerschaft zur Startbahn-Erweiterung offizielle Kirchenpolitik.
Der konkrete Widerstand ging von einem im Wald errichteten Hüttendorf aus. Und das Engagement der Gemeinde bestand zunächst darin, so erzählt Bohris, für Essen zu sorgen. Dann wurde eine Hüttenkirche gebaut und jeden Sonntag ein Gottesdienst veranstaltet. So machte die Kirchengemeinde deutlich, daß sie nicht daneben stand, sondern beteiligt war, sowohl an den inhaltlichen Auseinandersetzungen als auch am Protest vor Ort. Und immer, wenn wieder einmal eine Räumung des Hüttendorfes bevorstand, läuteten die Kirchenglocken in Mörfelden. Bohris sagt, daß er in den letzten vier Jahren so viel erlebt hat wie andere in zwanzig. „Ich bin oft nicht zum Schlafen gekommen, war meist draußen, habe getröstet, stand als Gesprächspartner

zur Verfügung." Er wollte zeigen, „daß man da ist, daß sie nicht alleine sind. Das war für die Leute sehr wichtig."
Jetzt, da der Wald und mit ihm so viele Hoffnungen gefällt sind, beschäftigt er sich mit den Enttäuschungen, der „Bewältigung von Trauer". Das ist genauso wichtig wie das Mutmachen, daraus entsteht wieder Kraft:
Eine Gruppe, die sich immer noch regelmäßig im Gemeindehaus trifft, möchte die Hüttenkirche wiederaufbauen, an der Stelle, wo man früher vorbeigekommen ist, wenn man in den Wald, ins Hüttendorf ging.
Walter Bohris kam nicht nach Mörfelden, um sich in die Politik einzumischen. Die falsche Politik war schon da, als er kam – und seine Gemeinde war dagegen. Ihr waren der Wald und die Ruhe wichtiger als ein militärischer Stützpunkt, als ein Denkmal „fortschrittlicher" Verkehrspolitik. Bohris konnte nicht anders als mitmachen, kämpfen, Mut machen, trösten. Für sich hat Walter Bohris aus der Niederlage Konsequenzen gezogen: Bei den diesjährigen Kommunalwahlen in Hessen kandidiert er auf einer grünen Bürgerliste. Vielleicht geht es ihm dann so wie seinem Kollegen Ralf Guggemos in der Nähe von München. Der bekommt nämlich von oben zu hören, daß Politik und Seelsorge zu trennen sind, daß er seinen Kampf gegen den Flughafen München II im Erdinger Moos nicht mit Seelsorge verwechseln solle. Dies sagt ausgerechnet der bayerische Innenminister Karl Hillermeier (CSU), der auch in der Landessynode sitzt.
Doch solche Vorwürfe meistert der Neufahrner Gemeindepfarrer inzwischen souverän – mit einem Umwelt-Papier des Landeskirchenamtes. Darin heißt es, daß im Garten Gottes nicht alles gemacht werden dürfe, was machbar sei, und daß die Christen aufgerufen seien, zu den Problemen der Welt Stellung zu beziehen. Und schließlich dürfe ein Pfarrer sich nicht von den Nöten seiner Gemeinde abgrenzen.
Angefangen hat auch hier alles mit einem Brief an den Landesvater, in dem die Gemeindemitglieder baten, den Bau des Flughafens München II doch seinzulassen, weil er nicht nötig sei und die Natur zerstöre. Doch die Antwort des damaligen Ministerpräsidenten Goppel „war ein derartig nichtssagendes Schreiben von Regierenden an Regierte", so Pfarrer Guggemos, daß sie zu einer „Initialzündung" für seine Gemeinde wurde. Man beschloß, „die Bewahrung der Schöpfung selbst in die Hand zu nehmen". Daß man sich dabei auf eine Ebene begab, die gemeinhin als Politik bezeichnet wird, war allen klar.
Im Dezember 1980 wurde Pfarrer Guggemos zum Sprecher der Vereinigten Bürgerinitiativen gewählt. „Als das Schiff unterging, kam ich in Amt und Würden", beschreibt er die damalige Situation, denn einen Monat zuvor wurde mit dem Bau begonnen. Auch hier machte sich Resignation breit, schien weiterer Widerstand sinnlos. Trotzdem wurde weitergekämpft. Durch zwei Großkundgebungen (Guggemos: „Bringen's bei uns mal die Leute auf

die Straße zum Demonstrieren, dann wissen's, was Sie getan haben!") wurde der Flughafen München II landesweit zum Thema. Danach kümmerte man sich vor allem um die juristischen Aspekte. Zunächst mit Erfolg: Als am Gründonnerstag des Jahres 1981 das Gericht einen Baustop verkündete, „da läutete ich zum ersten Mal die Glocken, ohne daß Gottesdienst war".

Gemeindepfarrer Guggemos ist schon lange nicht mehr Sprecher der Bürgerinitiativen. Er war dies nur während einer „Überbrückungsphase". „Als die ärgste Not vorüber war, sollten das andere Leute machen, die das besser können als ich", sagt er. Außerdem wollte er sein kirchliches Amt aus dem Landtagswahlkampf heraushalten. Dies vor allem, nachdem der jetzige Ministerpräsident Franz Josef Strauß über evangelische Pfarrer herzog, die „das Maul aufreißen" und glaubten, das Projekt verhindern zu können.

In diesem Jahr hoffte Guggemos, „die Ernte einfahren zu können", wenn über das Revisionsverfahren entschieden würde. Der Prozeß ist einstweilen verloren, die rechtsstaatliche Entscheidung will Ralf Guggemos akzeptieren, auch wenn sie falsch ist. Mit Ermessensspielraum, sagt er, könne man umgehen, nicht aber mit Ermessensmißbrauch: „So kann mit Gottes Schöpfung nicht umgegangen werden."

„Die Erde ist des Herrn", und wir können mit ihr nicht so verfahren, als hätten wir noch eine zweite im Kofferraum (Jane Fonda) – Verantwortlichkeit als Grundlage für Engagement greift dort in politische Entscheidungen ein, wo diese das Gemeinwohl aus dem Auge verlieren. Das bedeutet aber nicht, daß darüber der einzelne, der Arme, Kranke, Trauernde vergessen wird. Auch nicht, wenn er arbeitslos ist . . .

„Ich versteh' das nicht, man findet überhaupt keinen normalen Pfarrer mehr." Der junge Mann blickt hinüber zu Olaf Jellema, dem Gemeindepfarrer von Essen-Katernberg. Mit seiner zerschlissenen Lederjacke und den etwas längeren Haaren sieht er wirklich nicht so aus, wie man sich einen Pastor vorstellt. Aber gerade deshalb paßt Olaf Jellema hierhin, in dieses Katernberg, wo es unentwegt nach Schwefel stinkt und Bergarbeitersiedlungen aus dem vorigen Jahrhundert eine eher triste Gemütlichkeit ausstrahlen. Jellemas Gemeinde unterhält in Katernberg ein Offenes Jugendhaus mit unterschiedlichen Angeboten. Wenn Disco-Abend ist, kommen etwa 300 Jugendliche, ein Viertel von ihnen ist arbeitslos. „Das Arbeitslosenproblem ist hier alltäglicher Bestandteil der Jugendarbeit", sagt Jellema, „wenn man ein offenes Haus hat, sind die Probleme automatisch da."

Als arbeitslose Jugendliche vor drei Jahren auf dem Wiener Platz in Essen einen Hungerstreik durchführten, hielt Pastor Jellema einen Gottesdienst. Das gab den Jugendlichen zwar keine Arbeit, zeigte ihnen aber, daß sie nicht allein waren. In der Gemeinde selbst bildeten sich daraufhin Initiativen von arbeitslosen Jugendlichen. Doch eine kontinuierliche Arbeit mit ihnen ist kaum möglich, „weil die Leute nur schubweise zusammentreffen und ihre

Dauerarbeitslosigkeit dauernd durch Arbeitsbeschaffungs- und Umschulungsmaßnahmen unterbrochen wird. Isolierung und sozialer Abstieg lassen sich kaum auffangen."

Aus diesem Grund ist Jellemas Gemeinde Mitglied des Vereins Jugendberufshilfe geworden, der durch außerbetriebliche Ausbildungsangebote neue Perspektiven eröffnen will. Die Gewerkschaft ist an diesem Verein maßgeblich beteiligt, denn „als Kirche, als Gemeinde allein ist so was nicht zu machen", sagt Jellema – und freut sich, daß sein Kirchenvorstand den Beitritt einstimmig gebilligt hat, trotz der politischen Brisanz. Denn CDU und katholische Handwerker sind gegen dieses Modell, das am traditionellen, dualen Ausbildungssystem rüttelt.

Katernbergs Gemeindepfarrer glaubt, daß Christen entschiedener und rücksichtsloser gegen die Arbeitslosigkeit vorgehen können als Parteien oder Gewerkschaften. Er steht damit nicht allein:

- Evangelische Pfarrer demonstrierten gemeinsam mit betroffenen Arbeitern und Angestellten gegen Betriebsstillegungen und Massenentlassungen.
- Der Paderborner Erzbischof Johannes Joachim Degenhardt forderte in seiner Weihnachtspredigt sogar eine Beteiligung der Arbeitnehmer am Investitionskapital und eine weitere Verkürzung der Arbeitszeit.

Wie seine Kollegen, weiß auch Jellema, daß predigen allein nicht reicht: Zur Renovierung seiner Kirche hat er eine Million Mark bewilligt bekommen. Die Renovierung wird von 21 arbeitslosen Jugendlichen übernommen, die dadurch für kurze Zeit beschäftigt sind – als Arbeitslose fühlen sie sich trotzdem.

Engagement für den Frieden

Wieviele Pershings in und um Ulm herum genau stehen, wissen die Bürger der Stadt nicht. *Daß* sie hier lagern, versuchen sie zu verdrängen. Der Neu-Ulmer Dekan Klaus Diegritz kann das sogar verstehen: „Man kann sich nicht 24 Stunden am Tag aufregen." Trotzdem möchte er nicht, daß die Leute vergessen.

Vor vier Jahren, im Anschluß an den Hannoveraner Kirchentag, bildete sich in Neu-Ulm eine kirchliche Friedensgruppe. „Ich wundere mich immer noch, wie wenig Echo dies in der Gemeinde hervorrief", sagt Diegritz. Es gab weder positive noch negative Reaktionen in der Kleinstadtgemeinde, gegenüber der Politik hielt man sich zurück.

Das wurde anders, als die Friedensbewegung am 22. Oktober 1983 eine Menschenkette bildete, 108 Kilometer von Ulm nach Stuttgart. Da kamen auch die eher stillen Sympathisanten in der Gemeinde heraus und trauten sich auf die Straße oder in den Friedensgottesdienst im Münster. Nach dem großen Tag war man hauptsächlich froh, daß alles gut gegangen war. „Aber auf längere Zeit wurde nichts mobilisiert", gesteht Diegritz. Im Gegenteil, die Friedensgruppe ist seitdem geschrumpft.

Heute trifft sich ein gutes Dutzend Christen einmal im Monat, Frauen und Männer der mittleren und älteren Generation. Sie beschränken sich auf kleinere Aktionen, meist zu den Friedensdekaden. Momentan diskutieren sie den Pershing-Unfall in Heilbronn.

Aller Resignation und Niedergeschlagenheit zum Trotz versuchen 27 Pastorinnen und Pastoren der nordelbischen Kirche die Friedensdiskussion inhaltlich weiterzuführen. In einem offenen Brief fordern sie zur „Verweigerung aller Kriegsdienste" auf. „Die Idee ist, daß Kriegsdienstverweigerung nicht allein die Sache 18jähriger Männer ist", sagt Alexander Kaestner, Studentenpfarrer in Hamburg. Weil „Kriege nur geführt werden können, wenn sie vorbereitet werden", möchten die Pfarrerinnen und Pfarrer auf Lebens- und Arbeitsbereiche aufmerksam machen, die der Kriegsplanung dienen. Sie wollen sich aber auch darüber klarwerden, „an welchem Punkt der Entwicklung unsere Kirche in dieser Auseinandersetzung steht".

Wo die Kirchenleitung steht, dürfte dem „lieben Bruder Kaestner" inzwischen mehr als klar sein. Sie sieht in seinem Brief „Agitation", die die „Einheit der Kirche belastet" und mit dem „pastoralen Auftrag nicht vereinbar" sei.

Auch wenn es den Leitungen der jeweiligen Landeskirchen nicht paßt, die Friedensbewegung ist zum großen Teil eine Bewegung engagierter Christen, die den Aufrüstungswahn nicht mit ihrem Glauben vereinbaren können.

Wenn, wie Jörg Zink im Sozialmagazin-Interview behauptet, jeder Dritte aller baden-württembergischen Pfarrer zur Friedensbewegung gehört, muß das Verhältnis von Religion und Politik, von Kirche und Staat gründlich überdacht werden.

Offensichtlich haben beide als Ordnungs- oder Glückslieferanten versagt; der Staat produziert und toleriert Krisen und versteckt sich gleichzeitig hinter Phrasen und Korruption, seine Autorität verkommt. Aber auch die Kirche als Ort der Zuflucht, trostreiche Stätte, Quell der Hoffnung hat ihre Überzeugungskraft verloren. Die Kirchen leeren sich, und die Enttäuschung über die traditionelle Politik bringt die Menschen auf die Straße. Und hier entstehen plötzlich neue Formen politischen Protestes und religiöser Gemeinschaft, über alle Konfessionen und Parteibücher hinweg:

Am Tag der Entscheidung, im bayerischen Wackersdorf eine Wiederaufbereitungsanlage für Kernelemente zu bauen, läutete der evangelische Pfarrer zum Gottesdienst.

Und: Um die Verdrängung zu erschweren, hat die Gemeinde Bell im Hunsrück für jede der dort stationierten Cruise Missiles ein Holzkreuz aufgestellt – insgesamt 96.

Engagement für Ausländer

Im vergangenen Herbst erregte die Hamburger St.-Stephanus-Gemeinde bundesweit Aufsehen: Als die Philippinin Susan Alviola mit ihren beiden

Kindern ausgewiesen werden sollte, floh sie in die Kirche. Mit Billigung des Kirchenvorstandes blieb sie dort drei Wochen – bis die Polizei sie herausholte und abschob. „Keiner hat wirklich damit gerechnet, daß sie abgeholt werden würden“, sagt heute der Gemeindepfarrer Thomas Heß.

In der Gemeinde selbst gibt es kaum Probleme mit den Ausländern. Die haben vielmehr ihre eigenen, die sie in der Gemeinde artikulieren, wie etwa eine Gruppe Türken, die mit einem Hungerstreik gegen die Todesurteile der Militärjunta in ihrer Heimat protestierte.

Trotzdem hat Pastor Heß nie daran geglaubt, daß die Kirche ein rechtsfreier Raum sein könnte, wie etwa ein Botschaftsgebäude. Dennoch ist sie für ihn eine Art Freiraum, wo Leute, die Schwierigkeiten haben, einen Moment Ruhe finden. „Aber“, so Heß, „der Staat, der Innensenator hat gezeigt, was er von Kirche hält: nämlich nichts.“ Folglich kommt er sich „vom Staat ganz schön vorgeführt vor“.

Etwas anders ist die Situation in Hamburg-Altona. Hier beträgt der Ausländeranteil fast 40 Prozent, in den Schulen bis zu 70 Prozent. In seiner Gemeinde, so Christian Arndt von der Friedenskirche, besteht jedoch wenig Interesse an den ausländischen Mitbürgern. Es wird nicht gefragt, warum die Ausländer hier sind, warum sie sich so oder anders verhalten. Der Nachhilfeunterricht für ausländische Kinder wird zwar vom Kirchenvorstand mitgetragen, doch spätestens bei den jährlichen Finanzberatungen spürt Arndt, was man von seiner Arbeit hält: Man wirft ihm vor, er sei nur für die Ausländer da, für die Gemeinde tue er nichts.

Der Schülerarbeit steht Pastor Arndt inzwischen auch zunehmend skeptischer gegenüber: „Das hilft zwar was, aber die Strukturen bleiben bestehen. Politische Veränderungen oder eine positivere Haltung gegenüber den Ausländern bringt das nicht.“

So tritt Christian Arndt aus seiner theologischen Forderung nach Gerechtigkeit für ein kommunales Wahlrecht für ausländische Mitbürger ein. Das war bis vor zwei Jahren sogar im SPD-Wahlprogramm für Hamburg zu finden. Doch während die regierenden Sozialdemokraten davon kaum noch was wissen möchten, engagiert sich Arndt, wie auch das Diakonische Werk, für ein von den *Grünen* gefordertes „Niederlassungsrecht“ für Ausländer, die durch Arbeitsverträge hierher geholt wurden.

In Altona gibt es viele Arbeitslosen-, Ausländer-, Mieter-, Kultur- und Sozial-Initiativen. Pfarrer Arndt ist in dieses Netz eng eingebunden, und das nicht nur, weil „viele aus dem evangelischen Bereich kommen“. Da arbeiten auch Leute, die früher in der Evangelischen Jugend waren und dann aus der Kirche ausgetreten sind, aktiv mit. „Wichtig ist mir, daß was gemacht wird, nicht, wer was macht.“

Arndts Friedensgemeinde hat einen neuen Kirchenvorstand. „Überraschenderweise einen, der Parteinahme billigt. Jetzt habe ich nicht mehr das Gefühl, mit einem Bein außerhalb der Gemeinde zu stehen.“

„... und selbst Hand anlegen“

Antwerpen. Elf Tage lang arbeiteten 50 arbeitslose und von Arbeitslosigkeit bedrohte Jugendliche unter Anleitung von Jugendreferenten der Evangelischen Landeskirche Westfalen im internationalen Seefahrerzentrum von Antwerpen. Zusammen mit holländischen jungen Christen wurden zum Beispiel Bäume gefällt und ein Fußballfeld angelegt, Parkplätze geebnet und Teile des Seefahrerzentrums renoviert.
Im Sinne der Ökumene konnten die Work-Camper, wie sie sich nennen, „auf Menschen zugehen, eigene Glücksvorstellungen mit anderen offenlegen und teilen, dogmatische Schranken abbauen und gemeinsam Verantwortung entwickeln“.
Während der Arbeit im Seefahrtszentrum bekamen die Jugendlichen Kontakt zu Seefahrern und Hafenarbeitern und erfuhren so viel vom wirklichen Leben auf See und an dessen Rändern. Nach anderthalb Wochen war den Ruhrgebiets-Jugendlichen klar: „Die Arbeit hier ist wichtig – wir kommen bestimmt wieder.“

Hannover-Vahrenheide. Aus dem Arbeitslosenprojekt der Titus-Gemeinde ist eine Jugendwerkstatt geworden. Fünfzehn arbeitslose Jugendliche lernen hier ein Jahr lang im Holz- und Textilbereich, aber auch in Küche und Wohnzimmer ihren Arbeitslosenalltag zu meistern und daraus Hoffnungen für ein anderes, besseres Leben mit Arbeit zu schöpfen.
Die Jugendlichen kommen alle aus demselben Stadtteil. Ein Jahr lang arbeiten und lernen, essen und kochen sie zusammen. Danach haben sie nicht nur – wenn alles gut geht – einen Hauptschulabschluß in der Tasche, sondern auch eine Menge neuer Freunde. Und sie können mit Holz und Textilien umgehen. Damit bekommen sie zwar noch keinen Arbeitsplatz, aber ihre Chancen sind besser als vorher.
Unter der Anleitung erfahrener Werkstattleiter und Pädagogen hat hier so mancher Jugendliche, der nichts als „no future“ im Kopf hatte, die Kurve gekriegt.
Schon stehen Mitarbeiter der Evangelischen Jugendarbeit aus anderen Städten vor der Tür, um von ihnen zu lernen.

Koblenz. „Jeden Tag eine gute Tat“: diesen Wahlspruch setzt die Deutsche Pfadfinderschaft St. Georg beispielhaft in die Praxis um.
In den Räumen der Pfarrgemeinde Koblenz-Neuendorf betreuen fünf junge Leute drei gemischte Gruppen mit deutschen und ausländischen Kindern und

Jugendlichen, und die Stichworte „Vorurteile abbauen“ oder „Integration“ sind viel zu abgehoben, um die vielfältigen bunten und schönen Aktivitäten zu erfassen.
Dreimal in der Woche wird gebastelt, gesägt, gemalt, gehämmert und gespielt. Und das nicht nur einfach so – Fahrten und Ausflüge an den Wochenenden hatten die elf- bis dreizehnjährigen Kinder auf die Idee gebracht, auch mal ohne ihre Betreuer ein paar Tage zu verreisen.
Ihr Gruppenleiter kommt zwar mit, soll sich aber möglichst unauffällig „am Rande“ bewegen. Auffälliger ist da schon das eifrige Beraten der Küchenpläne und der anstehende Kochwettbewerb.
Klar auch, daß die Möbel fürs Zelten in den „Bastelkursen“ selbst gemacht werden:
„Die Köche sollen dann die Handwerker beurteilen und umgekehrt.“

Stuttgart-Hohenheim. Seit Wochen sind Jungen und Mädchen der Evangelischen Jugend jede Minute ihrer Freizeit damit beschäftigt, ein Feuchtgebiet mit Wasserlauf und einer Insel anzulegen. Aktiver Naturschutz, der nicht beim Beseitigen von Abfall stehenbleibt, sondern der Natur wieder zu ihrem Recht verhilft.
In Düsseldorf haben Schüler des Marie Curie-Gymnasiums – unter ihnen viele engagierte Christen – aus ihrem langweiligen Schulhof eine Waldwiese mit Teich, Bienenhaus und Klimastation gemacht.
Ähnliches in Katzenellenbogen im Taunus: Schüler verwandelten ihren sterilen Schulgarten mit Unterstützung von Lehrern und Mitgliedern des Bundes für Umwelt- und Naturschutz in eine Oase für Wildkräuter, Bäume und Sträucher.
Im Allgäu pflanzte die evangelische Landjugend an 60 Grad steilen Hängen, die durch Erosion nackt geworden waren, neue Bäume und Sträucher.

dsz/RM

Günter Eich

Wacht auf, denn eure Träume sind schlecht

Wacht auf, denn eure Träume sind schlecht!
Bleibt wach, weil das Entsetzliche näher kommt.

Auch zu dir kommt es, der weit entfernt wohnt von den Stätten,
wo Blut vergossen wird,
auch zu dir und deinem Nachmittagsschlaf,
worin du ungern gestört wirst.
Wenn es heute nicht kommt, kommt es morgen,
aber sei gewiß.
„O angenehmer Schlaf
auf den Kissen mit roten Blumen,
einem Weihnachtsgeschenk von Anita, woran sie drei Wochen gestickt hat.

O angenehmer Schlaf,
wenn der Braten fett war und das Gemüse zart.
Man denkt im Einschlummern an die Wochenschau von gestern abend:
Osterlämmer, erwachende Natur, Eröffnung der Spielbank in Baden-Baden,
Cambridge siegte gestern gegen Oxford mit zweieinhalb Längen –
das genügt, das Gehirn zu beschäftigen.

O dieses weiche Kissen, Daunen aus erster Wahl!
Auf ihm vergißt man das Ärgerliche der Welt, jene Nachricht zum Beispiel:
Die wegen Abtreibung Angeklagte sagte zu ihrer Verteidigung:
Die Frau, Mutter von sieben Kindern, kam zu mir mit einem Säugling,
für den sie keine Windeln hatte, und der
in Zeitungspapier gewickelt war.
Nun, das sind Angelegenheiten des Gerichts, nicht unsre.
Man kann dagegen nichts tun, wenn einer etwas härter liegt als der andere.
Und was kommen mag, unsere Enkel mögen es ausfechten."

„Ah, du schläfst schon? Wache gut auf, mein Freund!
Schon läuft der Strom in den Umzäunungen, und die Posten sind aufgestellt."

Nein, schlaft nicht, während die Ordner der Welt geschäftig sind!
Seid mißtrauisch gegen ihre Macht, die sie vorgeben für euch erwerben zu müssen!
Wacht darüber, daß eure Herzen nicht leer sind, wenn mit der Leere eurer Herzen gerechnet wird!
Tut das Unnütze, singt die Lieder, die man aus eurem Mund nicht erwartet!
Seid unbeugsam, seid Sand, nicht das Öl im Getriebe der Welt!

Kapitel VIII

„Das Fest der Narren“
Glauben heute leben

Wolfgang Klein

Der Tanz vor dem Herrn – oder: „Ein jegliches hat seine Zeit...“

Es ist Fest-Zeit. Der Kreis der „Lebens-Bilder“ schließt sich: Franziskus hat den Reigen des Christ-Seins mit seiner Viola d'Amore eröffnet, David macht die Begleitmusik zum Fest mit seinem Flötenspiel. Das ist mehr und anderes als die fromme Hirtenmelodie eines anmutigen Knaben, zu der hier aufgespielt wird. Da ist der verräterische Judaskuß gewesen – und nun der zärtlich-freundschaftliche des Lammes mit der Dornenkrone. Da vereinigen sich Altes und Neues Testament, Judentum und Christentum; da ist der König Israels, David, und sein Gegenstück und Nachfolger Jesus, der Davids-Sohn, der König der Juden.

Der amerikanische Theologe Harvey Cox hat vor einigen Jahren in seinem gleichnamigen Buch „Das Fest der Narren“ das Feiern als notwendige Bedingung unseres Menschseins beschrieben. Festlichkeit und Phantasie sind notwendige Zutaten für ein glückliches, sinnvolles Menschenleben, denn, so sagt er:

> „Seinem innersten Wesen nach ist der Mensch ein Geschöpf, das nicht nur arbeitet und denkt, sondern das auch singt, tanzt, betet, Geschichten erzählt und feiert.“

„Fest der Narren“, das ist deshalb für mich nicht nur Symbol für das Thema dieses Buches, nicht nur Gleichnis für die richtige Art, Konfirmation heute zu feiern, sondern auch Sinnbild des Glaubens überhaupt!

Das heißt nicht, daß das Leben eines Christen ein ununterbrochenes, rauschendes Fest sein kann oder soll, aber ein Christ ist auch nicht immer im Dienst. Festlichkeit ist Jasagen zum Leben – keine Kultur ist ohne Feste und keine Religion. Dazu gehören Essen und Trinken ebenso wie Musik und Tanz. Schon David war alles andere als ein harmloser, lorbeerbekränzter Hirtenjunge, der dem Gott Pan aufspielt. (Fast erscheint er so in Ernst Alts Bild, wenn da nicht das Lamm wäre!) Nein, David war kein Kind von Traurigkeit. Er ließ die Israeliten als König nach seiner Pfeife tanzen, er schreckte vor Mord und Ehebruch nicht zurück und brachte auch Goliath und seinen Philistern wahrhaftig die „Flötentöne“ bei mit seiner Steinschleuder.

Aber als er die Lade Gottes nach Jerusalem holte, „da tanzten David und ganz Israel vor dem Herrn her mit aller Macht im Reigen, mit Liedern, mit Harfen und Psaltern und Pauken und Schellen und Zimbeln“ (2. Samuel 6, 5).

Freilich ist aus dieser Geschichte auch bekannt, daß die leichtgeschürzte tänzerische Betätigung des Königs von Israel zum Ehekrach im Hause David führte und die Königin für ihr ironisch-eifersüchtiges Lob der erotischen Wirkung ihres Gatten auf die zuschauenden Schönen Israels sogar mit Kinderlosigkeit bestraft wurde – vom Herrn?

David jedenfalls verteidigte den Tanz als „Gottes-Dienst" vehement – die Einwände dagegen haben also schon ein biblisches Alter!

Da ist zuerst der *moralische*: Woher kommt es, daß wir uns in unseren Kirchen so schwer tun mit Feiern und Festen? Liegt es vielleicht in unserer evangelisch-puritanischen Tradition, die da keinen Platz ließ für Gefühle, für das „Fleischliche"? Tanzen war für die Pietisten aller Zeiten Sünde. Der christliche Glaube war nur etwas für den Kopf, damit unser menschlicher Geist sich allmählich von allen niedrigen Trieben löse.

In der frühen Christenheit hatte aber der „Geist der Festlichkeit" seinen festen Platz in der Gemeinde. Da tanzten die Christen noch häufig im Gottesdienst und auf Friedhöfen, an den Festtagen und um die Kirche herum, vor dem Herrn und miteinander, Männer, Frauen und Kinder. Allerdings wurde der Tanz schon damals wegen seiner Sinnlichkeit als Exzeß diffamiert. So zum Beispiel von dem Bischof von Cäsarea, Basilius dem Großen, der im 4. Jahrhundert n. Chr. einerseits das ganze christliche Leben als Tanz preisen konnte, andererseits aber mit Worten gegen die natürlich vorhandene erotische Dimension des Tanzes wetterte, die geradezu von einem konservativen katholischen Bischof oder strengen evangelischen Kirchenvorstand unserer Tage stammen könnten:

> „Als wären sie von einer Art Wahnsinn ergriffen, erregen sie die Lust der Jungen, sie führen Ringtänze in den Kirchen der Märtyrer auf und tanzen an ihren Gräbern statt in den öffentlichen Gebäuden und verkehren die heiligen Stätten in einen Ort der Unzüchtigkeit. Sie vergiften die Luft mit Dirnenliedern und beflecken die erniedrigte Erde mit ihren Beinen durch schamlose Posituren."

Das Unbehagen, das der hl. Basilius bei den „schamlosen Posituren" der Ostertänzerinnen empfand, führte schließlich im Mittelalter auf dem Konzil zu Würzburg dazu, daß der Tanz zu einer schweren Sünde erklärt wurde. David hätte laut darüber gelacht!

Der „Tanz vor dem Herrn" hat eine wechselvolle Geschichte im Christentum – Annahme und Verbot, Austreibung und Wiederaufleben – hinter sich, aber ganz unterdrücken ließ er sich nie. Immer wieder war da einer wie John Wesley (der Begründer der Methodistenkirche), der fragte, warum bloß der Teufel alle guten Lieder haben sollte. Und wenn der Teufel der „Geist der Schwere" ist, wie Nietzsche behauptete, dann preist der mittelalterliche Mystiker Jesus zurecht als Meistertänzer, wenn er dichtet:

„Jesus der Tänzer Meister ist
Zum Tanze hat er hohen List
Er wendet sich hin, er wendet sich her
Sie tanzen alle nach seiner Lehr.“

So beobachte ich mit Freude, daß es heute vor allem die Jugendlichen sind, die „alle nach seiner Lehr“ tanzen, die auf Kirchentagen und in Liturgischen Nächten, in Jugendgottesdiensten und auf Freizeiten die Wiedergeburt des Festlichen bewirkt haben. Freilich ereignet sich diese massive Wiedergeburt spirituellen Glaubens oft genug noch außerhalb der Kirchen, die davon überrascht, ja teilweise überrollt wurden.

Viele lehnen aber die Rückkehr von fröhlichem Tanz, strahlenden Farben und lauter Musik ins Christentum ab, weil sie nicht erkennen, daß der Mensch Freude, Feier und Spiel braucht, um zu sich selbst zu kommen und dann auch wieder für seine Mitmenschen handlungsfähig zu werden. Denn Lied, Tanz und Träume vermitteln ihm Vergangenheit *und* Zukunft, verbinden ihn so mit einer mit Gemüt *und* Verstand gefeierten Geschichte.

Mir ist jetzt in diesem Zusammenhang auch klargeworden, warum ich meinen eigenen Konfirmationsspruch nie behalten konnte. Ich hatte einen Konfirmandenunterricht erlebt, der ernst und düster war, der aus Kontrolle des Gottesdienstbesuchs und der Lern-„Leistung“ bestand und dessen „krönender“ Abschluß, die Konfirmation, aus einem unverständlichen und daher unsagbar langen und langweiligen Gottesdienst bestand, an dessen Ende ich mich gleich für mehrere Jahre auch aus der Kirche verabschiedete. So wurde ich aus der Kirche „hinauskonfirmiert“. Versüßt wurde der Tag mir eigentlich nur noch durch ein schönes Familienfest, das dann auf gut saarländische Weise gefeiert wurde: „Jetzt gebbd mol gudd gess unn gedrunk’, mei Knecht“, sagte mein Großvater zu mir.

Wenn aber die frohe Botschaft Jesu geradezu und oft genug überfließt von Erfahrungen der Freude und des Feierns, dann ist nicht einzusehen, warum eine evangelische Kirche sich so karg und spröde, so steril und im wahrsten Sinne des Wortes lustlos gibt. Das Bild vom Fest bezeichnet also jene Lebenshaltung, in der der Christ sein Leben nicht mit Leistung, Kampf oder Krampf verdient, sondern es von Gott als Geschenk empfängt wie im Gleichnis vom verlorenen Sohn.

Dagegen steht eine Auffassung, nach der „Leiblichkeit das Ende aller Werke Gottes“ ist, wie es ein schwäbischer Pietist formuliert hat. Vor allem in den Augen der jungen Generation wird demnach ein wesentlicher Test für die Glaubwürdigkeit christlicher Freude in der Kirche sein, ob sie wirkliches Vergnügen, Lockerung und Entkrampfung für das Christsein ermöglicht oder solche Einstellungen nur um der Modernität willen mit sozusagen gequältem Gesichtsausdruck und gezwungenermaßen „duldet“.

Aber im Verhältnis der Kirche zum Feiern zeigt sich nicht nur ein gespaltenes Verhältnis zu Jugendlichkeit und Jugend. Gleich hinterher kam immer auch schon der *politische* Einwand gegen das „Fest der Narren“: Es ist nämlich der Ausdruck der Religion des Volkes, das darin das Herrschaftsgebaren der Mächtigen entlarvt und ihnen eine Gesellschaftsordnung gegenüberstellt, die den Seligpreisungen Jesu entspricht.

„Auch Jesus, der so hell brennt wie ein Stern, der schont gewiß nicht all die feinen Herrn“, dichtete schon der französische Theologe und Vagabund François Villon im 15. Jahrhundert aus der Perspektive des Volkes, quasi von unten her. Unser Karneval, das Fest der Jecken, ist nur noch ein schwacher Abglanz des mittelalterlichen Narrenfestes, bei dem ein „Spottkönig“ oder ein „Bubenbischof“ gewählt wurde, der sich dann über die heiligsten politischen wie religiösen Praktiken der Zeit lustig machte mit schamlosen Liedchen und Sozialparodien. Kein Wunder also, daß dies die Oberen in den kirchlichen und staatlichen „Hauptquartieren“ nervös machte, da hier eine Welt vorgestellt wurde, in der die Letzten die Ersten waren und scheinbar feststehende Werte auf den Kopf gestellt wurden.

Darum zittern Diktatoren bis heute vor politischen Witzen, verbieten sie Kabaretts, die ihnen schonungslos die Meinung des Volkes und die Wahrheit über ihr Treiben sagen; und auch in der Kirche wird solche „Narrenfreiheit“ nur ungern gesehen!

Natürlich gibt es auch die Verführung des Geistes der Festlichkeit. Wenn unser heutiger Tanz um das goldene Atomkalb, um das goldene Konsumkalb unserer Wohlstandsgesellschaft, einmal die gleiche Folge haben sollte wie die kollektive Bestrafung des Volkes Israel für seinen Tanz um das Stierbild durch den fluchenden Mose am Berg Ebal – dann Gnade uns Gott! Und wenn die Kirche meint, sich der Gesellschaft in diesem Sinne anpassen zu müssen, so trifft sie die ironische Kritik, mit der der katholische Schriftsteller Georges Bernanos schon 1931 prophetisch ihre Situation vorausgesagt hat:

> „Wir können uns diese Christenheit lebhaft vorstellen: als Geschäftsgebäude mit Kapelle und den übrigen passenden Annehmlichkeiten wie moderner Club, Schreibsalon, Telephonzentrale, Theater, Kino, Restaurant, wo sich der abonnierte Gast . . . erfreuen wird.
> Auf diese beruhigenden Proportionen beschränkt, abseits vom sozialen Leben eines Volkes . . . getrennt von den Armen, (von) ihrem Meister, von diesem lebenden Christus, der heute wieder unter staatlicher Vormundschaft steht . . . vergeblich wider die Gitterstäbe ihres vergoldeten Käfigs schlagend; so wird die Christenheit zum Schluß die Toleranz des Gesetzgebers rechtfertigen. Alte Zweifel werden schwinden . . .“

Damit würde die Kirche auch die alte marxistische Kritik rechtfertigen, daß die Religion nichts anderes sei als das „Opium des Volkes“, das die Herrschenden so lange austeilen, wie es der sozialen Beruhigung und dem politischen Wohlverhalten dient. Und nicht jeder Machthaber ist so einsichtig wie der flötenspielende und tanzende David, als ihm der Prophet Nathan im Spiegel eines Gleichnisses seinen Ehebruch und seine Blutschuld vorhielt und ihn schonungslos mit den Worten entlarvte: „Du bist der Mann!“ (2. Samuel 12).
Es wird alles darauf ankommen, wie die Kirche in einer solch prophetischen Situation auf zentrale Forderungen der Gesellschaft reagiert: z. B. auf die Forderung, „Kirche der Armen“, also Volkskirche im echten Sinne des Wortes zu werden. Auch die Haltung vieler Jugendlicher, denen es nicht mehr reicht, Selbstversorger einer privaten Frömmigkeit im Reich Gottes zu sein, stellt hier einen echten Prüfstein für die Kirche dar. Diese Jugendlichen dringen zunehmend darauf, daß die Kirche auf ihre Privilegien und Machtmittel verzichtet, auf die finanziellen Vorteile ihrer Kompromisse mit der politischen Macht. Sie sehen die Kirche als ein „Volk der Seligpreisungen“, das keine andere Sicherheit hat als die des armen Jesu. Dieses Kirchenvolk lebt kontemplativ und schafft den Frieden als Ausrichter eines befreienden, versöhnenden Festes für alle Menschen, die guten Willens sind – selbst auf die Gefahr hin, um der Gerechtigkeit willen verfolgt zu werden.
Auch als Glaubender ist der Mensch kein „außerhalb der Welt hockendes Wesen“ (Karl Marx). Und wie anders könnte ich sonst zu einem Strafgefangenen etwa von der Geborgenheit und befreienden Wirkung des Glaubens reden oder zu einem Arbeitslosen über den Sinn seines Lebens, wenn ich seine reale Situation übergehen würde? Und wie kann ich sonst einem drogenabhängigen Jugendlichen, dessen Leib und Seele von Erfahrungen gesellschaftlicher Gewalt zerstört sind, von einem „heilen“ Leben reden, ohne daß dies sofort zynisch wäre oder wirkte?
So ist dieser Geist der Festlichkeit immer schon politisch, ob ich das will oder nicht, weil unser Glaube auf eine neue Wirklichkeit hofft, die noch nicht eingetreten ist – auf einen „neuen Himmel und eine neue Erde.“
Aber da wird mir wohl sofort noch ein letzter Einwand entgegengehalten werden, der ebenfalls schon in der Bibel auftaucht – der *theologische*, der schon vom Prediger Salomo formuliert worden ist (3, 1 ff.):

> „Ein jegliches hat seine Zeit, und alles Vorhaben unter dem Himmel hat seine Stunde: geboren werden hat seine Zeit, sterben hat seine Zeit . . . weinen hat seine Zeit, lachen hat seine Zeit; klagen hat seine Zeit, tanzen hat seine Zeit . . . lieben hat seine Zeit, hassen hat seine Zeit; Streit hat seine Zeit, Frieden hat seine Zeit . . .“

Und das Problem wird für uns auf den Punkt gebracht mit der Klage des gefangenen Volkes Israel in Psalm 137, wenn es da heißt:

„An den Wassern zu Babel saßen wir und weinten, wenn wir an Zion gedachten. Unsere Harfen hingen wir an die Weiden dort im Lande. Denn die uns gefangen hielten, hießen uns dort singen und in unserem Heulen fröhlich sein:
Wie könnten wir des *Herrn* Lied singen in fremdem Lande?"

Ist das nicht aktuell: Wie können wir lachen, wenn in Südafrika schwarze Brüder und Schwestern ermordet werden? Wie können wir unsere Kinder lieben, wenn in der Dritten Welt Millionen von Kindern verhungern? Wie können wir fröhlich sein und tanzen angesichts der alltäglichen Schreckensmeldungen über unsere Umweltverschmutzung und Aufrüstung? Theologisch gesprochen, ist das eine ernsthafte und berechtigte Anfrage an unser Christsein: Wie bekommen wir all das ehrlicherweise unter einen Hut, wie können wir die Vergangenheit feiern, uns an der Gegenwart freuen und die erhoffte Zukunft festlich vorwegnehmen, ohne das eine dem anderen zu opfern?
Vor ein paar Jahren ging ein erfolgreiches Musical um die Welt: „Anatevka" oder „Fiddler on the Roof" (Der Geiger auf dem Dach). Es ist die Geschichte von Tevje, dem Milchmann, und seiner jüdischen Gemeinde im ukrainischen Dorf Anatevka. Der russische Zar unterdrückt sie mit Steuern, preßt die Söhne in den Kriegsdienst, und seine Kosaken veranstalten blutige Pogrome. Dennoch tanzt diese kleine Gemeinde der verfolgten Juden und singt des „Herrn Lied" im fremden Land. Ist das nicht Opium, trösten sie sich nicht mit dem Jenseits über den Jammer des Diesseits hinweg? Oder gibt es das wirklich: Freude mitten im Leid, Freiheit mitten in der Unterdrückung, Lob Gottes in der Verzweiflung?
Der christliche Glaube antwortet darauf mit Ja, aber nicht so, daß er die Spannung leugnet oder fein säuberlich ausbalanciert, sondern indem er sie *aushält*! Im Umgang mit sich selbst und auch mit anderen Menschen zeigt sich, was christlicher Glaube wirklich ist: ein Lebensmut, nicht frei von Angst und Zweifeln, von Sorgen und Not, eine Art Urvertrauen, das sich selbst zerstören würde, wenn es das alles nur für sich selbst haben wollte.
Im Dritten Reich bedeutete das z. B. für die Christen, daß sie, mit den Worten Dietrich Bonhoeffers, nur dann ein Recht hatten, „gregorianisch zu singen", wenn sie gleichzeitig auch für die Juden schrien. Auch Festlichkeit ist nie nur Selbstzweck gewesen im Christentum, es hat immer *etwas* gefeiert und sich *über* etwas gefreut, das in der menschlichen Geschichte, in Vergangenheit oder Zukunft seinen Platz hatte. „Jahrhunderte hindurch hat das Christentum unsere Zivilisation mit den Festtagen versorgt", schreibt Harvey Cox, „die ihre Geschichte lebendig erhielten, und auch mit den Zukunftsbildern, die ihre Erwartungen nährten." Das waren zum Beispiel die Visionen vom Reich Gottes auf Erden oder der neuen, der himmlischen Stadt Jerusalem.
Heute freilich haben wir diese Feste zu unverbindlichen Erholungstagen degradiert: Weihnachten ein konsumfreudiges Familienfest, Ostern ein Früh-

lingsfest, und Erntedank erscheint angesichts des Hungers in der Welt anachronistisch. Die religiösen Symbole scheinen ihre Kraft verloren zu haben, die Bilder ihre Farbe. Ist unser Glaube da noch mehr als ein Lippenbekenntnis, mehr als kosmetisches Rot auf den Lippen eines sterbenden Zeitalters?
Wer aber die Religion der Armen und Schwarzen ansieht, der spürt, daß die Fähigkeit, trotz alledem ungezwungen zu feiern, am meisten wohl unter denen zu finden ist, denen Schmerz und Leid, Unterdrückung und Unfreiheit nicht fremd sind. Wie Marx auch richtig erkannte, ist die Religion eben nicht nur Ausdruck von Ungerechtigkeit und Elend – sie ist auch eine Form des Protestes dagegen; und dieser Protest hat schon früh in der Geschichte Israels die politische Phantasie beflügelt in Gestalt der Erwartung eines neuen, „messianischen Zeitalters", in dem die Beziehung des Menschen zu sich selbst, zu anderen und zur Natur grundlegend verändert ist, in dem er mit „Gott und der Welt" versöhnt ist.
Von daher auch die wilden Tänze bei den irischen Totenwachen, von daher wurde bei den „funerals", den Begräbnisgottesdiensten der Schwarzen in den Südstaaten der USA, „Didn't he ramble" und „When the Saints go marching on" als fröhlicher Dixieland-Jazz gespielt. Sie bekräftigen bei derartigen Gelegenheiten das Leben und die Heiterkeit *trotz* der Wirklichkeit von Scheitern und Tod, denn Christen sind „Protestleute gegen den Tod" (Blumhardt), die in der Gewißheit von Psalm 126 feiern können:

> „Wenn der Herr die Gefangenen Zions erlösen wird, so werden wir sein wie die Träumenden. Dann wird unser Mund voll Lachens . . . sein. Die mit Tränen säen, werden mit Freuden ernten."

So weit ist es offensichtlich und gewiß noch nicht, aber wenn wir heute das „Fest der Narren" nicht mehr so feiern können oder wieder ganz neu feiern lernen, dann ist das ein persönlicher, sozialer und religiöser Verlust in den drei Dimensionen, die ich hier aufzuzeigen versucht habe!
Das christliche „Fest der Narren" ist nämlich beides: eine Alternative zur pervertierten, konsumseligen und doch so blutarmen Festlichkeit unserer Tage, die gar nicht weiß, *was* sie eigentlich feiert, und zugleich ein politisches „Fest der Befreiung", in dem die Ohnmächtigen ihre Befreiung von der Angst und ihre Freiheit demonstrieren. Ihr Gelächter ist da ihrer Hoffnung letzte Waffe gegen die Herrschenden. Daß nämlich mit dem Tod eh alles aus sei und darum dieses Leben, so armselig es ist, alles sei, was es gibt, das ist wohl der schlimmste Pfeiler aller politischen Ideologien. Dagegen gilt es zu streiten.

> „das könnte manchen herren so passen . . .
> es kommt eine auferstehung die anders
> ganz anders wird als wir dachten

es kommt eine auferstehung, die ist
der Aufstand Gottes gegen die herren
und gegen den herrn der herren: den Tod."

So dichtet der Schweizer Pfarrer Kurt Marti. Und da sind wir schon mitten drin im befreienden Fest des Glaubens, der weiß, warum er auf die Zukunft trinkt, das Brot bricht gegen den Tod, den Becher mit anderen teilt und genießt. Das alles gehört zusammen: Der „Taufschein" ist die Identitätskarte für dieses „Reich der Freiheit" und das Abendmahl Zeichen der Solidarität dieser Bürger untereinander und der Fest-Gemeinschaft mit Jesus. Es scheint deshalb kein Zufall zu sein, daß die Feier mit Brot und Wein gerade unter jungen Christen immer mehr Zuspruch findet, indem sich aus Essen und Trinken, Tanzen und Musik, Meditieren und Beten eine ansteckende Fröhlichkeit entfaltet, die ich all die vielen Jahre in den Leichenbittermienen unserer Abendmahls-Gäste nie entdeckt habe.

So ist ein Neuanfang aus diesem Geist für mich längst keine Utopie mehr. Es ist etwas in Bewegung geraten, das man, um am Ende wieder das Bild vom Narren aufzugreifen, so beschreiben könnte: Der Zirkus „Mensch" hat seine Vorstellung im Zelt Gottes mit Christus, dem hl. Narren, noch nicht beendet. In unseren Herzen und Köpfen geht die Vorstellung weiter, in der neuen Stadt, in der ein fröhliches Fest im Gange ist, wo das Lachen über den Mann der Schmerzen erklingt, der Tanz der Narren gerade erst begonnen hat, zu dem David, der König aller Narren, die Begleitmusik macht!

Eigentlich ist die Sache gar nicht so neu. Von jeher ist das Schiff das ökumenische Symbol der Gemeinde Jesu, und es ging mir nicht darum, das „Narrenschiff" Kirche an den Pranger zu stellen, denn in den Augen der Welt steht sie da schon immer: Eine der ersten Darstellungen Christi in früher Zeit zeigt eine gekreuzigte menschliche Gestalt mit dem Kopf – eines Esels. Darunter steht auf Latein: „Anaxamenos betet seinen Gott an." Grausame Parodie oder nicht doch tiefere Wahrheit, wenn Paulus im 1. Korintherbrief schreibt: „Niemand betrüge sich selbst. Wer unter euch meint, weise zu sein in dieser Welt, der werde ein Narr, daß er weise werde."

Mich läßt nur die ebenso listige wie entlarvende Frage Bert Brechts nicht mehr in Ruhe, die er einst an uns Christen gerichtet hat: „Wie lebt man, wenn man tut, was ihr glaubt?" Diese Frage, glaube *ich*, bringt uns nur dann in große Verlegenheit, wenn wir die Antwort des Paulus nicht kennen; danach leben wir nämlich ganz einfach als „Narren um Christi willen".

Stimm deine Laute, David

Fuhr der böse Geist in Saul, dann duckten
sich die Leute, bei Hofe hing der Segen
schief und so ist das bis heute.

Fährt der böse Geist in mich, dann ducken
sich die Leute, zu Hause hängt der Segen
schief, wie war's denn wieder heute?

Stimm deine Laute, David, spiel, entlock den
Saiten Lieder, spiel, daß der böse Geist
entflieht, zum Menschen mach mich wieder.

Fährt der böse Geist in den Betrieb, dann
ducken sich die Leute, am Fließband hängt
der Segen schief, ist das ein Elend heute!

Fährt der böse Geist ins Parlament, dann
ducken sich die Leute. Im Plenum hängt der
Segen schief, gegängelt kläfft die Meute.

Fährt der böse Geist ins Volk, dann ducken
sich die Leute, im Lande hängt der Segen
schief, ein jeder schnappt nach Beute.

Setzt den bösen Geist ins Matt und tanzt vor
Freude heute. Im Land, da geht ein Segen auf.
Das Kriegsgeschäft macht pleite.

Detlev Block

Schön zu leben

Schön zu leben
sage ich
obwohl vieles dagegen spricht
ich weiß und wer wüßte nicht
schön zu leben
sage ich heute
obwohl ich gestern anderer Meinung war
und morgen was tuts
schön zu leben
sage ich uneingeschränkt
es wird viel zu wenig gesagt
schön zu leben
auf unserem blauen Planeten
in dieser Gegend zu dieser Zeit
mit diesem umgrenzten Ich
schön zu leben
mit der Schlüsselblume in der Hand
und dem Staub
den wir von den Füßen schütteln
schön zu leben
unter dem Meer der Heiterkeit
und dabei um den glühenden
Atomofen zu kreisen
schön zu leben
und den unvollkommenen Menschen zu lieben
dessen Geheimnis zu beweisen
ich mich schäme
schön zu leben
weil es dich gibt Nazarener
und dein Manifest der Hoffnung
an das ich glaube.

Lothar Zenetti

In einem anderen Licht

Menschen,
die aus der Hoffnung leben,
sehen weiter.

Menschen,
die aus der Liebe leben,
sehen tiefer.

Menschen,
die aus dem Glauben leben,
sehen alles in einem anderen Licht.

Flötenspielender David ▷

David

Ich wünsche mir zur Konfirmation

- einen Tag, an dem die Sonne scheint,
- eine Predigt, die ich verstehe,
- einen Konfirmationsspruch, der mir etwas bedeutet,
- den Mut zu versprechen: Herr Jesus, ich will mich bei Dir festmachen,
- Eltern und Verwandte, die gerne kommen und mitmachen,
- ein Festessen, bei dem nicht über Klamotten geredet wird,
- daß meine Patentante mich fragt: Ist dir Jesus wichtig?
- daß ich vom Konfirmationsunterricht erzählen kann,
- einen langen Spaziergang,
- daß Papa sich freut, ein Tischgebet zu sprechen,
- daß meine Eltern abends am Bett noch ein wenig mit mir reden,
- Geschenke, die die Leute ausgesucht haben
- ...und vielleicht eine Schreibmaschine.

Ich freue mich auf meine Konfirmation!

Barbara Stein

Die Familie war mir näher...

Beobachtungen einer Mutter an den Konfirmationstagen ihrer Kinder

Zwei Erinnerungen voraus:
Meine Tochter geht zu einer Geburtstagsparty und sagt mir im Weggehen: „Aber vor 11.00 (23.00 Uhr) bin ich nicht zurück!"
„Also 11 ist zu spät", sage ich. „Du bist ja noch nicht mal konfirmiert!"
Oder ich sag zu meinem Jungen: „Du brauchst aber kein Glas Wein für Dich alleine! Du kannst von mir einen Schluck haben. Du bist ja noch nicht konfirmiert!"

Wie komme ich zu solchen Äußerungen? Ich beobachte an mir selbst, daß ich mit solchen Reden Dinge mit der Konfirmation in Verbindung bringe, die mit den Konfirmationsinhalten überhaupt nichts zu tun haben. Denn weder Alkohol noch Zapfenstreich können mit Religionsmündigkeit, Konfirmationsversprechen oder Glaubensfragen überzeugend in Verbindung gebracht werden. Statt dessen zeigen mir meine Reaktionen, daß für mich als Konfirmandenmutter die Konfirmation wenigstens zwei maßgebliche Komponenten hat:
Da ist als erstes die Aufnahme meines Kindes in die Erwachsenengemeinde. Ein Vorgang, der für mich als Gemeindeglied ein selbstverständliches Anliegen ist. Es hat mir auch wirklich immer Freude bereitet, wenn meine Kinder sich entschlossen hatten, sich zur Gemeinde zu zählen und sich konfirmieren zu lassen.
Aber da ist außerdem der andere Aspekt der Konfirmation, den ich als Initiationsfeier bezeichnen möchte. Ich – und nicht nur ich allein – habe ein erstaunlich lebhaftes Bedürfnis, zu irgendeinem Zeitpunkt die Tatsache hervorzuheben, daß mein Kind der Kindheit entwächst und von mir als Jugendlicher oder junger Erwachsener anerkannt wird. Ich möchte das mit meiner Familie feiern. Ich möchte sichtbar machen, wie sehr ich diesen jungen Menschen liebe, wie ich ihn achte, und daß ich mich darüber freue, daß er erwachsen wird. Das ist der gesellschaftliche Aspekt, den die Konfirmation meines Kindes für mich auch hat.
Mag sein, daß sich die Familie mit ihrem Bedürfnis nach einer Initiationsfeier in diesem Fall an den innerkirchlichen Vorgang der Konfirmation anhängt und dem Festtag damit einen zweiten Schwerpunkt gibt.

Mag aber andererseits auch sein, daß die Konfirmation in unserer Kirche solch ein Erfolg ist (96 % aller evangelischen Jugendlichen nehmen daran teil), weil die Kirche mit der Konfirmation genau auf dieses gesellschaftliche Bedürfnis trifft.
Jedenfalls sehe ich eigentlich nicht, daß diese beiden Belange sich gegenseitig ausschließen müßten.
Ich freue mich über einen feierlichen Konfirmationsgottesdienst, in dem meine Konfirmandin oder mein Konfirmand innerhalb seiner Jahrgangsgruppe in die Erwachsenengemeinde aufgenommen wird. Ich erwarte vom Gottesdienst etwas für diese jungen Menschen und für mich: daß ihnen die Tatsache, daß sie zur Gemeinde gehören, als Chance bewußt gemacht wird – und für mich einen Anstoß, meine Situation als Mitglied dieser Gemeinde zu bedenken, an dem Tag, an dem mein Kind ihr auf eine neue Weise angehört.
In diesem Gottesdienst anwesend ist aber auch die Familie, die ihren Konfirmanden auf ihre individuelle Art feiern möchte. Und diesem Wunsche Raum und Form zu geben, das ist meine Aufgabe. Ich denke, das ist ein ganz legitimer Wunsch, und ich möchte mir diese Möglichkeit auf keinen Fall nehmen lassen. Auf dem Weg zum Erwachsenwerden ist die Konfirmation der erste Moment, wo einem Menschen ein Stück Mündigkeit offiziell zugestanden wird. Es wird die kirchliche und die politische Wahlmündigkeit folgen, die Berufswahl, die Ausbildung und schließlich eine Berufstätigkeit.
All das habe ich für mein Kind an diesem Tage im Auge. Wenn ich mich an meine eigenen Empfindungen bei den Konfirmationen meiner Kinder erinnere, dann war mir an diesen Tagen die Familie näher als die Kirche. Dieser geliebte junge Mensch steht für mich im Vordergrund. Es geht mir in erster Linie um ihn – und erst an zweiter Stelle sind für mich dann Gemeinde und Kirche wichtig.
Wenn ich mir gestatte, auf mein Herz zu hören, so setzt es eindeutige Prioritäten. – So ist das Mutterherz!
„Mütter sind nie ganz bei Trost!“ sagt mein jüngster (konfirmierter) Sohn.

Fritz Koppe

Am Ziel?

Ein Pfarrer auf dem Weg zum Konfirmationsgottesdienst

„Konfirmation – was soll bei den Konfirmanden eigentlich befestigt werden? Diese aufgeregten, quirligen jungen Menschen hinter mir sind so im Umbruch, daß jedes ‚Festmachen' nur Gewalt wäre." Mit diesen Gedanken trete ich aus der Tür des Gemeindehauses.
Ein kalter Windstoß läßt mich die Agende fest umklammern. Das Bäffchen flattert vor meinem Mund, als wollte es sagen: „Rede heute nicht so viel!" In wohlgeordneter Reihe gehen wir dahin: vorneweg der Pfarrer in der Amtstracht des 16. Jahrhunderts, dann nervös flüsternde Konfirmanden, zuletzt – in feierlichem Schwarz – die Kirchenältesten. In Zweierreihen werden sie geführt, jeder an seinem vorbestimmten Platz: Der richtige Spruch muß beim betreffenden Namen genannt werden können. Alles ist geprobt und wohlgeordnet. Kirchenälteste und Konfirmanden habe ich eben einander vorgestellt. Sie kennen sich kaum, dafür ist die Gemeinde zu groß und die Konfirmandenzeit zu kurz. Es sieht so aus, als würden die Kirchenältesten darauf achten, daß keiner – im letzten Augenblick noch – andere Wege geht oder sich gar abkehrt. Nein, abgekehrt hat sich bisher kaum einer. Einmal habe ich es erlebt, daß ein Junge keine Lust mehr hatte und vom Unterricht weggeblieben ist. Wie viele gar nicht gekommen sind, kann ich nicht sagen. Aber wahrscheinlich sind die berühmten 95 % eines Jahrganges gekommen, wie überall in der Bundesrepublik.
Und jetzt gehe ich voraus, führe zu einem Gottesdienst. Was wird danach sein? Die Bänke, in denen die Konfirmanden fast jeden Sonntag ein halbes Jahr lang gesessen, geschwiegen, getuschelt und gelacht haben, werden wieder leer werden, wie all die Jahre zuvor. Ein neuer Jahrgang wird bald wieder die Wahl haben, welche Bänke er belegen will. Kein vorhergehender Jahrgang wird ihm den Platz streitig machen.
Es wird leer sein – so leer, wie es jetzt auf dem Kirchplatz ist. Die Angehörigen sitzen schon alle in der Kirche. Die Gemeinde – das alte Dorf und die Neuhinzugezogenen – nehmen nicht mehr Anteil an der Konfirmation eines Jahrganges. Früher war die Konfirmation ein Fest, das indirekt fast alle Familien betraf. Durch die zahlreichen Familienmitglieder und die vielfältigen verwandtschaftlichen Beziehungen war in fast jeder Familie ein Konfirmand anzutreffen. Die Kirche wurde damals außen mit Girlanden geschmückt. Das Dorf nahm so auch äußerlich Anteil an der Aufnahme junger Menschen in die

Gemeinde. Jetzt aber sind die Wandhaken über der Kirchentür überflüssig geworden. Sie tragen kein Festgewand der Kirche mehr. Die Autos fahren vorüber, kein fröhliches Gehupe wie bei Hochzeiten. Nur ein einsamer Vater versucht, in Super-8 das Vorübergehende unendlich wiederholbar zu machen. Warum nennt man die kleinen Bilder auch noch „super"? Hier ist wirklich nichts super.

Nervös an Objekt und Blende drehend, sucht sich der Vater einen günstigen Standplatz. Ich verlangsame meinen Schritt, der Vater geht aber unaufhörlich rückwärts, als weiche er angstvoll vor diesem langsam daherschreitenden Zug dunkel gekleideter Menschen zurück. Noch einen Schritt weiter, und er stolpert über die Rasenkante. Ist es mit der Würde und der Feierlichkeit des Augenblicks zu vereinen, gegen den Wind „Vorsicht!" zu brüllen. Ich bringe es nicht fertig. Wird er stürzen? Ob die Konfirmanden später auch einmal so ängstlich zurückweichen werden, wenn sie mit dem religiösen Bereich ihrer Seele in Berührung kommen? Ob sie dann stolpern – stürzen werden? Hoffentlich ist dann jemand da, der sie ungeachtet aller feierlichen Augenblicke warnt: „Nicht weiter zurück!"

Zurück – warum sage ich „zurück"? Wer weiß denn, wohin die Richtung des Lebensweges dieser Kinder, dieser jungen Menschen hinter mir zeigt? Die Statistik lehrt uns: Sie zeigt nicht in Richtung Kirche. Je leerer unsere Kirchen geworden sind, um so mehr Erklärungen hat es dafür gegeben. Am einfachsten ist wohl die Behauptung, es habe immer schon Menschen gegeben, die nur in Krisensituationen ihres Lebens bestimmte Riten verrichteten. Was aber hat dieses Bedürfnis nach Riten mit Christentum zu tun?

Und ob der Mensch – also ich auch –, der im Rhythmus des Kirchenjahres lebt, sich davon seine religiösen Bilder bestimmen läßt – ob dieser Mensch der Botschaft von Jesus Christus näher ist, das ist ja auch noch eine Frage.

Nachher, im Gottesdienst, wird auch wieder dieses höfliche Desinteresse zu spüren sein. Ich habe Angst vor diesem Gefühl, das ich von Hochzeiten her kenne: Die Teilnehmer des Gottesdienstes schauen zu, als ginge sie das alles nichts mehr an. Vorne amtiert ein Priester, der in altmodischem Deutsch sprachlich eine Welt öffnet, die nichts mehr mit der Welt der individuellen Erfahrung zu tun hat. Meine Unsicherheit begegnet der Unsicherheit der Gottesdienstbesucher. Wir haben es doch so oft gelernt, daß wir als evangelische Pfarrer keine Priester seien, und wir wollen es auch nicht sein – aber werden wir nicht manchmal zu Priestern gemacht?

Konnte die DDR ihre Jugendweihe so erfolgreich als Ersatz für die Konfirmation anbieten, weil es bei den Riten gar nicht auf den Inhalt, sondern auf das Geschehen der Handlung ankommt? So war es auch bei vielen Konfirmandenelternbesuchen gewesen: ein wohlwollendes Entgegenkommen, aber kein inneres Engagement. Konfirmation soll sein, aber das eigene religiöse Erleben hat mit dem Geschehen nichts mehr zu tun. Wie unschicklich, wenn der

Pfarrer signalisiert, daß das Versprechen der Konfirmation auch in eine Verantwortung ruft, eine Verantwortung für Konfirmanden, Eltern, Paten und Gemeinde.
Das religiöse Erleben der vielen drückt sich nicht mehr in christlichen Bildern aus. Was will also der Pfarrer mit diesen verblaßten, abgesungenen Bildern? Kann er den Inhalt dieser Bilder deutlich machen, oder ist am Ende nur der Ritus wichtig, nicht der Inhalt? Ob es ein Priester, ein Funktionär der Partei oder ein Pfarrer ist, spielt das noch eine Rolle? Hauptsache ist, der priesterliche Part wird anständig gespielt, damit das familiäre Fest der Jugend gefeiert werden kann!
Ja – es stimmt schon. Viele der jungen Menschen hinter mir machen mich unbewußt zu einem Priester. Wie viele von ihnen haben gespürt, daß ich mit ihnen zusammen auf das Wort Gottes hören wollte? Wurde die Welt dieses Wortes für einige wenigstens erlebbar? Aber vielleicht bin ich schon wieder zu – priesterlich? Warum gehe ich diesen jungen Menschen voraus? Bin ich ihnen in dem gemeinsamen halben Jahr Konfirmandenzeit immer vorausgegangen? Warum trage ich diesen schwarzen Kittel? Bin ich nicht doch führender Priester? Ohne die Konfirmanden und die Kirchenältesten hinter mir käme ich mir im Talar auf der Straße lächerlich vor.
Aber sie sind hinter mir! Jetzt sind wir zusammen auf dem Weg – auf dem Weg dorthin, wo Gott uns gegenwärtig sein will. Diese spürbare freudige Erwartung in meinem Rücken ist doch sicher auch freudige Erwartung auf den Augenblick der Einsegnung. Die Aufgeregtheit ist nicht nur Ausdruck der Angst, in der Öffentlichkeit zu sein, sondern ein Erfaßtwerden von dem nicht mehr Beschreibbaren, das sich im Gottesdienst vielleicht ereignet – von der vielleicht erlebbaren Nähe Gottes. Das ist das Paradoxe: An dieser Schwelle zum Erwachsenwerden wird die Nähe Gottes ersehnt, und später wird sie in der Form unserer Gottesdienste von den wenigsten noch gesucht. Wird sie überhaupt gesucht, ohne daß eine Krise des Lebens diese Suche dringend erforderlich macht?
Nun gehe ich mit diesen jungen Menschen den kurzen Weg vom Gemeindehaus zur Kirche, ein kurzer Weg in die Nähe Gottes. Aber das stimmt ja nicht! Ein halbes Jahr bin ich mit ihnen diesen Weg gegangen. Distanzlos war ich mit ihnen verbunden – so distanzlos, daß ich nicht wahrnehmen konnte, wie wir uns – die Konfirmanden und ich – änderten. Ich weiß, diese Änderung werde ich erst wahrnehmen können, wenn wieder zeitliche Distanz gegeben ist. Ein Weg, der ein halbes Jahr dauerte, welche Zeit für einen 14jährigen! So ist dieser kurze Weg jetzt ein Abbild unseres gemeinsamen Weges während des letzten Winterhalbjahres. Den Konfirmandenunterricht habe ich seit einigen Jahren nach der Ordnung eines Gesamtgottesdienstes aufgebaut. Ob diese jungen Menschen erfahren haben, was ich ihnen versucht habe zu umschreiben, worauf ich in kreisenden Bewegungen immer wieder hinsteuerte: „Gott

selbst ist unanschaulich!"? Er ergreift – ob wir das jemals begreifen? Was heißt wir – ich?! Hoffentlich erwarten die Jugendlichen jetzt nicht zuviel von diesem Gottesdienst! Hoffentlich gibt es keine Enttäuschung! Es ist doch wie bei den alten Wallfahrten: Man hatte ein Ziel, aber das Ziel zu erreichen, war gar nicht so wichtig. Es war nur bestätigender Abschlußpunkt. Der Weg selbst war das Ziel.

Aber ich kann doch nicht behaupten, diese Konfirmation heute sei das Ziel der Jugendlichen, sei das Ziel ihrer Wanderung von ihrer Kindheit zu ihrem jugendlichen Erwachsensein. Ein Stück – zwei Stunden in ein paar Wochen – bin ich mit ihnen gegangen. Mehr nicht. Ob die biblischen Bilder von Gott ihre Seele berührt haben? Ob sie in ihnen die eigenen Bilder weckten und sie zum Leben brachten, damit Gott zu ihnen sprechen kann?

Jetzt könnte ich mit dem Zug hinter mir schräg zum Kircheneingang gehen, das wäre vernünftig und der kürzeste Weg. Gewöhnlich laufe ich auch so, aber heute gehe ich geradeaus weiter, schwenke – jawohl, ich biege nicht ab, sondern ich schwenke – zweimal rechts und komme nun nach diesem kleinen Umweg geradewegs auf die Kirche zu. Mit dieser Schwenkung ist die Tür zu unserer Kirche zu einem Kirchenportal geworden. Auch so kann man eine Kirche schmücken. Die Kirchendienerin öffnet feierlich das Portal. Die apokalyptischen Bilder – auf den Türflügeln in Kupfer getrieben – werden zur Seite geklappt. O wenn man doch so leicht den Weg zu Gott öffnen könnte! Schon wieder nicht begriffen. *Er* kommt – wir gehen – aber *Er* kommt. In der Vorhalle unserer Kirche müssen wir am Kriegerdenkmal vorbei. Die Großväter und Großonkel grüßen stumm mit ihrem Namen. Hoffentlich muß keine Generation jemals wieder dieses Opfer bringen. Ob man erst am Tod vorbei muß, um so zu *Ihm* zu kommen? Wir gehen – er kommt.

Jetzt müßten eigentlich die Posaunen froh erklingen, aber nichts geschieht. Die Konfirmanden sind jetzt ganz still geworden, wir sind schon unter der Empore – direkt unter den Posaunen. Wo ist der erlösende Hall? Ich werde langsam, sollen wir wie Soldaten – wie aufgezogene Hampelmänner – auf der Stelle treten? Eine beruhigende Vorstellung: Die Engel mit den Posaunen am Jüngsten Tag werden beim Einzug der Heiligen am Tage des Gerichts ihren Einsatz nicht verpassen.

Ich blicke zu den Seitenemporen hinauf. Dort eifriges Nicken in Richtung zu den Posaunen. Nichts. Allmählich nickt die ganze Empore. Die Verwandten in den Bänken sind so hilflos wie ich. Scheue Blicke treffen mich. Sollen sie aufstehen oder nicht. Ich finde, sie sollten aufstehen. Endlich – mit dem Stärkerwerden des Posaunenchors werden auch meine Schritte wieder sicherer. Eine seltsame Feierlichkeit umfängt mich. Und dann das Lied:

„Aus meines Herzensgrunde, sag' ich dir Lob und Dank in dieser Morgenstunde, dazu mein Leben lang."

Die Gemeinde singt kräftig und freudig erkennend mit. Es waren doch wohl alles Gedanken – Hirngespinste meines eigenen unsicheren Weges. „Im Namen des Vaters und des Sohnes und des Heiligen Geistes!“ So kann kein Funktionär sprechen, so können nur wir sprechen, die aus Herzens Grund Dank sagen.

Lothar Zenetti

„Wie ein Fest, so wird es sein..."

Wie ein Fest, so wird es sein, wie ein Traum,
wenn erst Friede sein wird, Schalom!
Wenn die mächtigen Tore sich auftun,
und der Herr als Befreier kommt,
dann erhebt eure Häupter und jubelt,
denn der Tag der Erlösung naht!

Wie ein Fest, so wird es sein, wie ein Traum,
wenn erst Friede sein wird, Schalom!
Wenn die Waffen verrotten in Museen,
und der Krieg kein Geschäft mehr ist,
wenn die streitenden Parteien sind Freunde
weil der Haß überwunden ist!

Wie ein Fest, so wird es sein, wie ein Traum,
wenn erst Friede sein wird, Schalom!
Wenn vorbei ist das Klagen und Weinen,
und die Trauernden fröhlich sind,
wenn die Wehrufe endlich verstummen,
weil der Tod überwunden ist!

Wie ein Fest, so wird es sein, wie ein Traum,
wenn erst Friede sein wird, Schalom!
Dann erhebt eure Häupter und jubelt,
denn der Tag der Erlösung naht,
wenn die mächtigen Tore sich auftun,
und der Herr als Befreier kommt!

Kim Chi Ha

Das Brot ist der Himmel

Das Brot ist der Himmel.
Wie Du den Himmel nicht allein haben kannst,
Mußt Du das Brot mit den anderen teilen.

Das Brot ist der Himmel.
Wie der Anblick der Sterne am Himmel allen gemein ist,
Mußt Du das Brot mit den anderen zusammen essen.

Das Brot ist der Himmel.
Kommt das Brot in Deinen Mund hinein,
Nimmt Dein Körper den Himmel auf.

Das Brot ist der Himmel.
Ah, das Brot
Muß man teilen.

Sydney Carter

Tanzlied

Ich tanzte am Morgen, als die Welt begann,
und ich tanzte dem Mond und den Sternen voran.
Ich war wie die Sonne, die die Erde erhellt,
in Bethlehem kam ich zur Welt.

Tanzt dann, wo immer ihr auch seid.
Ich bin der Tanz, der die Welt befreit.
Und ich führ euch an, wo immer ihr auch seid,
ich führ in den Tanz, der die Welt befreit.

Ich tanzte mit Schriftgelehrten in der Stadt.
Die Pharisäer hatten mich bald satt.
Ich tanzte mit Fischern und mit Volk vom Land,
wir reichten im Tanz einander die Hand.

Tanzt dann...

Ich tanzte am Sabbat, und ich heilte dabei.
Die Frommen erhoben empörtes Geschrei.
Ich wurde brutal gefoltert und verlacht,
man hat mich am Kreuze zu Tode gebracht.

Tanzt dann...

Der Himmel am Freitag war voll Nacht und Krieg,
da nahm ich im Tanz Tod und Teufel den Sieg.
Sie dachten mich gut und sicher loszusein,
doch ich tanzte neu ins Leben hinein.

Tanzt dann...

Sie machten mich fertig, und doch bin ich hier,
gib mir dein Leben und nimm mich auf bei dir.
Ich bin im Kommen, darum sei bereit:
Ich bin der Tanz, der die Welt befreit.

Tanzt dann...

Harvey Cox

Von Christus dem Clown

Haltet den Kerl!
Den geschminkten Gaukler mit dem blöden Grinsen
und diesem ganzen Narrenlärm
der Harlekine und der fetten Weiber und der Feuerschlucker –
es sind doch nichts als Schwindler, finde ich,
Eindringlinge jedenfalls,
unerwünscht in unserer wohlvermeß'nen Welt,
die keine Überraschungen mehr kennt.
Haben wir nicht gelesen, er sei tot?
Man darf doch nichts mehr glauben, was man liest!
Und trotzdem taten wir's, trotz Lilien, Chören und so fort.
Ach ja, wir wußten doch, daß etwas uns in unsere Nase stach
mit diesen Rosenkränzen, Mantras und dem Weihrauch.
Er aber war so grau, so unzugänglich,
einbalsamiert von Kirchen und vom Staat
zum Zweck der Schaustellung bei freudelosem Anlaß.
Soll dieser Bänkelsänger wirklich wieder da sein –
der unbedarfte Troubadour,
der sich mit seinen Taschenspielertricks
politisch ahnungslos
dem kaiserlichen secret service
selbst ans Messer lieferte?
Der soll zurück sein? Ganz unmöglich!
Gewiß hört man so mancherlei Gerüchte,
doch stammen sie aus jenen ja auch sonst
ganz unzuverläßlichen Nachrichtenquellen,
von Leuten, denen keiner trauen kann –
Damen von zweifelhaftem Ruf und Gauner
voller Fingerfertigkeit.
Die haben angedeutet, daß er wirklich lebe –
wie Liebe, Lachen und Leichtgläubigkeit,
der Menschen alte Fehler.
Wer aber mag denn solchen Leuten glauben?
Nur Kinder tun das oder blöde Narren,
und dann vielleicht noch ein paar harmlose Mädchen.
Wer aber sonst?
Wer sonst?

„Gott, du bist größer, als wir denken…“

Gott,
du bist größer, als wir denken können.
Mit unserem Verstand
werden wir dich niemals ganz erfassen.
Endlos können wir über dich nachdenken
und kommen damit doch nie zu einem Ende.
Es ist gut, finden wir,
daß wir nicht ein fertiges Bild von dir
übernehmen müssen.
Wir sollen eigene Erfahrungen mit dir machen.
Wir dürfen erwarten,
daß wir dich immer neu
und anders kennenlernen.
Laß uns offen werden für dich.
Wir bitten dich für die kommende Zeit,
daß du uns begegnest in dem,
was wir von dir erfahren und lernen;
daß du bei uns bist und uns führst.
Mach uns aufmerksam
auf Zeichen von dir in unserem Leben.
Amen.

Quellenverzeichnis

Motto:

Wolf Biermann, Zur Ermutigung
Copyright by W. Biermann

Statt eines Vorwortes:

Wolfgang Klein, „Der Spielmann Gottes“ – oder: Lobgesang in der Nacht
Eine Meditation zu dem Titelbild von Ernst Alt
Originalbeitrag

Kapitel I: *„So stell' ich mir die Christen vor...“*

Wolfgang Klein, Leben im Zeichen des Jona – oder: Christsein heute
Originalbeitrag

„Ich bin kein Christ, ich bin Mensch!“ (Meinungen Jugendlicher)
Umfrage des Herausgebers

Sören Kierkegaard, Was man so einen Christen nennt
aus: Hermann Diem, Kierkegaard, Fischer-TB, Nr. 109, Frankfurt/M., 1956

Christine (15 Jahre), Ich will als Christ leben
aus: Gerhard Ettl (Hg.), Mit einem Senfkorn Glauben im Gepäck. Texte junger Christen, Auer-Verlag, Donauwörth, 1985

Wolfgang Klein, Ein Psalm der Hoffnung
Originalbeitrag

Christa Peikert-Flaspöhler, Stellenangebot
aus: Horst Keil, Barmherzig sein – gesegnet leben, Quell-Verlag, Stuttgart, 1985

Carola Schmitz-Holz, Meine Erfahrungen als Schülerin . . .
aus: „diakonie im rheinland“, Heft 9 + 10, 1985, Düsseldorf, „Haus der Diakonie“, Lenaustr. 41

Zukunft der Kirche – Kirche der Zukunft (Aus einer Schülerumfrage)
Umfrage des Herausgebers

Kapitel II: *Einsicht in den „Garten des Lebens“: „Du selber mußt Dich suchen!“*

Wolfgang Klein, An Dir selbst führt Dein Weg vorbei!
Originalbeitrag

Josef Dirnbeck / Martin Gutl, Ich habe dich bei deinem Namen gerufen
aus: J. Dirnbeck, Ich wollte schon immer mit dir reden, Styria-Verlag, Graz / Wien / Köln, 1979

Bettina Wegner, Kinder, Quelle unbekannt

Christine Stützle, „Keiner da, keiner da!“
Beitrag der Autorin

„Ich will sein, der ich bin“ (Brief eines unbekannten Studenten)
aus: Tobias Brocher, Von der Schwierigkeit zu lieben, Kreuz-Verlag, Stuttgart, 1975

Herbert Vinçon, Frei sein
aus: E. Abel / H. Vinçon, Zeichen des Unvergänglichen, Steinkopf-Verlag, Stuttgart, 1984

Khalil Gibran, Von den Häusern

B. und V. Kahl (Hg.), Aufgestanden gegen den Tod. Eine ökumenische Osteranthologie. Union-Verlag, Berlin/DDR, 1984

Gudrun Pausewang, Drüben
Beitrag der Autorin

Wolfgang Neuss, Warum ich mich auf die Wiedervereinigung freue
aus: W. Neuss, Das jüngste Gerücht, rororo TB, Bd. 841, Reinbek, 1965

André Malraux, Jeder junge Mensch
aus: D. Rost / J. Machalke (Hg.), Miteinander unterwegs, Gütersloher Verlagshaus Gerd Mohn, 1985[2]

Mark Twain, So können die sich ändern
aus: D. Rost / J. Machalke (Hg.), a.a.O.

Lernen, heiraten, Kinder kriegen (Lebensvorstellungen Jugendlicher)
aus: Foto-AG des Städt. Aufbaugymnasiums Köln

Walter Bauer, Postkarte an junge Menschen
aus: Gedichte gegen den Krieg, Verlag K. Desch, München

Kapitel III: *„Zwei sind besser dran als einer" – auf dem Wege zum Du*

Wolfgang Klein, Lieben lernen – oder: „. . . stört nicht die Liebe, bis sie von selber erwacht!"
Originalbeitrag

Spruch Salomos: „Zwei sind besser dran als einer . . ."
aus: Der Prediger Salomo, 4, 9–11

Irmtraud Tzscheuchner, Die Botschaft des Rabbi
aus: Almanach für Literatur und Theologie, Bd. 7, Peter Hammer Verlag, Wuppertal, 1973

Arabische Legende
aus: Michel Clévenot, Pour modeler la face de nos rêves, Nogent-sur-Marne

Sigrid Großmann, Geschlechtsverkehr mit 14? Zwischen Askese und Sexualprotzerei
Originalbeitrag

Gerhard Kiefel, Liebe ist mehr als ein Wort
aus: G. Kiefel, Liebe ist mehr als ein Wort, Kiefel-Verlag, Wuppertal, 1980

Christa Peikert-Flaspöhler, Wer bist du?
aus: C. Peikert-Flaspöhler, Stellenangebot, Lahn-Verlag, Limburg, 1980

Helmut Kuntz, Menschenleben
aus: Saarländische Arbeitslosenzeitung Nr. 2, April 1986

Robert Walser, Phantasieren
aus: Horst Keil, Barmherzig sein – gesegnet leben, Quell-Verlag, Stuttgart, 1985

Rolf Krenzer, Ein anderes Leben für Hayami
Beitrag des Autors

Huub Oosterhuis, Du
aus: H. Oosterhuis, Ganz nah ist Dein Wort, Herder-Verlag

Kapitel IV: *„Was würde Jesus dazu sagen . . . ?"*

Wolfgang Klein, Der Kuß – oder: gute Botschaft für Judas I.
Originalbeitrag

Herbert Vinçon, Darnach
aus: E. Abel / H. Vinçon, Zeichen des Unvergänglichen, Steinkopf-Verlag, Stuttgart, 1985

Paul-Gerhard Schoenborn, Es gibt Zeiten, da muß man sich entscheiden
Originalbeitrag

Werner Rügemer, Ich glaube, daß wir mit Jesus stärker sind
Originalbeitrag

Kapitel V: *„Seht den Menschen!" – oder: Für wen haltet Ihr mich?*

Wolfgang Klein, „Singt den Menschen in seinem Schmerz" – oder: Der weite Weg der Wahrheit
Originalbeitrag

Johannes Bobrowski, Das Wort Mensch
aus: J. Bobrowski, Wetterzeichen, Union-Verlag, Berlin/DDR, 1966

Heinrich Böll, Eine Welt ohne Christus
aus: Karl-Heinz Deschner (Hg.), Was halten Sie vom Christentum?, List-TB, Bd. 1054, Paul-List-Verlag, München, 1957

Martin Ohly, Glaubensbekenntnis
aus: G. Schnath (Hg.), Fantasie für Gott, Kreuz-Verlag, Stuttgart, 1965

Elisabeth Langgässer, Saisonbeginn
aus: Materialdienst für Konfirmandenunterricht, 4/76, Nachdruck mit Genehmigung des Econ Verlages, Düsseldorf

Normen, die sich ändern – Meditation über Philipper 3, 13
aus: „schalom" – eine Zeitschrift für evangelische und katholische Jugend, Januar 1977, Schriftenmissionsverlag Gladbeck (heute: Neukirchener Verlag)

Es ist soweit
aus: G. Biemer, u. a. (Hg.), Anstiftungen, Herder-Verlag

Mario Irarrazabal, Meine Erfahrung aus Christus
aus: Zeitschrift „Mensaje", Santiago de Chile, 1981

W. Schaube, Gott wird Mensch
aus: Weihnachtspuzzle, Herder-Verlag

Kapitel VI: *„Ich möcht', daß einer mit mir geht . . ."*

Oscar Wilde, Die Nachtigall und die Rose
aus: Kunst-Verlag Heinz Klein, Saarlouis

Stanislaw Jerzy Lec, Zielstrebig
aus St. J. Lec, Alle unfrisierten Gedanken, hrsg. v. Karl Dedecius, Carl Hanser Verlag, München/Wien, 1982

„Man stirbt so oder so" (Schülereindrücke zu Tschernobyl und den Folgen)
aus: „Demokratische Erziehung", Heft 6/1986, im Pahl-Rugenstein-Verlag, Köln

„Ich möcht', daß einer mit mir geht"
aus: Neue geistliche Lieder, BE 285, Gustav-Bosse-Verlag, Regensburg

Martin Keiper, Warum um Himmels willen bei der Kirche?
Originalbeitrag

Claudia (18 Jahre), Ich bin nicht Noah
aus: G. Ettl (Hg.), Mit einem Senfkorn Glauben im Gepäck. Texte junger Christen, Auer-Verlag, Donauwörth, 1985

Erika Mitterer, Entsühnung des Kain
aus: E. Mitterer, Entsühnung des Kain, Neue Gedichte, Johannes Verlag, Einsiedeln, 1974

Renate Ganzhorn-Burkhardt, Meine Schwester Abel
aus: DAS., Nr. 5, vom 2. Februar 1986, Hamburg

Martin Buber, „. . . als wäre da kein Gott"
aus: Horst Keil, Barmherzig sein – gesegnet leben, Quell-Verlag, Stuttgart, 1985

Kapitel VII: *Die Taubenbotschaft: „Glauben heißt auch kämpfen"*

Wolfgang Klein, Wider das Elend der Alternativen: „Zorn aus Liebe!"
Originalbeitrag

Winnie Mandela, Nicht einmal im Traum . . .
aus: W. Mandela, Ein Stück meiner Seele ging mit ihm, rororo-aktuell, Bd. 5533, Reinbek, 1984

Benjamin Moloise, Warum müssen wir den Tod fürchten?
aus: ai-information 2/86

James Matthews, Dieser Ort ist voll von Feuer – Gedicht zum Gedenken an die Ermordung von Benjamin Moloise in Südafrika, am 18. Oktober 1985
aus: ebd.

Rainer (14 Jahre), Der Verstoßene
aus: G. Ettl (Hg.), Mit einem Senfkorn Glauben im Gepäck. Texte junger Christen, Auer-Verlag, Donauwörth, 1985

Dieter Trautwein, Einige Leute loben den Frieden
aus: Neue geistliche Lieder, Liederheft II, G. Bosse-Verlag, Regensburg, 1967

Vilma Sturm, Friedenszorn
aus: Ohne Rüstung leben, Informationen 33, Stuttgart, 1985

Gerhard E. Stoll, Sie beten, singen und demonstrieren. Die „Sojourners" – eine evangelikale Kommunität
aus: Sonntagsgruß, Ev. Wochenblatt an der Saar, Nr. 31, Saarbrücken, 1985

Anonym (Hongkong), Die zweite Bekehrung
aus: Urban rural Mission (Hg.), Struggling with people is living in Christ, Hongkong, 1981

Christian Feist, „Glauben heißt auch kämpfen . . .", Politik im Talar
aus: „Sozialmagazin", Mai 1985, Beltz-Verlag, Weinheim

„. . . und selbst Hand anlegen"
aus: ebd.

Günter Eich, Wacht auf, denn eure Träume sind schlecht
aus: G. Eich, Wacht auf, denn eure Träume sind schlecht, Suhrkamp-Verlag, Frankfurt/M., 1953

Kapitel VIII: *„Das Fest der Narren" – Glauben heute leben*

Wolfgang Klein, Der Tanz vor dem Herrn – oder: „Ein jegliches hat seine Zeit . . ."
Originalbeitrag

Stimm deine Laute, David (Lied)
Quelle unbekannt

Detlev Block, Schön zu leben
aus: Passantenherz, Hamburger Lyriktexte, 18, Herbert Reich – Ev. Verlag, Hamburg, 1977

Lothar Zenetti, In einem anderen Licht
aus: L. Zenetti, Texte der Zuversicht, J.-Pfeiffer-Verlag, München

Ich wünsche mir zur Konfirmation
aus: Baustein-Sonderheft zur Konfirmation, 1986, hrsg. vom CVJM-Westbund, Bundeshöhe 6, Wuppertal

Barbara Stein, Die Familie war mir näher
aus: ku-praxis, Heft 21, Gütersloher Verlagshaus Gerd Mohn, 1986

Fritz Koppe, Am Ziel?
aus: ebd.

Lothar Zenetti, „Wie ein Fest, so wird es sein . . .“
aus: L. Zenetti, Sieben Farben hat das Licht, J. Pfeiffer-Verlag, München

Kim Chi Ha, Das Brot ist der Himmel
aus: „schalom“. Eine Zeitschrift für die evangelische und katholische Jugend, Heft 4/1976, Schriftenmissionsverlag, Gladbeck

Sydney Carter, Tanzlied
aus: B. und V. Kahl (Hg.), Aufgestanden gegen den Tod. Eine ökumenische Osteranthologie, Union-Verlag, Berlin/DDR, 1984

Harvey Cox, Von Christus dem Clown
aus: H. Cox, Verführung des Geistes, Kreuz-Verlag, Stuttgart, 1974

„Gott, du bist größer, als wir denken . . .“
aus: H. Reimer / H. Reller (Hg.), Leben entdecken. Ein Buch für Konfirmanden, Gütersloher Verlagshaus Gerd Mohn, 1981

Zum Thema Menschenrechte

Urs M. Fiechtner

Annas Geschichte

160 Seiten, geb., DM 19,80
ISBN 3-7971-0240-2

Annas Geschichte, wahrhaftig und ergreifend geschrieben, zeichnet den Weg einer jungen Verschwundenen nach. Einen Weg, den viele Menschen in den lateinamerikanischen Diktaturen gehen. Die Studentin Anna gibt nicht auf. Sie kämpft für ihr in der Haft geborenes Kind, für ihren Mann und ihre Angehörigen, um die Mauer des Schweigens zu durchbrechen.

Gisela Klemt-Kozinowski, Helmut Koch, Luise Scherf, Heinke Wunderlich (Hrsg.)

Die Frauen von der Plaza de Mayo

Lesebuch Menschenrechte

224 Seiten mit zahlreichen Illustrationen, gebunden, Großoktav, DM 29,80
ISBN 3-7971-0245-3

Mit den hier gesammelten Texten möchten die Herausgeber des Buches dazu beitragen, daß Jugendliche einiges über die Rechte erfahren, auf die von Geburt an jeder Mensch einen Anspruch hat: die Menschenrechte.
Aus dem Inhalt:
Würde des Menschen; Recht auf Ernährung, Schutz vor Hunger; Rechte der Frau; Recht auf Arbeit; Rechte des Kindes; Recht auf Leben und körperliche Unversehrtheit; Recht auf freie Meinungsäußerung; Gleichheit der Rassen, Völker usw.

Deutscher Jugendliteratur Preis
Jugend Sachbuch

Franz Nuscheler

Nirgendwo zu Hause

Menschen auf der Flucht

208 Seiten mit zahlreichen Abbildungen, gebunden, Großoktav, DM 29,80
ISBN 3-7971-0246-1

Flüchtlinge hat es zu allen Zeiten gegeben. Aber unser Jahrhundert hat mit seinen 200 Millionen Flüchtlingen den traurigen Ruf als „Jahrhundert der Flüchtlinge" erhalten. Dieses Buch will beschreiben, was es für Millionen von Menschen bedeutet, nirgendwo zu Hause zu sein.

Signal-Verlag · Baden-Baden